中国科学院规划教材·会计学与财务管理系列

资产评估学

（第二版）

牟建国　陈晶霞　主　编

王　岩　葛东霞　副主编

科　学　出　版　社

北　京

内 容 简 介

本书将资产评估学的基本内容分三个部分，共九章。第一部分比较系统地阐述了资产评估的基本原理、方法和程序，包括第一章至第二章；第二部分分别阐述了各类具体资产的评估实务应用，包括第三章至第八章；第三部分论述了资产评估报告的主要内容、资产评估报告的编制与分析技巧，以及资产评估档案的管理，包括第九章。

本书体系完整、内容充实、逻辑严密，适合会计学、财务管理学、资产评估学等专业的本科生、研究生以及从事资产评估理论研究和资产评估实务工作的人员使用。

图书在版编目（CIP）数据

资产评估学/牟建国，陈晶霞主编. —2版. —北京：科学出版社，2018.6
中国科学院规划教材•会计学与财务管理系列
ISBN 978-7-03-056121-3

Ⅰ. ①资…　Ⅱ. ①牟…　②陈…　Ⅲ. ①资产评估-高等学校-教材
Ⅳ. ①F20

中国版本图书馆CIP数据核字（2017）第324889号

责任编辑：王京苏　郝　静/责任校对：彭　涛
责任印制：霍　兵/封面设计：蓝正设计

科学出版社 出版
北京东黄城根北街16号
邮政编码：100717
http://www.sciencep.com

石家庄众旺彩印有限公司 印刷
科学出版社发行　各地新华书店经销
*
2007年8月第　一　版　开本：787×1092　1/16
2018年6月第　二　版　印张：17 3/4
2018年6月第二十一次印刷　字数：421 000

定价：48.00元

（如有印装质量问题，我社负责调换）

“会计学与财务管理系列教材”编委会

第三版总序

“会计学与财务管理系列教材”第一版于2007年5月出版，2012年系列教材再版，到2017年已历经10年时间，系列教材发行总量超过50万册，部分教材已经累计印刷数十次，全国有数十所高校的数万名师生使用了我们的教材，对这套教材给予了充分的信任与关注。在服务广大读者的同时，系列教材得到了诸多荣誉：《基础会计学》《高级财务会计》《财务管理》《财务通论》《会计制度设计》被评为普通高等教育“十一五”国家级规划教材，并获得省级教学成果一等奖；《基础会计学》《财务管理》分别获得黑龙江省第十四届社科成果一等奖、二等奖；《基础会计学》《中级财务会计》《财务管理》《成本会计》被确认为省级精品课配套教材；《基础会计学》《成本会计》荣获教育部“十二五”普通高等教育本科国家级规划教材。一套系列教材能够获得如此多的奖励与成就，皆源于广大读者的支持与厚爱。

伴随着我国走进新时代，“创新驱动”“一带一路”倡议成为我国社会经济发展的重要战略，大数据、云计算、互联网、人工智能等新科技的高速发展，推动着新业态、新模式和新理念不断涌现；数字经济的迅猛发展更令会计和财务管理等相关专业人才培养重新思考、重新定位；新的会计规范出台，新的理论不断产生、完善，都要求我们的教材无论从内容上还是形式上与时俱进、不断更新完善，才能为培养出更多符合社会发展的创新型、应用型、复合型高素质专门人才提供支撑。为此，本系列教材进行第三次改版。读者们10年来的关注与厚爱，更加激励我们以将此套系列教材打造成为精品和“经典教材”为奋斗目标。

本次第三版修订，本系列教材继续保持所具有的优势特色。

（1）知识体系完整，各教材内容相互紧密衔接。

（2）内容新颖全面，逻辑思维清晰严谨，知识点讲解准确，语言表述通俗易懂。

（3）理论与实际结合紧密，操作性、应用性强。

（4）习题资料及案例内容翔实，突出学生的能力训练和综合素质的培养。

（5）注重现实，放眼未来。许多教材中对学科研究前沿做出专题介绍，开阔学生视野，形成良好的专业发展引导和思维延展，培养学生创新意识。

此外，教材的主编又根据实际情况做出相应的修订，主要包括以下几种情况。

（1）由于社会发展、环境变化，所形成的新思想、新理念、新方法及科学研究新成果，在相应教材中予以反映。

（2）国家法规及会计准则、会计制度（如《政府会计制度》）等的修订，导致原有教材内容的不适应。

（3）增加最近几年出现的引起学术界普遍关注的经典商业案例。

（4）部分教材的习题资料进一步充实完善。

（5）由读者建议而适当调整的内容。

本系列教材在第三版修订中，得到科学出版社的责任编辑王京苏、郝静的大力支持，也得到许多读者提供的意见与建议。在教材编写过程中，借鉴和参考了国内外学者的相关研究成果，在此一并表示感谢。

张　林

2018 年 1 月

第二版总序

2007 年 5 月，黑龙江省高校会计学教师联合会组织编写的“会计学及财务管理系列教材”由科学出版社出版发行，本套系列教材是中国科学院规划教材。其中，《基础会计学》《高级财务会计》《会计制度设计》《财务管理》《财务通论》被评为普通高等教育“十一五”国家级规划教材，并获得省级优秀教学成果一等奖；《基础会计学》《财务管理》分别获得黑龙江省第十四届社科成果一等奖、二等奖。本套系列教材的再版，是在原系列教材的基础上结合近几年国内外会计及财务管理领域理论、方法及应用的变化和教学内容、教学方法改革的需要，在保持原教材特色与优点的前提下，对会计学及财务管理专业领域的技术方法、阐述内容进行全面修订而形成的系列新作。

针对普通地方高校培养应用型、复合型人才需要的“会计学及财务管理系列教材”自出版至今，重印了多次，取得了很好的社会反响。此系列教材已成为哈尔滨商业大学、哈尔滨工业大学、东北农业大学、东北林业大学、东北石油大学、黑龙江大学、黑龙江八一农垦大学和黑龙江科技学院等多所高校经济管理类专业学生的专业课指定教材、硕士研究生入学考试教材，同时作为会计学和财务管理专业课教材，被国内多所高校选用。各高校的教师和同学在使用的过程中给予了此系列教材一致好评，认为此系列教材不仅详细地介绍了理论知识、专业技术，而且运用大量的案例将晦涩的理论知识变得易于理解和掌握，可以说很好地将理论与实践结合了起来，填补理论空白的同时，为学生日后的实践提供了很好的指导。越来越多的高校选择此系列教材作为经济管理类专业学生的指定用书。

虽然此系列教材自出版以来取得了一定的成绩，但是我们清楚地知道仍有很多地方需要修订及进一步完善。21 世纪的头 10 年中，会计学及财务管理领域的发展日新月异，无论是国际、国内的理财环境，还是会计学及财务管理运用的具体方法都有了翻天覆地的变化，这也对会计学及财务管理的学习提出了更高的要求。在这样的大环境下，我们绝对不敢停下前进的步伐，必须紧跟发展的大潮，把握发展的方向，紧扣发展的脉搏，为会计学及财务管理的发展贡献力量，并为提高会计学及财务管理的教学质量而努力。各界同仁的支持与肯定就是我们发展的原动力，各方的质疑声更是我们改正的明镜，在各个方面的共同作用下，我们一定会越走越好。我们再版本系列教材的目的就是更好地为各位教师、同学服务，你们的满意就是对我们最大的肯定。

在再版“会计学及财务管理系列教材”的过程中，我们虽然收集了大量的素材，做了全面的准备，但是我们发现在相关理论、方法、实务的理解上仍然存在一定的差距，所以不可能对会计学及财务管理领域出现的所有问题都进行全面的阐述。加之受编写人员学识所限，教材中难免有不恰当之处，恳请各位读者不吝赐教，以便进一步修订、完善。

“会计学及财务管理系列教材”的再版，借鉴和参考了国内外许多专家学者的研究成果，在此一并表示感谢！

2011年6月

第一版总序

21 世纪是一个以网络化、信息化、数字化、知识化为重要特征的新经济时代。新时代飞速发展的市场经济对经济与管理类的专业教育提出了新的要求。顺其大势，我国会计学和财务管理学科的理论研究、实践改革和人才培养都呈现出一派前所未有的繁荣景象。这表明我国的会计学和财务管理学科正以蓬勃的生机向前发展着。随着我国市场经济和现代企业制度的建立和逐步完善，新世纪的会计、财务管理教育面临新的挑战。因此，培养通晓商业惯例和会计准则，掌握财务与会计管理技术与方法，适应 21 世纪市场竞争的高级财务与会计管理人才，已经成为普通高等院校会计学与财务管理专业人才培养的基本目标。

2006 年 2 月，新会计准则和审计准则的颁布以及 2007 年 1 月 1 日新会计准则在上市公司的实施，是我国会计改革进程中的一次重大举措，会计热又一次被推向了高潮。为了更好地将新会计准则贯彻下去，更快地让学生掌握新的会计准则体系，适应新准则下的财务与会计管理工作，我们借鉴了国内外优秀的会计和财务管理类教材，以新会计准则和新审计准则为基础，编写了会计学及财务管理专业系列教材，共计 20 本，包括《基础会计学》《会计学》《中级财务会计》《高级财务会计》《成本会计》《会计制度设计》《政府与非营利组织会计》《审计学》《财会专业英语》《财务管理》《财务通论》《公司财务》《高级财务管理》《管理会计》《财务报告分析》《国际财务管理》《会计信息系统》《证券投资与评估》《资产评估》《纳税筹划理论与实务》。其中，《基础会计学》《高级财务会计》《会计制度设计》《财务管理》和《财务通论》被评为普通高等教育“十一五”国家级规划教材。

本套系列教材由黑龙江省高校会计学教师联合会组织编写，由科学出版社出版。我们认为在大众化教育的背景下，集中各校优势，通过合作方式实现教学资源优化配置，编写一套适用于普通地方高校培养应用型、复合型人才要求的教材，对加强各校的合作交流、推动师资培养、促进相关课程的教学改革，是一件一举多得的好事。编审委员会由哈尔滨商业大学、哈尔滨工业大学、东北林业大学、东北农业大学、黑龙江八一农垦大学、大庆石油学院、黑龙江大学、黑龙江科技学院、齐齐哈尔大学、哈尔滨理工大学 10 所高校的教师组成，其中包括教学经验丰富、学术造诣较深的老教师，风华正茂的中年教师以及具有足够成长后劲的青年骨干教师。本系列教材的主编均由教学经验丰富的教授担任。

我们从多年的教学实践中深切感受到，教材和教学质量有着十分密切的关系。教材规定了教学内容，是教师授课取材之源，也是学生求知和复习之本，没有优秀的适用教材，也就无法提高教学质量。丢开教材，欲求提高教学质量，不啻缘木求鱼。换言之，没有优秀的教材，就没有优秀的高等教育；没有高质量的人才培养，就没有高水平的大学。我国目前各高等院校会计学专业和财务管理专业所使用的教材，尽管版本众多，内容和结构有所差别，各校可选择的空间较大，但仍有进一步改革之必要。这是因为：第一，目前各高校所使用的教材，大都编写于21世纪初，很多都没有体现2007年实施的新会计准则，再加上计算机、网络技术和电子商务的不断发展，原有的教材内容需要大范围的更新；第二，随着会计和财务管理理论与实践的发展，人们对会计和财务管理的认识不断发生变化，对于原有教材的有些内容也需要在新的认识基础上重新解读，使学生能够在更宽广的视野和更高的层次上掌握会计和财务管理的专业知识；第三，尽管各种版本的会计和财务管理专业教材内容和结构都不尽相同，但是侧重理论教学、奠定科研基础、培养本科生毕业后从事研究工作的教材偏多，而适合于培养应用型、复合型人才的普通地方高校的教材却少之又少；第四，现有教材在体系结构上大多采用教材、案例、习题相分离的编排形式，而且有的教材根本没有案例，这给强调动手能力和实际操作能力的大众化教育模式的专业课教学带来诸多不便，需要加以改进。正因为如此，我们在不断反思会计与财务管理教育改革与创新培养目标、不断修正完善教学计划的基础上，摸索培养特色人才的新定位、新理念、新途径，针对现有教材存在的缺点，改善以往简单地选用重点大学教材的状况，编写了本系列教材，力图为普通地方高校会计学和财务管理专业提供一套具有理论性、实践性、指导性的优秀教材。这套系列教材的编写本着务实、求新、继承与开拓的精神，定位于会计学、财务管理本科专业必修课，是对两个专业本科教学内容的总体设计和完善，目的是为进一步建立和完善会计学和财务管理学科体系奠定基础，以求通过科学、先进、实用的教学体系培养出适合我国经济发展需要的会计和财务管理应用型和复合型人才。为了保证教材具有高起点、高质量，我们在编写与出版过程中突出以下三点：①“质量第一，开拓创新”是编写教材的指导思想。通过本系列教材，期望展示我们各所学校的教学改革和教材建设的成果。②以“借鉴国际通用教材体例、实现系列教材的国际化风格”为编写教材的基本原则。广泛借鉴国际流行的教材编写风格，适应新世纪人才培养的新要求。③以“主编负责，合约约束”为质量保证手段。

本套教材主要体现了以下几个特点。

（1）内容新颖全面。本系列教材的编写建立在新颁布的《企业会计准则》《企业会计准则——应用指南》《审计准则》《公司法》《证券法》等制度和法律的基础上，融合了新准则、新法规中的新规定，是新准则颁布之后较早、较全的一套系列教材。其中，不仅体现出了会计专业教材中的很多具体准则变化的业务处理（如《企业会计准则——金融工具确认和计量》《企业会计准则——资产减值》），而且财务管理相关知识的最新变化也同样出现在本套系列教材中（如新《公司法》中关于利润分配的变化、财务报表分析中财务指标的变化）。

会计是一种国际商业语言，随着世界经济的一体化、市场竞争的国际化，需要国际惯例协调的范围越来越广，所以在系列教材的编写过程中，我们参考了相当多的会计学和财务管理学方面的经典国际知名教材，以国际会计最新发展趋势为依据，充分体现我国的会计准则和国际准则的实质性趋同，力争使本套教材成为教师指导学生的一个有用工具，使学生能够通过学习教材掌握最新的财务与会计知识的专业技能，同时具有国际“变通”能力。

（2）系统性和可操作性。系统性是指本系列教材体现了知识体系的架构、知识点的交叉渗透，以及各自的逻辑关系。一方面，在内容结构体系安排上体现了由简单到复杂、由易到难的渐进过程，适用于教与学。另一方面，在内容选择和体例编排上都充分考虑了不同阶段、不同知识结构学生的需要，基本解决了教学层次多，但教材单一、内容滞后的矛盾。两个专业的教材分别包括了初级（如《基础会计学》《财务通论》）、中级（如《中级财务会计》《公司财务》）和高级（如《高级财务会计》《高级财务管理》）三个层次的教学内容，而且最大限度地避免了课程内容的交叉与重复。本套教材的可操作性主要体现了理论与实际的紧密联系，强调实际操作能力的培养，从培养应用型、复合型人才的宗旨出发，各教材根据需要设置了复习思考题、计算分析题及案例分析等，旨在培养学生独立思考、独立处理业务、独立解决问题的能力。

（3）便于教师教学和学生学习。为了方便教师教学和学生学习，在每部教材中均安排了如下内容：①每章前面设有导言和重要概念，章后有小结；②注重对习题和案例的编写，每章后面根据需要设置有复习思考题（其中包括简答题、计算题）和案例分析。如此安排便于学生明确各章学习重点并对学习内容产生兴趣。通过大量的习题和经典案例，让教师的教学达到更好的效果，为学生的学习和理解提供了更好的工具，有利于锻炼学生综合分析问题和解决问题的能力。

（4）突出学生综合素质和创新能力的培养。我们认为，社会经济的发展状况将本科会计学和财务管理教育定位为：为企事业单位、金融机构和财务咨询或服务机构培养从事会计、理财工作和其他相关经济管理工作的具有综合素质的人才。这类人才应该具有以下特点：有很强的适应性；有不断吸收新知识的能力；有进一步发展的潜力；有一定的创新能力；有较高的综合素质；有国际化意识或全球意识。

作为培养新世纪高级应用型、复合型人才的系列教材，除了要强化学生的基础知识和基本技能以外，还应注意学生综合分析能力和判断决策能力的培养，引导学生打破常规、勇于创新，将素质教育融入教材之中。以学生自主创新能力培养为核心的教学，要求教师在完成必要的知识教学和技能培训目标的同时，培养学生的自主学习能力和创新能力，最终达到提高学生综合素质的目的。在编写教材时，每位作者都努力站在企业或组织的整体角度考虑和阐述问题，以期达到扩展会计学及财务管理专业学生视野的目的，实现对学生综合能力和创新意识的培养。

（5）突出现实性和适应性。根据新世纪人才的培养目标，本系列教材立足于我国国情和当前经济现实，与我国正在进行的市场经济建设相适应，具有较强的应用性。同时又面向未来，在吸收国际先进理论与技术方法的基础上，注意了我国普通地方高校本科教学的适用性。本套教材以新颁布的《公司法》《证券法》等法律规范为依据进行编写，以保证教材中介绍的会计、财务管理知识能够在新的法律环境下更好地应用。

本套系列教材能够顺利出版，要感谢哈尔滨商业大学等10所高校领导和教师们的大力支持，感谢科学出版社的鼎力帮助，感谢所有主编和参编人员的通力合作，感谢所有有关兄弟院校会计、财务管理界同仁多年来的友好协作与真诚关怀。不积跬步，无以至千里。

我们希望通过这套会计学和财务管理专业系列教材的编撰，能够对会计和财务管理的理论与实务做出一个相对清晰的描述和阐释。我们越深入这一过程，就越强烈地意识到，在传播会计和财务管理知识体系这一艰巨而复杂的任务中，我们尚处于开端处。尽管我们做了较长时间的准备，所有编写人员也付出了艰辛的劳动，但由于经济环境的迅速变化，对国内外现状的掌握不可能全面、透彻，加之编写人员学识所限，教材中难免有不妥甚至谬误之处，恳请读者不吝赐教，以便在今后修订时更正和完善。

2007年7月

前　言

资产评估作为一门实务性学科，在西方国家已产生几百年。虽然资产评估在我国起步较晚，但我国市场经济体制不断完善和发展，特别是《中华人民共和国资产评估法》和《资产评估基本准则》出台，对于促进资产评估行业健康发展、保护国有资产和维护公共利益、维护社会主义市场经济秩序具有重要意义，我国资产评估工作必将得到进一步发展。

本书坚持理论和实际相结合的原则，在遵循《中华人民共和国资产评估法》《资产评估基本准则》《国有资产评估管理办法》等法律法规的规定，借鉴国外资产评估的先进经验，并结合我国资产评估工作的实际的基础上，首先概略地阐述资产评估基本原理和方法，然后重点介绍了各类资产评估的实务，并附有具体操作实例，以便读者能较快地掌握资产评估的具体实务操作方法。

本书分三个部分，共九章。第一部分比较系统地阐述了资产评估的基本原理与方法；第二部分分别介绍了各类资产的具体评估实务；第三部分论述了资产评估报告的内容、编制与分析技巧，以及评估档案的管理。

本书是作者多年教学的结晶。由哈尔滨商业大学财务管理教研室从事多年“资产评估学”教学工作的专家教授编写。牟建国负责编写第一章和第五章、陈晶霞负责编写第四章和第六章、阎成武负责编写第二章、王岩负责编写第八章和第九章、葛东霞负责编写第三章和第七章，最后由牟建国负责总纂。

为了吸收资产评估的最新理论和方法，作者在编写过程中参阅了一定的国内外教材和文献资料，在此表示由衷的谢意。

由于编写时间短，作者的学识水平和所掌握的资料有限，书中不足和错误之处在所难免，祈望读者能够不吝赐正。

本书编写过程中得到了唐现杰教授和徐鹿教授的大力帮助，在此一并感谢。

编　者

2018 年 1 月

目 录

第一章 总　论

本章主要介绍资产评估的基础理论和资产评估程序。

资产评估是伴随着商品交换的出现而逐步形成和发展起来的，到如今呈现综合化、国际化的发展趋势，成为一个发挥着重要作用的国际性的中介服务行业。

本章以资产评估的概念为起点，以资产评估要素为线索，阐述了资产评估及其特点、资产评估的主体与客体、资产评估的目的和价值类型、资产评估的假设和原则，进一步明晰了资产评估的基本理论体系，并在此基础之上介绍了资产评估基本程序中的前期工作、资产现场勘查与资料收集等工作程序。

【重要概念】 资产评估　资产评估价值　资产评估假设　资产评估原则　资产评估程序

第一节　资产评估及其特点

一、资产评估的概念

我国的资产评估是随着对外开放、企业改革和社会主义市场经济的建立，在引进国外评估理论和方法的基础上发展起来的。20 世纪 80 年代末 90 年代初，由于社会主义市场经济的需要，资产评估应运而生，中国资产评估行业进入初创期。20 世纪 90 年代中期，随着国有企业股份制高潮的到来，评估机构和评估师数量迅速增长，我国资产评估行业进入一个高速发展的时期。20 世纪末至 21 世纪初，评估机构和注册评估师人数均有稳定的增长，资产评估行业进入平稳发展阶段。

资产评估是一项动态化、市场化的社会经济活动，伴随着商品交换的出现而逐步形成和发展。随着社会主义市场经济体制的确立和发展，资产评估在产权转让、企业重组、资产流动等方面发挥了重要作用。

资产评估是指通过对资产某一时点价值的估算，从而确定其价值的经济活动。具体地说，资产评估是指由专门机构和人员，按照国家法律、法规和资产评估准则，根据特定的目的，遵循适用的原则，选择适当的价值类型，按照法定的程序，运用科学的方法，对某一时点资产价值进行评定和估算。

二、资产评估的构成要素

资产评估主要由六大要素构成，即资产评估的主体、资产评估的客体、资产评估的特定目的、资产评估的程序、资产评估的价值类型和资产评估的方法。资产评估的主体即评估由谁来承担；评估客体是资产评估的对象；评估的特定目的是指资产业务发生的经济行为，直接决定和制约资产评估价值类型与方法的选择；评估的价值类型是对评估价值类型质的规定，对资产评估方法的选择具有约束性；资产评估的方法是确定资产评估价值的手段和途径；同时，整个资产评估工作是按照一定程序进行的。

三、资产评估的特点

（一）现实性

现实性是指以评估基准期为时间参照，按这一时点的实际状况对资产进行评估，评估基准期一般以“日”为基准时点。

由于各种资产都是处在不断运动变化中的，资产的价值不可能长期保持不变，所以，对资产的评估也只能是对某一时点的资产进行评估，不可能完全反映评估基准期以及某一时期的资产状况，因而，资产评估具有现实性。

（二）市场性

资产评估作为一种市场化的社会经济活动，是在市场活动中的资产交易活动发生条件下通过模拟市场条件对资产做出评估和报告，其结果必须接受市场检验。

（三）预测性

现实的评估价值必须反映资产的未来潜能，因而，用未来预期收益折算来反映整体资产的现实价值，用预期使用年限和功能来评估某类资产的重置价值等，都体现出资产评估的预测性。

（四）公正性

资产评估行为对评估当事人具有独立性，它服务于资产业务的需要。评估只能按照公允的、法定的准则和程序进行，评估人员与资产业务没有利害关系。

（五）咨询性

资产评估结论为资产业务提供专业化的估价意见，但本身并无强制执行的效力，只作为资产交易要价和出价的参考。

【思考】 资产评估有哪些特点？

第二节　资产评估的主体与客体

一、资产评估的主体

资产评估主体是指资产评估业务的承担者，即从事资产评估的专业评估人员和评估机构。资产评估直接涉及资产业务当事人各方的权益，是一项政策性、专业性和法律性很强的工作，因此无论是对评估机构还是对评估人员都有较高的要求。评估机构是由专业资产评估人员构成的。资产评估人员必须拥有广博的知识，如工程技术（房屋建筑与机器设备）、经济预测、财务会计、经济学、财政学、金融、法律等多方面的专业知识；丰富的与资产评估相关的实践经验；良好的职业道德；需经过严格的考试和考核，并取得资产评估管理机构确认的资产评估资格。

资产评估机构及其资产评估专业人员开展资产评估业务应当遵守资本评价基本准则。法律、行政法规和国务院规定由其他评估行政管理部门管理，应当执行其他准则的，从其规定。

资产评估机构及其资产评估专业人员是指根据资产评估法和国务院规定，按照职责分工，由财政部门监管的资产评估机构及其资产评估专业人员。

资产评估机构及其资产评估专业人员开展资产评估业务应当遵守法律、行政法规的规定，坚持独立、客观、公正的原则。

资产评估机构及其资产评估专业人员应当诚实守信，勤勉尽责，谨慎从业，遵守职业道德规范，自觉维护职业形象，不得从事损害职业形象的活动。

资产评估机构及其资产评估专业人员开展资产评估业务，应当独立进行分析和估算并形成专业意见，拒绝委托人或者其他相关当事人的干预，不得直接以预先设定的价值作为评估结论。

（一）资产评估人员

按照我国资产评估法和资产评估基本准则的规定，资产评估专业人员包括评估师和其他具有评估专业知识及实践经验的评估从业人员。

评估师是指通过评估师资格考试的评估专业人员。国家根据经济社会发展需要确定评估师专业类别。有关全国性评估行业协会按照国家规定组织实施评估师资格全国统一考试。具有高等院校专科以上学历的，可以参加评估师资格全国统一考试。

资产评估专业人员应当具备相应的资产评估专业知识和实践经验，能够胜任所执行的资产评估业务，保持和提高专业能力。

因故意犯罪或者在从事评估、财务、会计、审计活动中因过失犯罪而受刑事处罚，自刑罚执行完毕之日起不满 5 年的人员，不得从事评估业务。

评估专业人员享有下列权利。

（1）要求委托人提供相关的权属证明、财务会计信息和其他资料，以及为执行公允的评估程序所需的必要协助。

（2）依法向有关国家机关或者其他组织查阅从事业务所需的文件、证明和资料。

（3）拒绝委托人或者其他组织、个人对评估行为和评估结果的非法干预。

（4）依法签署评估报告。

（5）法律、行政法规规定的其他权利。

评估专业人员应当履行下列义务。

（1）诚实守信，依法独立、客观、公正从事业务。

（2）遵守评估准则，履行调查职责，独立分析估算，勤勉谨慎从事业务。

（3）完成规定的继续教育，保持和提高专业能力。

（4）对评估活动中使用的有关文件、证明和资料的真实性、准确性、完整性进行核查和验证。

（5）对评估活动中知悉的国家秘密、商业秘密和个人隐私予以保密。

（6）与委托人或者其他相关当事人及评估对象有利害关系的，应当回避。

（7）接受行业协会的自律管理，履行行业协会章程规定的义务。

（8）法律、行政法规规定的其他义务。

评估专业人员不得有下列行为。

（1）私自接受委托从事业务、收取费用。

（2）同时在两个以上评估机构从事业务。

（3）采用欺骗、利诱、胁迫，或者贬损、诋毁其他评估专业人员等不正当手段招揽业务。

（4）允许他人以本人名义从事业务，或者冒用他人名义从事业务。

（5）签署本人未承办业务的评估报告。

（6）索要、收受或者变相索要、收受合同约定以外的酬金、财物，或者谋取其他不正当利益。

（7）签署虚假评估报告或者有重大遗漏的评估报告。

（8）违反法律、行政法规的其他行为。

（二）资产评估机构

资产评估机构应当依法采用合伙或者公司形式，聘用评估专业人员开展评估业务。

合伙形式的评估机构，应当有两名以上评估师；其合伙人 2/3 以上应当是具有 3 年以上从业经历且最近 3 年内未受停止从业处罚的评估师。

公司形式的评估机构，应当有 8 名以上评估师和两名以上股东，其中 2/3 以上股东应当是具有 3 年以上从业经历且最近 3 年内未受停止从业处罚的评估师。

评估机构的合伙人或者股东为两名的，两名合伙人或者股东都应当是具有 3 年以上从业经历且最近 3 年内未受停止从业处罚的评估师。

设立评估机构，应当向工商行政管理部门申请办理登记。评估机构应当自领取营业执照之日起 30 日内向有关评估行政管理部门备案。评估行政管理部门应当及时将评估机构备案情况向社会公告。

评估机构应当依法独立、客观、公正开展业务，建立健全质量控制制度，保证评估报告的客观、真实、合理。

评估机构应当建立健全内部管理制度，对本机构的评估专业人员遵守法律、行政法规和评估准则的情况进行监督，并对其从业行为负责。

评估机构应当依法接受监督检查，如实提供评估档案以及相关情况。

委托人拒绝提供或者不如实提供执行评估业务所需的权属证明、财务会计信息和其他资料的，评估机构有权依法拒绝其履行合同的要求。

委托人要求出具虚假评估报告或者有其他非法干预评估结果情形的，评估机构有权解除合同。

评估机构不得有下列行为。

（1）利用开展业务之便，谋取不正当利益。

（2）允许其他机构以本机构名义开展业务，或者冒用其他机构名义开展业务。

（3）以恶性压价、支付回扣、虚假宣传，或者贬损、诋毁其他评估机构等不正当手段招揽业务。

（4）受理与自身有利害关系的业务。

（5）分别接受利益冲突双方的委托，对同一评估对象进行评估。

（6）出具虚假评估报告或者有重大遗漏的评估报告。

（7）聘用或者指定不符合《中华人民共和国资产评估法》规定的人员从事评估业务。

（8）违反法律、行政法规的其他行为。

评估机构根据业务需要建立职业风险基金，或者自愿办理职业责任保险，完善风险防范机制。

【思考】 为了更好地从事资产评估业务，你认为资产评估人员应该有哪些权利和义务？

二、资产评估的客体

资产评估的客体即指资产评估的对象。它确立了评估业务边界的范畴，表明对什么进行评估。为此，需了解资产的含义与资产的分类。

（一）资产的含义

资产是指过去的交易、事项形成并由企业拥有或控制的资源，该资源预期会给企业带来经济利益。

对于作为评估对象的资产，可以从以下几个方面理解。

1. 资产是一种权利

面对众多不同类型和形态的资产，要科学估算其价值，首先应判断其价值的内容。资产是一种权利，同样的资产载体其权利是不同的。评估人员评估的不是资产本身，而是其某种权利。诸如商标权的评估，其所有权价值和许可使用权价值是不同的。实际上，要准确地评估出这些资源的价值是不容易的，甚至是做不到的。评估人员要评估的不是这些资源的本身，而应是这些资源某一方面的权利。

2. 资产是一种获利能力

判断和评估一项财产是否是资产，其价值如何，首要问题是判断其是否具有获利能力。如果不具备获利能力，也就不具备资产的特征，也就无所谓价值的存在。资产的价值是由资产所具有的获利能力决定的，不是由评估人员评估出来的，评估人员只是采用适当的方法将其价值反映出来。

3. 资产必须为某一主体所拥有或支配

资产作为具有获利能力的权利，必须有其拥有和支配的主体，权属问题也是资产的本质内容，如有关定理、公式等，是社会共有财富，无从判断其价值。而且，权属模糊不清，就无法界定资产范围，也就无从评估其价值。

（二）资产的分类

（1）按评估目的和是否具有综合获利能力分类，全部资产要素可分为单项资产和整体资产。

单项资产是指单台、单件的资产。单台（件）是就资产的理化状态的完整性而言，如一台车床、一个备件、一种原材料等。就企业而言形成完整的生产能力所使用的资产是一个有机的系统，理化状态具有完整性的单台(件)资产是这个系统的基本构成要素。因此单项资产评估是评估单个生产要素的价格。

整体资产是指由一组单项资产组成的具有获利能力的资产综合体。以整体资产作为评估对象就不是评估其构成要素——单台（件）资产的价值量，而是根据整体资产的预期获利能力来评估。典型的整体资产一般是指一个企业，但也可以是指一个车间、一条生产线或一处房地产等，其确定标准在于是否能单独计算其获利能力。这里需要强调的是单项可确指资产价值的总和并不等于整体资产的价值。因为整体资产价值所评估的是其获利能力，其价值除了包括单项资产的价值外，还包括不可确指的资产商誉。

（2）按存在形态分类，全部资产要素可分为有形资产和无形资产。

有形资产是指那些具有形体形态的资产，包括固定资产、流动资产、对外投资、其他资产和自然资源。

无形资产是指那些没有物质实体而以某种特殊权利和技术知识等经济资源状态存在，并发挥作用的资产，包括专利权、商标权、非专利技术、土地使用权、商誉等。

（3）按资产的法律意义分类，全部资产要素可分为不动产、动产和合法权利。

不动产是指不能离开原有的固定位置而存在的资产，如自然资源、土地、房屋，以及附着于土地、房屋上不可分离的部分等；动产是指能脱离原有位置而存在的资产，如各种流动的资产、除不动产以外的各项固定资产；合法权利是指受国家法律保护并能取得预期收益的特权，如各项无形资产。

（4）按被评估资产在企业经营活动中是否持续使用，全部资产要素可分为流动资产与固定资产。

流动资产是指企业经营活动中不打算持续使用的资产，如存货、应收账款、短期投资、银行存款及现金。在某些情况下，通常被视为固定资产的不动产可以被作为流动资产，如待出售的土地或改良过的不动产。

固定资产按照会计学中的规定，一般是指使用年限在 1 年以上，单位价值在规定限额以上的劳动手段。

（5）按被评估资产能否独立存在分类，全部资产要素可以分为可确指的资产与不可确指的资产。

可确指的资产是指独立存在的资产，所有的有形资产与除商誉以外的无形资产都是可确指的资产。不可确指的资产是指独立于有形资产而单独存在的资产，如商誉。商誉是由于企业地理位置优越、信誉卓著、经营有特色、历史悠久、技术先进等原因，能获得高于一般正常投资收益率的超额收益，从其形成的原因看不能脱离企业的有形资产而单独存在。

【思考】 如何理解资产评估中的资产？

第三节 资产评估的目的和价值类型

一、资产评估的目的

资产评估的目的指的是被评估资产即将发生的经济行为。同样的资产，因为评估目的不同，其评估值也不相同。因此，明确资产评估目的，对于科学地组织资产评估工作、提高资产评估质量具有重要意义。

根据我国实际情况，对国有资产占有单位发生下列资产行为时需要评估。

1. 资产转让

资产转让是指国有资产占有单位有偿转让超过百万元或占全部固定资产原值20%以上的非整体性资产的经济行为。

2. 企业兼并

企业兼并是指一个企业以承担债务、购买、股份化和控股等形式有偿接收其他企业的产权，使被兼并方丧失法人资格或改变法人实体。

3. 企业出售

企业出售是指独立核算的企业或企业内部的分厂、车间及其他整体资产权出售行为。

4. 企业联营

企业联营是指国内企业、单位之间以固定资产、流动资产、无形资产及其他资产投入组成各种形式的联合经营实体的行为。

5. 股份经营

股份经营是指国有资产占有单位实行股份制经营方式的行为，包括法人持股、内部职工持股、向社会发行不上市股票和股票公开发行上市。

6. 中外合资

中外合资是指国有资产占有单位与外商在我国境内举办合资或合作经营企业的行为。

7. 企业清算

企业清算包括破产清算、终止清算和结业清算。

8. 抵押

抵押是指国有资产占有单位以本单位的资产作为物质保证进行抵押而获得货币的经济行为。

9. 担保

担保是指国有资产占有单位以本单位的资产为其他单位的经济行为担保，并承担连带责任的行为。

10. 企业租赁

企业租赁指国有资产占有单位或上级单位在一定期限内，以收取租金的形式，将企业全部或部分资产的经营使用权转让给其他经营使用者的行为。

对于上述经济行为，前七种属于必须评估的范围，后三种则根据具体情况，当事人可自行决定是否进行评估。

二、资产评估的价值类型

资产评估的价值类型是资产评估价值质的规范性，即价值内涵。价值类型需要与资产行为的发生相匹配。

资产评估的价值类型是资产评估价值形式上的具体化。资产在价值形态上的计量可以有多种类型的含义，分别从不同角度反映资产的价值特征。这些不同含义的价值不仅在质上是不同的，在量上也存在较大差异，而作为资产业务所要求的具体价值类型却是唯一的，否则，就失去了正确反映和提供价值尺度的功能。因此，必须根据资产业务的行为，即评估的目的，弄清楚所要求的价值尺度的内涵，从而确定资产业务所适用的价值类型。

我国在总结资产评估实践经验基础上，借鉴国际惯例，归纳出四种价值类型，即重置成本、现行市价、收益现值和清算价格。

（一）重置成本

重置成本是指在现实条件下，按功能重置资产并使资产处于在用状态所耗费的成本。重置成本的构成与历史成本一样，也是反映资产购建、运输、安装、调试等建设过程中全部费用的价格，只不过是按现有技术条件和价格水平计算的。重置成本适用的前提是资产处于在用状态。一方面反映资产已经投入使用，另一方面反映资产能够继续使用，对所有者具有使用价值。决定重置成本的两个基本因素是重置完全成本及其损耗（或称贬值）。

（二）现行市价

现行市价是指资产在公平市场上的售卖价格。现行市场原生于公平市场，具有如下规定性：有充分的市场竞争，买卖双方没有垄断和强制，双方都有足够的时间和能力了解实情，具有独立的判断和理智的选择。决定现行市场的基本因素有以下几点。

（1）基础价格。基础价格即资产的生产成本价格。一般情况下，一项资产的生产成本高低决定其价格的高低。

（2）供求关系。资产价格与需求量成正比例关系，与供应量成反比例关系。当一项资产有多个买主竞买时，资产价格就会上升，反之则会下降。

（3）质量因素。质量因素是指资产本身功能、精度等技术参数。优质优价是市场经济的法则，在资产评估中质量因素对资产价值的影响必须给予充分考虑。

（三）收益现值

收益现值是指根据资产未来预期获利能力的大小，按照“将本求利”的逆向思维——

“以利索本”，以适当的折现率或资本化率将未来收益折成的现值。可见，收益现值是指为获得资产以取得预期收益的权利所支付的货币总额。收益现值适用的前提条件是资产投入使用，同时，投资者投资的直接目的是获得预期收益。

（四）清算价格

清算价格是指在非正常市场上限制拍卖的价格。清算价格一般低于现行市场，这是由市场供求状况决定的。其一，因经营失利而导致破产的企业，必然会急于将资产转让或拍卖；其二，这种交易活动主要取决于买方，占有主动权的买方必定会极力压低成交价格，以从中获取利益。

对于资产评估价值类型的选择，必须与资产经济行为的发生密切结合起来，不同的经济行为，所要求资产评估价值的内涵是不一样的。如果不区别资产经济行为确定评估价值类型，或者笼统地确定资产评估值，就会失去评估价值的科学性。实际工作中，资产评估的经济行为多种多样，要求评估机构和评估人员充分理解资产评估价值类型的含义和适用前提，选择科学合理的价值类型。

资产评估价值类型说明的是资产评估价值的内涵，具有质的规定性，而评估方法则是资产评估价值的量化过程，这是两个既相联系又有区别的概念。价值类型对评估方法的选用具有约束性，在价值类型确定的前提下，尽管各种方法之间具有可代替性，但不能以方法的可代替性模糊价值类型的唯一性，更不能以评估方法代替价值类型。

【思考】 如何理解资产评估的价值类型？

第四节 资产评估的假设和原则

一、资产评估的假设

假设是依据有限事实，通过一系列推理，对于所研究的事物做出合乎逻辑的假定说明。假设是任何一门学科形成的前提，相应的理论、观念和方法是建立在一定假设基础之上的。任何假设都带有推测，甚至是主观猜想的成分。但是只要假设合乎逻辑、合乎情理，它就对科学研究具有重大意义。

资产评估的假设是与资产评估标准有着密切联系的概念。资产评估标准是由特定资产业务决定的，而特定资产业务又是以一定的假设为前提的。这就是说同一评估对象，如果其假设前提不同，则其业务性质就不同，从而所适用的估价标准也就不同，评估结果也会大相径庭。资产评估的假设有以下四种。

（一）继续使用假设

继续使用假设是指资产将按现行用途继续使用，或将转换用途继续使用。这一假设的核心是强调资产对未来的有效性。这种有效性可以完全不受过去和现在是否有效的影响。

资产继续使用主要有三种形式：一是资产按现行用途继续原地使用；二是资产今后改变现行用途继续原地使用；三是资产位置发生变化后继续使用。必须考虑以下几个条件。

（1）资产能以其提供的服务或用途，满足所有者经营上期望的收益。
（2）资产尚有显著的剩余使用寿命。
（3）资产所有权明确，并保持完好。
（4）资产从经济上法律上允许转让他用。
（5）能够充分地考虑资产的使用功能。

（二）公开市场假设

公开市场假设是指被评估资产可以在完全竞争的资产市场上，按市场原则进行交易，其价格的高低取决于该资产在公开市场上的行情。从此定义出发，公开市场假设适用于通用性较强的资产，如商品房、土地使用权、通用设备等。而那些专用性较强的资产，如专用设备，则由于交易稀少，形不成市场行情，因而无法适用公开市场假设。

一般来讲，用途越广泛、通用性越强的资产，越容易通过市场交易实现其最佳效用。这里所谓的最佳效用是指资产在法律许可的范围内，被最有利地使用，可取得最佳经济效果。在资产评估时，对于具备在公开市场上交易条件的资产，做公开市场假设，并根据资产所在的位置、特点、市场供求等因素确定其最佳用途，按其最佳用途进行评估，有助于通过资产市场实现资产的最佳配置。

（三）交易假设

交易假设是指假定所有待评估资产已经处在交易过程中，评估人员根据待评估资产的交易条件等模拟市场进行估价。众所周知，资产评估其实是在资产实施交易之前进行的一项专业服务活动，而资产评估的最终结果又属于资产的交换价值范畴。因此在资产实际交易之前，为了发挥资产评估为委托人提供资产交易底价的专家判断的作用，同时又能够使资产评估得以进行，就可以利用交易假设将被评估资产置于“市场交易”中，模拟市场条件进行评估。

（四）清偿假设

清偿假设是指由于种种原因，如企业破产，资产整体或者折成部分被强制出售。这种资产交易与公开市场下的资产交易具有两点显著区别：一是交易双方的地位不平等，卖方是非自愿地被迫出售；二是交易被限制在较短的时间内完成。在这种情况下，资产的价格往往低于继续使用或公开市场假设下的价格。

【思考】 资产评估的各项假设之间有什么联系和区别？

二、资产评估的原则

资产评估的原则是调整评估主体与资产业务有关权益各方在资产评估中的相互关系、规范评估行为和业务的准则。它包括资产评估的工作原则和经济原则两层次的内容。

（一）资产评估的工作原则

资产评估的工作原则是评估机构与评估人员在评估工作中应遵循的原则，主要有独立性原则、客观公正性原则、科学性原则、专业性原则。

1. 独立性原则

独立性原则是指评估机构应始终坚持第三方立场，不为资产业务当事人的利益所影响。评估机构应是独立的社会公正性机构，不能为资产业务中任何一方所拥有，也不能隶属任何一方。遵循这一原则可以从组织上保证评估工作不受有关利益方的干扰和委托者意图的影响。

2. 客观公正性原则

客观公正性原则要求评估结果应以充分的事实为依据。这就要求评估者在评估过程中以公正、客观的态度收集有关数据与资料，并要求评估过程中的预测、推算等主观判断建立在市场与现实的基础之上。此外，为了保证评估的公正客观性，按照国际惯例，资产评估机构收取的劳务费用只与工作量相关，不与被评估资产的价值挂钩，并应受到公众监督。

3. 科学性原则

科学性原则是指在资产评估过程中，必须根据特殊目的，选择适用的标准和方法，制订科学的评估方案，使资产评估结果准确合理。

首先，科学性原则要求资产评估标准的选择以特定评估目的为依据。尽管实现标准的评估方法有多种，但是不能以技术方法的多样性和可代替性来模糊评估标准的唯一性，影响评估结果的科学性。其次，科学性原则要求评估方法科学。评估方法的选择与运用既要受评估标准的约束，又要根据可资利用的条件、数据以及被估资产的理化状态，选择最能达到评估标准的方法。最后，科学性原则要求资产评估程序科学合理。资产评估业务不同，其评估程序也繁简不一，若能根据评估的自身规律和国家的有关规定，结合具体资产业务的实际情况，确定科学的评估程序，就能降低评估成本，提高评估效率。

4. 专业性原则

专业性原则是指资产评估机构必须是提供评估服务的专业技术机构。评估机构必须拥有一支由工程、技术、营销、财会、法律、经济管理等多学科的专家组成的资产评估专业队伍。专业队伍的成员必须具有良好的教育背景、专业知识、实践经验和职业道德。专业技术性是确保资产评估方法正确、评估结果公正的技术基础，也是各评估机构进行专业技术竞争的前提条件。各评估机构之间的专业技术竞争为委托方提供了广阔的选择余地，从而也是确保资产评估公正的市场条件。

【思考】 资产评估的工作原则有哪些?

（二）资产评估的经济原则

资产评估的经济原则是指在资产评估过程中进行具体技术处理的原则，是资产评估原则的具体体现，是在总结资产评估经验、国际惯例以及市场能够接受的评估标准的基础上形成的，主要包括预期收益原则、替代原则、最佳效用原则、贡献原则。

1. 预期收益原则

预期收益原则是指资产评估中，资产的价值可以不按照其过去形成的成本或购买价格决定，但是必须充分考虑它在未来可能为其控制者带来的经济效益。资产的市场价格主要取决于其未来的有用性或获利能力。未来效用越大，评估价值越大；反之，一项资产尽管在取得时花了很大的成本，但目前却无多大效用，则评估值不会高。预期收益原则要求在进行评估时，必须合理预测资产未来的获利能力和取得获利能力的有效期限。

2. 替代原则

替代原则是商品交换的普通规律，即价格最低的同质商品对其他同质商品具有替代性。据此原理，资产评估的替代原则是指评估中面对几种相同或相似资产价值不应取较低评估值，或者说评估值不应高于替代物的价格。这一原则要求评估人员从购买者的角度进行资产评估，因为资产评估值应是资产潜在购买者愿意支付的价格。

3. 最佳效用原则

最佳效用原则指当一项具有多种用途或潜能的资产在公开市场条件下进行评估时，应按照其最佳用途来评估资产价值。这样做既可保证资产出让方的利益，又有利于资产的合理使用，可促进资源的有效配置。

4. 贡献原则

贡献原则是指单项资产或资产的某一构成部分的价值，取决于它对其他相关的资产或资产整体价值的贡献，而不是孤立地根据其自身的价值来确定其评估值；也可以根据当缺少它时，对相关资产整体价值下降的影响程度来确定其评估值。

资产评估的各项经济原则是相互联系、互相补充的有机整体，不能片面强调某一方面而忽视另一方面。

【思考】 资产评估的经济原则有哪些？

第五节　资产评估的程序

一、资产评估程序的概念和重要意义

（一）资产评估程序的概念

资产评估程序是指评估机构与评估人员执行资产评估业务、形成资产评估结论所履行的系统性工作步骤。资产评估程序包括基本程序和具体程序，前者指对于任何一项评估工作都必须执行的程序；后者指根据不同的评估工作所应执行的相应程序。资产评估师不得随意删减评估程序。

资产评估程序由具体的工作步骤组成，不同的资产评估业务由于评估对象、评估目的、资产评估资料收集情况等相关条件的差异，评估人员可能需要执行不同的资产评估具体程序或工作步骤，但由于资产评估业务的共性，资产评估业务的基本程序其实是相同或相通的，适用于各种类型、各种评估目的的资产评估业务。

按照资产评估程序执行评估业务，有助于规范资产评估机构与评估人员的行为，避免工作疏漏和减少评估人员的随意性，突出评估机构专业形象，切实保证评估业务质量。资产评估程序规定了工作内容和工作步骤，为评估机构和评估人员提供了必要的指

导与规范，同时也为委托方提供了评价服务内容与质量的凭据，以及为有关部门提供了监督管理依据。资产评估程序可以有效预防内部管理风险和工作制度风险，这对于保障评估机构与评估人员的合法利益有重要意义。

根据《资产评估基本准则》，资产评估基本程序如图 1-1 所示。

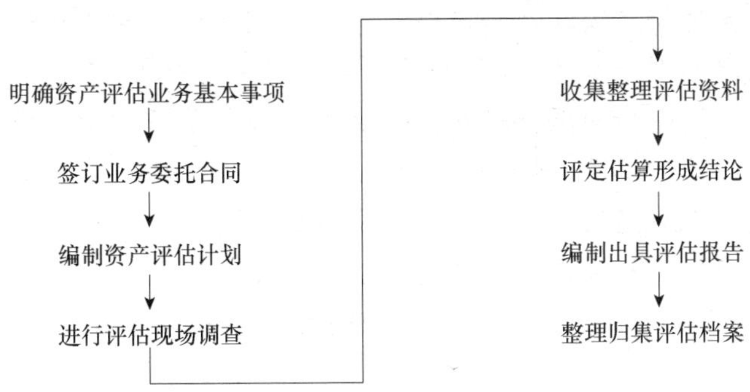

图 1-1 资产评估基本程序

资产评估机构及其资产评估专业人员开展资产评估业务，应履行下列基本程序：明确资产评估业务基本事项、签订业务委托合同、编制资产评估计划、进行评估现场调查、收集整理评估资料、评定估算形成结论、编制出具评估报告、整理归集评估档案。

资产评估机构及其资产评估专业人员不得随意减少资产评估基本程序。

资产评估机构受理资产评估业务前，应当明确下列资产评估业务基本事项。

（1）委托人、产权持有人和委托人以外的其他资产评估报告使用人。

（2）评估目的。

（3）评估对象和评估范围。

（4）价值类型。

（5）评估基准日。

（6）资产评估报告使用范围。

（7）资产评估报告提交期限及方式。

（8）评估服务费及支付方式。

（9）委托人、其他相关当事人与资产评估机构及其资产评估专业人员工作配合和协助等需要明确的重要事项。

资产评估机构应当对专业能力、独立性和业务风险进行综合分析与评价。受理资产评估业务应当满足专业能力、独立性和业务风险控制要求，否则不得受理。

资产评估机构执行某项特定业务缺乏特定的专业知识和经验时，应当采取弥补措施，包括利用专家工作等。

资产评估机构受理资产评估业务应当与委托人依法订立资产评估委托合同，约定资产评估机构和委托人权利、义务、违约责任和争议解决等内容。

资产评估专业人员应当根据资产评估业务具体情况编制资产评估计划，包括资产评估业务实施的主要过程及时间进度、人员安排等。

执行资产评估业务，应当对评估对象进行现场调查，获取资产评估业务需要的资料，了解评估对象现状，关注评估对象法律权属。

资产评估专业人员应当根据资产评估业务具体情况收集资产评估业务需要的资料。包括：委托人或者其他相关当事人提供的涉及评估对象和评估范围等资料；从政府部门、各类专业机构以及市场等渠道获取的其他资料。

委托人和其他相关当事人依法提供并保证资料的真实性、完整性和合法性。

资产评估专业人员应当依法对资产评估活动中使用的资料进行核查和验证。

确定资产价值的评估方法包括市场法、收益法和成本法三种基本方法及其衍生方法。资产评估专业人员应当根据评估目的、评估对象、价值类型、资料收集等情况，分析上述三种基本方法的适用性，恰当选择评估方法。

资产评估专业人员应当在评定、估算形成评估结论后，编制初步资产评估报告。

资产评估机构应当对初步资产评估报告进行内部审核后出具资产评估报告。

资产评估机构应当对工作底稿、资产评估报告及其他相关资料进行整理，形成资产评估档案。

【思考】 资产评估程序有哪些？

（二）执行资产评估程序的重要意义

1. 执行资产评估程序是规范资产评估行为、提高资产评估业务质量和维护资产评估服务公信力的重要保证

恰当履行资产评估程序对于提高资产评估机构业务水平乃至资产评估行业整体业务水平具有重要意义。一方面，不仅有利于规范资产评估机构和人员的执业行为，而且能够有效地避免由于机构和人员水平不同而导致的在执行具体资产评估业务中可能出现的程序上的重要疏漏，切实保证资产评估业务质量。另一方面，资产评估是一项专业性很强的中介服务工作，评估机构和人员履行严格的评估程序，也是赢得客户和社会公众信任、提高评估行业社会公信力的重要保证。

2. 资产评估程序是相关当事方评价资产评估服务的重要依据

相关当事方包括委托人、资产占有方、资产评估报告使用人、相关利益当事人、司法部门、证券监督及其他行政监督部门、资产评估行业主管协会以及社会公众、新闻媒体等。是否履行资产评估程序不仅是衡量资产评估机构和人员执行资产评估业务规范与否的重要标准，也为上述相关当事方提供了评价资产评估服务的重要依据，而且还是委托人、司法和行政监管部门及资产评估行业协会监督资产评估机构与人员、评价资产评估服务质量的主要依据。

3. 恰当执行资产评估程序是资产评估机构和人员防范执业风险、保护自身合法权益、合理抗辩的重要手段之一

从各国的实践来看，由于资产评估工作的专业性，无论是当事人还是司法部门，在举证、鉴定方面存在较大难度等原因，都倾向于追究资产评估机构和人员在履行必要资产评估程序方面的疏漏与责任，而避免在专业判断方面下结论。随着我国资产评估行业的发展，有关各方对资产评估的认识逐步提高，目前已经开始由对资产评估结论做出“高低”“对错”的简单二元判断逐步转向重点关注资产评估机构和人员在执行业务过程中，是否恰当履行了必要的资产评估程序。因此，面对资产评估机构和人员与其他当

事人之间就资产评估服务引起的越来越多的纠纷和法律诉讼，恰当履行资产评估程序不仅是资产评估机构和人员防范执业风险的主要手段，也是在产生纠纷或诉讼后，合理保护自身权益、合理抗辩的重要手段。

【思考】 执行资产评估程序有哪些重要意义?

二、资产评估的准备工作

（一）明确业务基本事项

资产评估机构和人员应当采取与委托人等相关当事人讨论、阅读基础资料、进行必要初步调查等方式，与委托人等相关当事人共同明确资产评估业务基本事项，如委托方和相关当事方基本状况；资产评估目的；评估对象基本状况；价值类型及定义；资产评估基准日；资产评估限制条件和重要假设；其他需要明确的重要事项。

在资产评估项目中，相关当事方主要包括资产占有方、资产评估报告使用方、其他利益关联方等。企业不同，其资产规模、资产种类、行业归属、生产与经营等多方面都会存在差异，因此资产评估机构和人员应当了解相关当事方的基本状况，尤其是委托人与相关当事方之间的关系，这对于理解评估目的、相关经济行为以及防范恶意委托等十分重要。

资产评估机构和人员应当做尽可能多的调查，了解和熟悉评估对象及其权益基本状况，包括其法律、经济和物理状况，如资产类型、规格型号、结构、数量、购置（生产）年代、生产（工艺）流程、地理位置、使用状况、企业名称、住所、注册资本、所属行业、在行业中的地位和影响、经营范围、财务和经营状况等。资产权属事项对规范委托方经济行为、明确相关责任、维护公共利益与各方当事人利益有着重要影响。评估人员应当知晓法律权属对评估结论的影响程度，应当明确对评估对象法律权属确认或发表意见是超出执业范围的。

资产评估机构和人员应当与委托方就资产评估目的达成明确、清晰的共识，并尽可能细化资产评估目的，说明资产评估业务的具体目的和用途。评估目的不能模糊不清，不能仅仅笼统列出通用资产评估目的，甚至是多重目的。同时还应当在明确资产评估目的的基础上，根据评估环境和资产价值实现的可能限制恰当确定价值类型，确信所选择的价值类型适用于特定的资产评估目的，并就所选择价值类型的定义与委托方进行沟通，避免出现误解。

评估基准日的选取较为灵活，资产评估机构和人员应当通过与委托方的沟通，综合考虑经济行为批准日、评估目的实现日、报表报出日、资产盘点日等，遵循与评估时日接近的原则明确资产评估基准日。评估基准日的选择应当有利于资产评估结论有效地服务于资产评估目的，减少和避免不必要的资产评估基准日期后事项调整。

资产评估属于中介服务，评估人员对评估对象价值进行估算并发表意见。资产的真实状况、权属状况、效用与价值预期、评估结论的使用等都可能在一定程度上存在不确定性。因此评估机构和人员应当根据初步掌握的有关评估业务的基础情况，具体分析资产评估项目的执业风险，以判断该项目的风险是否超出合理的范围。同时评估机构和人员还应当根据所了解的评估业务的基础情况和复杂性，分析本机构和评估人员是否具有与该项目相适应的专业胜任能力及相关经验。

实际中，评估人员可以采用多种措施来降低或避免风险，如在承接评估业务前，充分了解所有对资产评估业务可能构成影响的限制条件和重要假设；了解客户的生产经营状况、产品质量、经营特点、市场形象以及企业管理层的职业素质、有无重大违规违纪的历史记录；查阅与审核相关数据资料和报表；分析资产的权属状况与继续利用可能；分析经济行为的合法性与可行性，有无产权证明、过户手续等；判断独立、客观职业的可能性，确认与委托人或相关当事方是否存在现实或潜在利害关系；在可能的情况下，要求委托人明确资产评估报告的使用人或使用人范围以及资产评估报告的使用方式；委托方是否对评估结论事先有要求，评估工作能否按必要的评估程序顺利进行；估计作业量与作业难度等。

（二）签订业务委托合同

资产评估业务委托合同是资产评估机构与委托人共同签订的，确认资产评估业务的委托与受托关系，明确委托目的、被评估资产范围及双方权利义务等相关重要事项的合同。

根据我国资产评估行业的现行规定，注册资产评估师承办资产评估业务，应当由其所在的资产评估机构统一受理，并由评估机构与委托人签订书面资产评估业务委托合同，这属于法人行为，注册资产评估师不得以个人名义签订资产评估业务委托合同。资产评估业务委托合同应当由资产评估机构和委托方的法定代表人或其授权代表签订，资产评估业务委托合同应当内容全面、具体，含义清晰准确，符合国家法律、法规和资产评估行业的管理规定，于当事双方公平。

资产评估业务委托合同包括以下基本内容。

（1）资产评估机构和委托方名称。

（2）资产评估目的。

（3）资产评估对象。

（4）资产评估基准日。

（5）出具资产评估报告的时间要求。

（6）资产评估报告使用范围。

（7）资产评估收费。

（8）双方的权利、义务及违约责任。

（9）签约时间。

（10）双方认为应当约定的其他重要事项。

在签订了资产评估业务委托合同后，评估机构就应着手组建成立以项目经理为首的资产评估工作小组。对于企业价值评估及较大的评估项目，除了选派项目经理外，还要按照资产分类分别设立专业组及其负责人，以便在分工负责的基础上进行总体协调工作。

（三）编制资产评估计划

为高质高效完成资产评估业务，资产评估机构和人员应当编制资产评估计划，对资产评估过程中的每个工作步骤以及时间和人力进行规划与安排。资产评估计划又称资产评估工作方案，是资产评估机构和人员为执行资产评估业务拟订的工作思路和实施方案，主要包括评估的技术路线和方法、需要收集的资料及其收集渠道、预计所需要的时间和费用、工作步骤和人力资源及进度安排等。由于资产评估项目千差万别，资产评估计划也不尽相同，其详略程度取决于资产评估业务的规模和复杂程度。

资产评估机构和人员应当在资产评估计划编制过程中同委托人等就相关问题进行洽谈，根据所承接的具体资产评估项目情况，编制合理的资产评估计划，并根据执行资产评估业务过程中的具体情况，及时修改、补充资产评估计划。

资产评估计划应当涵盖资产评估工作的全过程，并报经资产评估机构负责人审核批准。编制资产评估工作计划应当重点考虑以下因素。

（1）资产评估目的、资产评估对象状况。

（2）资产评估业务风险、资产评估项目的规模和复杂程度。

（3）评估对象的性质、行业特点、发展趋势。

（4）资产评估项目所涉及资产的结构、类别、数量及分布状况。

（5）相关资料收集状况。

（6）委托人或资产占有方过去委托资产评估的经历、诚信状况及提供资料的可靠性、完整性和相关性。

（7）资产评估人员的专业胜任能力、经验及专业、助理人员配备情况。

（四）进行评估现场调查

对资产进行现场调查，其目的在于确定委托评估的资产的存在性、合法性和完整性，以及委托评估的资产与账簿、报表的一致性。查勘与鉴定的内容主要是各类资产是否存在，以及它们的产权状况、技术状况、新旧程度、运行状况、质量等技术参数。

资产评估机构和人员执行资产评估业务，应当对评估对象进行必要的查勘，这不仅可以体现资产评估人员勤勉尽责，还有利于评估机构和人员全面、客观了解评估对象，核实委托方和资产占有方提供资料的可靠性，并通过在资产查勘和现场调查过程中发现的问题、线索，有针对性地开展资料收集、分析工作。由于各类资产差别很大以及评估目的不同，不同项目对评估对象进行资产查勘或现场调查的具体方式和程度也不尽相同。评估人员应当根据评估项目具体情况，确定合理的资产查勘或现场调查方式，并与委托方或资产占有方进行沟通，确保资产查勘或现场调查工作的顺利进行。

委托方应在资产评估前对资产进行清查，对账面资产进行审核，对现金、存货、固定资产等进行盘点，并填制资产清查明细表。不同资产项目的表格不尽相同，一般应根据资产特点设置其栏目。这些栏目应能对资产的数量、规格、金额以及其他特点与状况等有较为详细的描述。对于一些特殊资产或特殊类别的资产，评估人员应设计恰当的专用表格。委托方还应填制实物盘点表。若盘点后数量及金额与账面记录数不一致，应据实在盘点表备注栏中给予说明。盘点日与评估日不一致时，要注意查对两个时点间资产数量的变化情况。

资产清查明细表和盘点表是评估人员进行资产核查的重要依据。评估人员进入现场后，应先获取被评估企业的资产自查盘点表，对照该表进行现场核实与查勘。如果被评估单位的管理制度健全、管理状况良好，对数量较多、单价较低的资产以及数量较多的同类、同型号资产，也可以采用重点清查、抽样检查等方法来核实评估对象。现场查勘时应填制现场查勘核实表。

资产评估的鉴定包括权属状况鉴定、技术状况鉴定、使用状况鉴定、质量鉴定、磨损程度鉴定等，不同类型的资产其鉴定方法和内容是不一样的，主要有账面资产的鉴定、实物资产的鉴定等。

【思考】 委托方为什么要对被评估资产进行调查?

（五）资产评估信息资料的收集

资料收集工作是资产评估业务质量的重要保证，也是进行分析、判断进而形成评估结论的基础。资产评估工作实际上就是对被评估资产的有关信息资料进行收集、分析判断、加工处理并做出披露的过程。一方面，由于资产评估的专业性和评估对象的广泛性，不同的项目、不同的评估目的、不同的资产类型对评估资料有着不同的需求。另一方面，由于评估对象及其所在行业的市场状况、信息化和公开化程度差别较大，相关资料的可获取程度也不同。因此资产评估机构和人员的执业能力在一定程度上就体现在其收集、占有与所执行项目相关信息资料的能力上。

资产评估人员应当在其力所能及的条件下，独立获取评估所依据的信息，并确信信息来源是可靠的和适当的，同时为达到这种确信程度而采取的必要措施是行业内所公认的。资产评估人员在执行业务过程中，不能随意地采用那些不具有可靠来源和明显不合理的信息资料。

资产评估人员在资产评估过程中，应当考虑下列相关信息。

（1）有关资产权利的法律文件或其他证明资料。

（2）资产的性质、目前和历史状况信息。

（3）有关资产的剩余经济寿命和法定寿命信息。

（4）有关资产的使用范围和获利能力的信息。

（5）资产以往的评估及交易情况信息。

（6）资产转让的可行性信息。

（7）类似的资产的市场价格信息。

（8）卖方承诺的保证、赔偿及其他附加条件。

（9）可能影响资产价值的宏观经济前景信息。

（10）可能影响资产价值的行业状况及前景信息。

（11）可能影响资产价值的企业状况及前景信息。

（12）其他相关信息。

由于资产评估中需要收集的信息数量大、覆盖面广，评估人员应对收集的相关信息进行必要的分析处理，保证信息收集、分析的充分性和合理性。

1. 资产信息资料的分析

资产信息资料的分析是指对被评估资产信息资料合理性和可靠性的识别。由于收集资料的方法多种多样，收集上来的资料难免有失真情况。对于失真的资产信息资料要及时鉴别并剔除。另外，对所收集的数据是否具有合理性、相关性也需要进行分析，以提高评估所依据的资产信息的可靠性。资产信息资料的分析，通常可通过确定信息源的可靠性和资料本身的可靠性来解决。

2. 资产信息资料的筛选、整理和分类

在对资产信息资料的可靠性进行分析鉴定的基础上，还要对资产信息资料进行筛选、整理和分类。一般可将鉴定后的资产信息资料按可用性原则进行分类。

（1）可用性资产信息资料，是指在某一具体评估项目中可以作为评估依据的资产信息资料。

（2）有参考价值的资产信息资料，是指资产信息资料与评估项目有联系的一部分，是评估时需注意或考虑的一个因素。

（3）不可用信息资料，是指在某一个具体的评估项目中，与此项评估业务没有直接联系或根本无用的资产信息资料。

【思考】 资产评估机构如何进行资产评估资料的收集与处理？

复习思考题

一、简答题

1. 什么是资产评估？资产评估的构成要素有哪些？
2. 资产评估有哪些特点？
3. 资产评估的价值类型有哪些？
4. 资产评估假设有哪些？
5. 资产评估的工作原则有哪些？
6. 资产评估的经济原则有哪些？
7. 资产评估的基本程序包括哪些内容？
8. 在资产评估的前期阶段，通常评估人员要做哪些工作？
9. 执行资产评估业务需要收集哪些信息？

二、单项选择题

1. 资产评估是通过对资产（　　）价值的估算，从而确定其价值的经济活动。

A. 某一时期　　B. 某一时点　　C. 某一年度　　D. 某一阶段

2. 当事人可根据具体情况自行决定是否进行资产评估的经济行为是（　　）。

A. 企业清算　　B. 企业租赁　　C. 企业联营　　D. 中外合资

3. 你使用一种评估方法计算出某公司股票的价值为每股 15 元。该股票的市场价值为每股 25 元。此差异可以解释为（　　）。

A. 市场无效，市场高估了该股票的价值　　B. 使用了错误的评估方法

C. 评估方法所使用的输入变量有错误　　D. 以上都不对

4. 作为企业组成部分的特定资产对其所属企业能够带来的价值，而并不考虑该资产的最佳用途或资产变现所能够实现的价值量的是（　　）。

A. 在用价值　　B. 持续经营价值

C. 投资价值　　D. 强制变卖价值

5. 不可辨认的资产是指（　　）。

A. 没有物质形态因而无法辨认的资产

B. 因不具有综合获利能力而无法单独出售的资产

C. 不能独立于有形资产而单独存在的资产

D. 除有形资产以外的所有资产

6. 资产评估价值取决于资产的（　　）。

A. 原先的购买价格　　B. 生产成本

C. 预期效用　　D. 评估基准日的利用现状

7. 正常情况下，一栋别墅在某一时点的市场价值，不会高于此时点重新开发一栋同等效用别墅的成本（包括利润）。这体现了资产评估的（　　）。

A. 贡献原则　　B. 客观原则　　C. 预期原则　　D. 替代原则

8. 下列不属于资产评估工作原则的是（　　）。

A. 独立性　　B. 客观性　　C. 替代性　　D. 科学性

9. 在企业兼并时，目标企业（被兼并企业）价值评估的最适用假设是（　　）。

A. 清偿假设　　B. 公开市场假设

C. 继续使用假设　　D. 持续经营假设

10. 银行在因债务不能清偿而需要对其受押的抵押房地产进行处置时，该抵押房地产价值的评估适用于（　　）。

A. 清偿假设　　B. 公开市场假设　　C. 继续使用假设　D. 持续经营假设

11. 资产评估程序的第一个环节是（　　）。

A. 编制资产评估计划　　B. 明确资产评估业务基本事项

C. 签订资产评估业务委托合同　　D. 资产查勘

12. 资产评估程序是指（　　）。

A. 资产评估机构执行业务的必要步骤

B. 从业人员及有关机构为执行业务而指定的履行程序

C. 资产评估机构和人员执行资产评估业务、形成资产评估结论所履行的系统性工作步骤

D. 国家发改委颁布的资产评估从业人员执行业务时的工作要求

三、多项选择题

1. 资产评估行为涉及的经济行为包括（　　）。

A. 产权转让　　B. 企业重组　　C. 资产抵押　　D. 资产纳税

2. 资产评估的科学性原则是指（　　）。

A. 选择适用的价值类型和方法

B. 由包括科技专家组成的资产评估队伍

C. 制订科学的评估方案

D. 以充分科学的事实为依据

3. 资产评估的公正性表现为（　　）。

A. 资产评估应遵循正确适用的评估原则，依照法定的评估程序，运用科学的评估方法

B. 资产评估主体应当与资产业务及其当事人没有利害关系

C. 资产评估的目标是为了估算出服务于资产业务要求的客观价值

D. 资产评估需要通过对评估基准日的市场实际状况进行模拟

4. 估价对象已经处于使用状态，运用最佳效用原则的选择前提有（ ）。

A. 保持利用现状前提　　B. 转换用途前提

C. 投资改造前提　　D. 新利用前提

5. 适用于资产评估的假设有（ ）。

A. 继续使用假设　　B. 公开市场假设

C. 持续经营假设　　D. 清偿假设

6. 确定评估基准日的目的是（ ）。

A. 确定评估对象的计价时间　　B. 将动态下的资产固定在某一时点

C. 将动态下的资产固定在某一时期　　D. 确定评估机构的工作日

7. 资产评估业务委托合同的内容包括（ ）。

A. 评估范围　　B. 评估目的　　C. 评估假设　　D. 评估基准日

8. 制订评估计划时，需重点分析的要素包括（ ）。

A. 评估目的和评估范围　　B. 评估基准日

C. 评估风险　　D. 评估人员的业务能力

9. 资产评估中，查勘与鉴定资产的目的是（ ）。

A. 确定委托评估资产是否存在　　B. 确定委托评估资产与账册是否一致

C. 收集评估所需的有关数据资料　　D. 确定被评估资产的成新率

第二章

资产评估的基本方法

本章主要介绍资产评估的基本方法及选择评估方法应考虑的因素。

资产评估的基本方法包括成本法、收益法和市场法。国外评估行业的实践已经证明，三种基本评估方法本身并无优劣，重要的是评估人员应当根据具体情况判断，根据评估对象、价值类型、资料收集情况等相关条件，分析三种资产评估基本方法的适用性，恰当选择评估方法，才能形成合理的评估结论。

本章主要从原理上来介绍和研究评估方法，后续五章具体资产的评估，其实就是资产评估基本方法的具体运用，当然在运用时会体现具体资产的一些特点。

【重要概念】市场法　成本法　收益法　重置成本　实体性贬值　功能性贬值　经济性贬值　成新率

第一节　市场法

一、市场法的基本原理

（一）市场法的基本含义

市场法又称现行市价法、市场比较法，是指利用市场上同样或类似资产的近期交易价格，经过直接比较或类比分析来估测资产价值的各种评估方法的总称。也就是说，在评估资产价值时，首先在资产市场上寻找与被评估资产相类似的参照物的成交价（又称交易案例）；然后对被估资产与参照物之间的差异进行调整，将参照物的成交价调整成被估资产的评估值。

从市场法的含义可以发现，市场法是资产评估中若干评估思路中的一种，它是根据替代原理采用比较和类比的方法判断资产价值的评估技术规程。因为任何一个正常投资者在购买某项资产时，其所愿意支付的价格不会高于市场上具有相同用途的替代品的现行市价。运用市场法需要充分利用类似资产的成交价格信息，并以此为基础判断和估测被评估资产的价值。运用已被市场检验了的结论来评估被估对象，显然是容易被资产评估业务各当事人接受的。因此，市场法是资产评估中最为直接、最具说服力的评估方法之一。

市场法认为资产的价值是由在公开市场上买卖双方力量达成一致时的均衡价格所决定的，是以马歇尔的均衡价值论为理论基础的。由于资产评估结果是一个模拟市场过程的结果，而非实际交易的结果，因此在资产评估中运用均衡价值论就是承认市场交易结果的相对合理性，以与被评估资产相类似的交易案例为参照，来确定被评估资产的评估值。这也说明该方法是基于资产定价的替代原则，即一项资产的价值等于为获得同等满足的替代品所花费的成本。

（二）市场法运用的前提条件

1. 需要有一个充分发育的、活跃的公开市场

公开市场是一个充分的市场，市场上有自愿的买者和卖者，他们之间进行平等交易。这就排除了个别交易的偶然性，市场成交价格基本上可以反映市场行情。在资产市场上，交易越频繁，与被估资产相类似的交易案例越容易获得，越容易形成某一类资产的市场行情。按市场行情估测被评估资产价值，评估结果会更贴近市场，更容易被资产交易各方接受。

2. 被评估资产的市场参照物及其相比较的指标、技术参数等资料是可以收集的

运用市场比较法，重要的是能够在近期资产市场上找到与被评估资产相同或相类似的参照物。一般地讲，与被评估资产完全相同的资产很难找到，因此往往需要对相类似的参照物进行调整。这时，有关调整的指标、技术参数能否取得，也是决定市场比较法能否运用的关键。资产及其交易的可比性具体体现在以下几个方面：①参照物与评估对象在功能上具有可比性，包括用途、性能上的相同或相似；②参照物与评估对象面临的市场条件具有可比性，包括市场供求关系、竞争状况和交易条件等；③参照物成交时间与评估基准日间隔时间不能过长，应在一个适度的时间范围内，且时间对资产价值的影响是可以调整的。

【思考】 你认为市场法有哪些优点和缺点？这些优点和缺点是由什么决定的？

二、市场法的基本程序及有关指标

（一）确定合适的参照物

1. 参照物的成交价必须真实

成交价必须真实即必须是实际成交价。报价、拍卖底价等均不能视为成交价，它们不是实际交易的结果。

2. 参照物的基本数量要求

市场法是通过同类资产的市场行情来确定被评估资产的评估值，因此如果只能找到一两个交易案例，是不能反映市场行情的。我国目前一般要求至少有 3 个交易案例，国外在正常情况下要求至少 4 个交易案例，才能有效运用市场比较法。

3. 参照物与被评估资产之间大体可替代

参照物与被评估资产大体可替代即要求二者尽可能类似。例如，在房地产评估中要求参照物与被评估资产是同一供需圈内，处于相邻地区或同一区域等；在机器设备评估中要求参照物与被评估资产功能相似，最好是规格、型号相同，出厂日期相近等。在

企业整体评估中，对选择参照物的要求则更多，要求参照物与被评估企业在行业生产规模、收益水平、市场定位、增长速度、企业组织形成、资信程度等方面相类似。

4. 参照物的成交价应是正常交易的结果

参照物的成交价应是正常交易的结果即不能反映市场行情的关联交易、特别交易不能被选作参照物。如果能将非正常交易修正为正常交易，如能够获得关联交易成交价高于或低于市价多少的信息，则可选用。此外，还要求参照物的成交时间尽可能接近评估基准日，以提高参照物成交价的可参照程度。

（二）调整相关的差异

参照物与被评估资产之间具体存在哪些差异，需视具体资产业务而定。一般地讲，需要调整的差异主要有以下几方面。

1. 交易时间的差异

交易时间差异是指参照物成交日与被评估资产的评估基准日不在同一时期，而在这段间隔期参照物价格变动对评估值的影响。调整的方法可以采取定基物价指数法，也可以采取环比物价指数法。一般地讲，当资产价格处于上升期间，调整系数大于 1，反之则小于 1。

2. 资产区域的差异

资产区域差异是指参照物所在区域与被评估资产所在区域条件的差异对评估值的影响。如果参照物所在区域条件比被评估资产所在区域好，则需将参照物的成交价向下调，即调整系数小于 1。具体方法主要采取打分法。区域因素对不动产价格的影响尤为突出。

3. 资产功能状况的差异

资产功能差异是指参照物与被评估资产在功能上的差异对评估值的影响。可以通过功能系数法计算功能差异对评价值的影响。具体可以采用绝对数计算，如设备产出能力相差 1 个单位，价格相差多少；也可以采用相对数计算，如产业能力每相差 1 个百分点，对价格的影响程度。

4. 资产成新率的差异

资产成新率差异是指参照物与被评估资产在有形损耗方面的差异对评估值的影响。除了土地资产外，一般有形资产都会存在有形损耗问题。有形损耗率越高（或者说成新率越低），资产的价值越低。因此，如果参照物的成新率比被评估资产低，就需要将参照物的成新率向上调，即调整系数大于 1。

5. 交易情况的差异

交易情况差异是指如下情况。

（1）由于参照物的成交价高于或低于市场正常交易价格所需进行的调整。

（2）因融资条件差异所需进行的调整，即一次性付款和分期付款对成交价的影响。

（3）因销售情况不同所需进行的调整，即单件与批量购买对交易价格的影响。

6. 市场状况的差异

市场状况，如供求关系、经济周期等，在很大程度上影响资产价格，然而它的影响也最难量化，评估人员必须把握供求关系的特点和市场景气状况，按变动趋势调整参照物与被评估对象的差异。

（三）计算被估资产的评估值

以参照物的成交价为基础，将已经量化的参照物与评估对象对比指标差异进行调增或调减，就可以得到以每个参照物为基础的评估对象的初步评估结果。但是正式的评估结果只能是一个，这就需要评估人员对若干初步评估结果进行综合分析，在这个环节上没有什么硬性规定，主要取决于评估人员对参照物的把握和对评估对象的认识。如果参照物与评估对象的可比性都很好，评估过程中没有明显的遗漏或疏忽，将这些初步评估结果进行算术平均或加权平均就可最终确定评估值。

三、市场法的具体操作方法

（一）直接比较法

直接比较法又叫直接法，是指利用参照物的交易价格及参照物的某一基本因素直接与评估对象的同一基本因素进行比较，从而判断评估对象评估值的方法。其计算公式可表示为

$$评估对象价值=参照物成交价格\times\left(\frac{评估对象A因素}{参照物A因素}\right)$$

直接比较法通常对参照物与评估对象之间的可比性要求较高。参照物与评估对象要达到相同或者基本相同，仅仅在某一因素上存在差异，如新旧程度、交易时间、功能、交易条件等。以下简单介绍直接比较法的具体技术方法。

1. 功能价值法

功能价值法是指利用资产的功能与资产价值之间所具有的相对稳定的数量关系，以参照物的功能及其成交价为基础，考虑到参照物与评估对象之间的功能差异，进而通过调整二者的功能差异来估算评估对象价值的方法。其中功能差异可通过资产的生产能力指标或其他指标的差异来体现。根据资产的价值与其功能之间的线性关系和指数关系的区别，其数学表达式分别如下。

（1）资产价值与其功能呈线性关系的情况，通常被称为生产能力比率法。

资产评估价值＝参照物成交价格×（评估对象生产能力÷参照物生产能力）

【例 2-1】 被评估资产年生产能力为 100 吨，参照物的年生产能力为 120 吨，评估基准日参照物的市场价为 9 万元，则被评估资产价值的计算如下：

被评估资产价值＝9×（100÷120）≈7.5（万元）

（2）资产价值与其功能呈指数关系的情况，通常被称为规模经济效益指数法。

资产评估价值＝参照物成交价格×（评估对象生产能力÷参照物生产能力）^{x}

公式中的 x 称为规模经济效益指数，它通常是一个经验数据，在美国，这个经验数据一

般为0.4～1，我国到目前为止尚未有统一的经验数据。

【例2-2】 被评估资产年生产能力为100吨，参照物的年生产能力为120吨，评估基准日参照物的市场价为9万元，该类资产的规模经济效益指数为0.7，则计算如下：

$$被评估资产价值=9\times(100\div120)^{0.7}\approx7.92（万元）$$

2. 价格指数调整法

价格指数调整法也叫物价指数法，是指以参照物成交价格为基础，考虑参照物的成交时间与评估对象的评估基准日之间的时间间隔对资产价值的影响，利用价格指数调整参照物成交价，进而估算评估对象评估值的方法。其数学表达式为

$$资产评估价值=参照物成交价格\times(1+物价变动指数)$$

或

$$资产评估价值=参照物成交价格\times价格指数$$

【例2-3】 与被评估资产完全相同的参照物6个月前的成交价为20万元，半年间该类资产的价格上升了5.8%，则被评估资产价值为

$$被评估资产价值=20\times(1+5.8\%)=21.16（万元）$$

3. 成新率价格调整法

成新率价格调整法是指以参照物的成交价格为基础，考虑参照物与评估对象新旧程度上的差异，通过成新率调整估算出评估对象的价值。数学表达式为

$$资产评估价值=参照物成交价格\times(评估对象成新率\div参照物成新率)$$

【例2-4】 参照物的成交价为10万元，成新率为50%，被评估资产的成新率为75%，则被评估资产价值为

$$被评估资产价值=10\times(75\%\div50\%)=15（万元）$$

4. 市价折扣法

市价折扣法是指以参照物成交价格为基础，考虑到评估对象在销售条件、销售时限等交易条件方面的不利因素，凭借评估人员的经验或有关部门的规定，设定一个价格折扣率，来估算评估对象价格的方法。数学表达式为

$$被评估资产价值=参照物成交价格\times(1-价格折扣率)$$

【例2-5】 某拟快速变现资产，评估基准日与其完全相同资产的正常变现价为15万元，评估人员经综合分析认为由于快速变现该资产需在正常价基础上折扣40%，则计算如下：

$$被评估资产价值=15\times(1-40\%)=9（万元）$$

5. 现行市价法

当评估对象本身具有现行市场价格或与评估对象基本相同的参照物具有现行市场价格的时候，可以直接利用评估对象或参照物在评估基准日的现行市场价格作为评估对象的评估价值。

6. 成本市价法

成本市价法是指以评估对象的现行合理成本为基础，利用参照物的成本市价比率

来估算评估对象价值的方法。其中成本市价比率是指参照物成交价格与参照物现行合理成本之间的比值。

【例 2-6】 评估基准日参照物 A、B、C 的成本分别是 8 万元、12 万元、10 万元，市价分别是10万元、13万元、11万元，被评估资产的现行合理成本是13万元，则计算如下：

被评估资产价值＝13×（10＋13＋11）/（8＋12＋10）≈14.73（万元）

7. 市盈率乘数法

市盈率乘数法是指以参照物的市盈率作为乘数（倍数），以此乘数与评估对象的收益额相乘估算评估对象价值的方法。其中市盈率是指资产每股市价与每股收益的比值。

【例 2-7】 某被评估企业的年净利润为 100 万元，评估基准日资产市场上同类企业平均市盈率为 17 倍，则计算如下：

该企业评估值＝100×17＝1 700（万元）

【思考】 你能给出上述除现行市价法外其余六个方法的计算公式，并说明它们各自的适用情况吗？

（二）类比调整法

类比调整法又叫类比法，其适用性强、应用广泛，是市场比较法中最基本的评估方法。由于大多数情况下，在市场中只能找到与评估对象大体相似的参照物，所以通过对比分析调整参照物与评估对象之间的各项差异，就可以在参照物成交价基础上估算评估对象的价值。其计算公式可表示为

$$\text{资产评估值}=\text{参照物的成交价}\times\text{时间因素调整系数}\times\text{区域因素调整系数}\times\text{功能因素调整系数}\times\text{情况补正系数}$$

或

$$\text{资产评估值}=\left[\sum_{i=1}^{n}(\text{参照物成交价}\times\text{各项调整系数})\right]\div n$$

或

$$\text{资产评估值}=\text{参照物的成交价}\pm\text{时间因素调整值}\pm\text{区域因素调整值}\pm\text{功能因素调整值}\pm\text{成新率调整值}\pm\text{交易情况调整值}$$

【例 2-8】

1. 估价对象概况

待估地块为城市规划中属于住宅区的一块空地，面积为 600 平方米，地形为长方形。

2. 评估要求

评估该地块 2017 年 10 月的公平市场交易价格。

3. 评估过程

（1）选择评估方法。该种类型的土地有较多的交易实例，故采用市场途径及其方法进行评估。

（2）收集有关的评估资料。一是收集待估土地资料。（略）二是收集交易实例资料。选择四个交易实例作为参照物，具体情况如表 2-1 所示。

表 2-1 交易实例资料表

项目		交易实例 A	交易实例 B	交易实例 C	交易实例 D	估价对象
坐落		略	略	略	略	略
所处地区		临近	类似	类似	类似	一般市区
用地性质		住宅	住宅	住宅	住宅	住宅
土地类型		空地	空地	空地	空地	空地
交易日期		2017 年 4 月	2017 年 3 月	2016 年 10 月	2016 年 12 月	2017 年 10 月
价格	总价/万元	19.6	31.2	27.4	37.8	
	单价/（元/平方米）	1 870	1 820	1 855	1 840	
面积/平方米		225	380	320	450	600
形状		长方形	长方形	长方形	略正方形	长方形
地势		平坦	平坦	平坦	平坦	平坦
地质		普通	普通	普通	普通	普通
基础设施		较好	完备	较好	很好	很好
交通状况		很好	较好	较好	较好	很好
正面路宽/米		8	6	8	8	8
容积率		6	5	6	6	6
剩余使用年限/年		35	30	35	30	30

（3）进行交易情况修正。经分析，交易实例 A、D 为正常买卖，无须进行交易情况修正；交易实例B较正常，买卖价格偏低2%；交易实例C较正常，买卖价格偏低3%。

则各交易实例的交易情况修正率为

交易实例 A：0%；交易实例 B：2%；交易实例 C：3%；交易实例 D：0%。

（4）进行交易日期修正。根据调查，2017 年 10 月以来土地价格平均每月上涨 1%，则各参照物交易实例的交易日期修正率为

交易实例 A：6%；交易实例 B：7%；交易实例 C：12%；交易实例 D：10%。

（5）进行区域因素修正。交易实例 A 与待估土地处同一地区，无须做区域因素修正。

交易实例 B、C、D 的区域因素修正情况可参照表 2-2 判断。

表 2-2 区域因素修正情况

区域因素 / 类似地区	B	C	D
自然条件	相同（10）	相同（10）	相同（10）
社会环境	稍差（7）	相同（10）	相同（10）
街道条件	相同（10）	相同（10）	相同（10）
交通便捷度	稍差（8）	稍好（12）	相同（10）
离交通车站点距离	稍远（7）	稍近（12）	相同（10）
离市中心距离	相同（10）	稍近（12）	相同（10）
基础设施状况	稍差（8）	相同（10）	稍好（12）
公共设施完备状况	相同（10）	稍好（12）	相同（10）
水、大气、噪声污染状况	相同（10）	相同（10）	相同（10）
周围环境及景观	稍差（8）	相同（10）	稍差（8）
综合打分	88	108	100

本次评估设定待估地块的区域因素值为 100，则根据表 2-2 各种区域因素的对比分析，经综合判定打分，交易实例 B 所属地区为 88，交易实例 C 所属地区为 108，交易实例 D 所属地区为 100。

（6）进行个别因素修正。①经比较分析，待估土地的面积较大，有利于充分利用，另外环境条件也比较好，故判定比各交易实例土地价格高 2%。②土地使用年限因素的修正。交易实例 B、D 与待估土地的剩余使用年限相同无须修正。交易实例 A、C 均需做使用年限因素的调整，其调整系数测算如下（假定折现率为 8%）：

$$
\text{年限修正系数}=\left[1-\frac{1}{(1+8\%)^{30}}\right]\div\left[1-\frac{1}{(1+8\%)^{35}}\right](1-0.099\,4)\div(1-0.067\,6)
$$

$$
\approx 0.900\,6\div 0.932\,4\approx 0.965\,9
$$

（7）计算待估土地的初步价格。

交易实例 A 修正后的单价为

$$
1\,870\times\frac{100}{100}\times\frac{106}{100}\times\frac{100}{100}\times\frac{102}{100}\times 0.965\,9\approx 1\,953\ \text{（元/平方米）}
$$

交易实例 B 修正后的单价为

$$
1\,820\times\frac{100}{98}\times\frac{107}{100}\times\frac{100}{88}\times\frac{102}{100}\approx 2\,303\ \text{（元/平方米）}
$$

交易实例 C 修正后的单价为

$$
1\,855\times\frac{100}{97}\times\frac{112}{100}\times\frac{100}{108}\times\frac{102}{100}\times 0.965\,9\approx 1\,954\ \text{（元/平方米）}
$$

交易实例 D 修正后的单价为

$$
1\,840\times\frac{100}{100}\times\frac{110}{100}\times\frac{100}{100}\times\frac{102}{100}\approx 2\,064\ \text{（元/平方米）}
$$

（8）采用简单算术平均法求取评估结果。

$$
\text{土地评估单价}=2\,069\ \text{（元/平方米）}
$$

$$
\text{土地评估总价}=600\times 2\,069=1\,241\,400\ \text{（元）}
$$

四、市场法的优缺点

（一）市场法的优点

（1）能够客观反映资产目前的市场状况，其评估参数、指标直接从市场获得，评估值更能反映市场现实价格。

（2）评估结果易于被各方理解和接受。

（二）市场法的缺点

（1）需要有公开活跃的市场作为基础，有时因缺少可对比数据以及缺少对可对比数据的判断而难以应用。

（2）不适合专用机器、设备、大部分的无形资产，以及受地区、环境等严格限制的资产的评估。

【思考】　有人认为市场法是相对最具客观性的、最简单、最有效的评估方法，你知道理由吗？

第二节 成本法

一、成本法的基本原理

（一）成本法的评估思路

成本法也称重置成本法，是指按现时条件下重新购置或建造一个全新状态的被评估资产所需的全部成本，减去被评估资产已经发生的实体性损耗、功能性损耗和经济性损耗后，得到的差额作为被评估资产评估值的一种资产评估方法。一项资产的评估价格不应高于重新购建的、具有相同功能的资产成本，若前者高，投资者将会选后者，这也是替代原则的运用。成本法计算公式可表示为

被评估资产评估值＝重置成本－实体性损耗－功能性损耗－经济性损耗

被评估资产评估值＝重置成本×综合成新率

成本法的理论基础是生产费用价值论，认为资产的价值取决于其购建时的成本耗费。

需要注意的是，会计上的资产损耗是依照会计准则来反映的资产原始价值的减少，即折旧；而资产评估中所讨论的损耗是一种市场概念，既需要反映物理损耗，又需要反映由于功能和经济因素所造成的贬值。所以，在资产评估时，我们不能用会计账面上的数据作为评估的依据，需要进行重新判断和估算。

（二）成本法运用的前提条件

1. 被评估资产处于继续使用状态或被假定处于继续使用状态

根据继续使用假设，首先应设定被评估资产正处于使用状态，而且会按现行用途和方式继续使用下去。

2. 应当具备可利用的历史资料

成本法的运用建立在历史资料的基础之上，如复原重置成本的计算、成新率的计算等。因此，在通过历史资料获取信息时，需注意现时资产与历史资产具有相同性或可比性，同时历史资料要真实、准确。

3. 形成资产价值的成本耗费是必要的

耗费是形成资产价值的基础，且耗费包括有效耗费和无效耗费。成本法从成本耗费的角度评估资产价值，首先要确定这些成本耗费是必要的，而且应体现社会或行业平均水平，而不是某项资产的个别成本耗费。

【思考】 成本法的优缺点体现在哪里？

二、成本法的基本要素

就一般意义上讲，成本法的运用涉及四个基本要素，即资产的重置成本、资产的实体性贬值、资产的功能性贬值和资产的经济性贬值。

（一）资产的重置成本

简单地说，资产的重置成本就是资产的现行取得成本，是在目前条件下重新取得

或建造与被估资产相同或功能相同的全新资产所发生的全部支出。包括复原重置成本和更新重置成本两种。

1. 复原重置成本

复原重置成本是指采用与评估对象相同的材料、建筑或制造标准、设计、规格和技术等，以现实价格水平重新构建与评估对象具有同等功能的全新资产所发生的费用。

2. 更新重置成本

更新重置成本是指采用新型材料，现代建筑或制造标准，新型设计、规格及技术等，以现实价格水平重新构建与评估对象相同的全新资产所发生的费用。

（二）资产的实体性贬值

资产的实体性贬值亦称资产的有形损耗，是指资产由于使用或自然力的作用导致资产的物理性能下降而引起的资产的价值损失。

（三）资产的功能性贬值

资产的功能性贬值是指由于技术进步引起的资产功能相对落后而造成的资产价值损失，包括新工艺、新材料和新技术的采用等而使原有资产的建造成本超过现行建造成本的超支额，以及原有资产运营成本的超支额。

（四）资产的经济性贬值

资产的经济性贬值是指由于外部条件的变化引起资产闲置、收益下降等而造成的资产价值损失。

三、成本法的具体方法

（一）重置成本的估算方法

1. 重置核算法

重置核算法亦称细节分析法、核算法等，它是利用成本核算的原理，根据重新取得资产所需的费用项目，逐项计算然后累加得到资产的重置成本。具体分为购买型和自建型两种。

购买型是以购买资产的方式作为资产的重置工程，所以又叫市场重置法。资产的重置成本具体由资产的现行购买价格、运杂费、安装调试费以及其他必要费用构成，将上述取得资产的必需费用累加起来，便可计算出资产的重置成本。

自建型是把自建资产作为资产重置方式，它根据重新建造资产所需的料、工、费及必要的资金成本和开发者的合理利润等分析与计算出资产的重置成本。

【例 2-9】 某企业 5 年前购置一台设备，原购买价为 200 000 元，运杂费 1 500 元，直接安装费 1 200 元（其中，原材料费 700 元，人员工资 500 元），评估时，经市场调查，该设备的现行买价为 230 000 元，运杂费为 2 400 元，直接安装费 1 800 元（其中，原材料费 1 000 元，人员工资 800 元），间接成本为直接成本的 9%。请计算这台设备的重置成本。

重置成本=（230 000+2 400+1 800）+（230 000+2 400+1 800）×9%=255 278（元）

2. 物价指数法

物价指数法是指根据与资产有关的价格指数（价格变动指数），将被评估资产的历史成本（账面价值）调整为重置成本的一种方法。其数学表达式为

$$重置成本＝资产的账面原值×（1＋价格变动指数）$$

或

$$重置成本＝资产的账面原值×价格指数$$

式中，价格指数可以是定基价格指数或环比价格指数。定基价格指数是评估时点的价格指数与资产购建时点的价格指数之比。

$$定基价格指数=\frac{评估基准日定基价格指数}{资产购建日定基价格指数}$$

环比价格指数可按下式求得

$$X=(1+a_1)\times(1+a_2)\times(1+a_3)\times\cdots\times(1+a_n)\times100\%$$

式中，X 为环比价格指数；a_n 为第 n 年环比价格变动指数，表示后期与前期相比物价上升幅度；n 表示期数，n＝1，2，3，…，n。

资产的历史成本要求真实、准确并符合社会平均的合理成本；所采用的物价指数应是资产的类别或个别物价指数。

【例 2-10】 某项资产购建于 2011 年，账面原值为 100 000 元，2017 年进行评估，已知 2011 年和 2017 年的该类资产定基物价指数分别为 100%、160%。则计算如下：

$$被评估资产的重置成本=100\ 000\times\frac{160\%}{100\%}=160\ 000（元）$$

【例 2-11】 某项资产购建于 2011 年，账面原值为 200 000 元，2017 年进行评估，已知 2011 年至 2017 年该项资产价格每年上涨 10%，则计算如下：

$$被评估资产的重置成本=200\ 000\times(1+10\%)^6=200\ 000\times1.771\ 6=354\ 320（元）$$

物价指数法与重置核算法是重置成本估算比较常用的方法，但二者具有明显的区别，主要表现在以下两个方面。

（1）物价指数法估算的重置成本，仅考虑了价格变动因素，因而确定的是复原重置成本；而重置核算法既可以考虑价格因素，又可以考虑生产技术进步和劳动生产率的变化因素，因而既可以估算复原重置成本，又可以估算更新重置成本。

（2）物价指数法是建立在不同时期的某一种或某类甚至全部资产的物价变动水平上；而重置核算法建立在现行价格水平与构建成本费用核算的基础上。

明确物价指数法和重置核算法的区别，有助于重置成本估算中方法的判断和选择。一项科技进步较快的资产，采用物价指数法估算的重置成本往往会偏高。当然物价指数法和重置核算法也有其相同点，即都是建立在利用历史资料基础上。因此，注意分析、判断资产评估时重置成本口径与委托方提供的历史资料(如财务资料)的口径差异，是上述两种方法应用时需要注意的共同问题。

3. 功能价值类比法

功能价值类比法是指利用某些资产功能（生产能力）的变化与其价格或重置成本的变化呈某种指数关系或线性关系，通过参照物的价格或重置成本，以及功能价值关系估

测评估对象价格或重置成本的技术方法。当资产的功能与其价格或重置成本的变化呈线性关系时，人们习惯把线性关系下的功能价值类比法称为生产能力比例法，而把非线性关系下的功能价值类比法称为规模经济效益指数法。

（1）生产能力比例法。生产能力比例法是指寻找一个与被评估资产相同或相似的资产为参照物，根据参照物资产的重置成本及参照物资产与被评估资产生产能力的比例，估算被评估资产的重置成本。计算公式为

$$\text{被评估资产重置成本}=\text{参照物重置成本}\times\frac{\text{被估资产的产量}}{\text{参照物的产量}}$$

【例 2-12】 被评估资产生产量为 60 000 件/年，参照物重置成本为 50 000 元，生产量为 30 000 件/年，则被评估资产重置成本可计算如下：

$$\text{被评估资产的重置成本}=50\ 000\times\frac{60\ 000}{30\ 000}=100\ 000\text{（元）}$$

这种方法运用的前提条件和假设是资产的成本与其生产能力呈线性关系，生产能力越大，成本越高，而且是成正比例变化。应用这种方法估算重置成本时首先应分析资产成本与生产能力之间是否存在这种线性关系，如果不存在这种线性关系，这种方法就不可以采用。

（2）规模经济效益指数法。通过不同资产的生产能力与其成本之间关系的分析可以发现，许多资产的成本与其生产能力之间不存在线性关系，资产 A 的生产能力比资产 B 的生产能力大 1 倍，其成本却不一定高 1 倍。也就是说，资产生产能力和成本之间只成同方向变化，而不是等比例变化，这是由于规模经济效益作用的结果。两项资产的重置成本和生产能力相比较，其数学公式为

$$\frac{\text{被估资产的重置成本}}{\text{参照物的重置成本}}=\left(\frac{\text{被估资产的产量}}{\text{参照物的产量}}\right)^x$$

推导可得

$$\text{被评估资产的重置成本}=\text{参照物的重置成本}\times\left(\frac{\text{被估资产的产量}}{\text{参照物的产量}}\right)^x$$

公式中的 x 是一个经验数据，又称为规模经济效益指数。在美国，这个经验数据一般为 0.4～1，如加工工业一般为 0.7，房地产行业一般为 0.9。我国到目前为止还没有统一的经验数据，评估过程中要谨慎使用这种方法。公式中参照物一般可选择同类资产中的标准资产。

【例 2-13】 被评估资产生产能力为 600 000 件/年，参照物重置成本为 50 000 元，生产能力为 300 000 件/年，规模经济效益指数为 0.7，则被评估资产重置成本可计算如下：

$$\text{被评估资产的重置成本}=50\ 000\times\left(\frac{600\ 000}{300\ 000}\right)^{0.7}\approx 81\ 225\text{（元）}$$

4. 统计分析法

统计分析法是指运用统计学中的点面推算原理来估算某类资产重置成本的一种方法。该方法可以降低成本、节约时间，适用于被评估资产单位价值较低、数量较多的情况。其步骤如下。

（1）在核实资产数量的基础上，将被评估资产按一定的标准分类。

（2）在各类评估资产中抽样选择适量具有代表性的资产，在上述三种方法中选择适合的方法计算其重置成本。需注意权衡样本量与评估成本。一般而言，样本量越大，评估值越准确，但工作量也会相应越大。

（3）依据代表性资产的重置成本额与账面历史成本计算出分类资产的调整系数。其计算公式为

$$K=\frac{R'}{R}$$

式中，K 为资产重置成本与历史成本的调整系数；R'为某类抽样资产的重置成本；R 为某类抽样资产的历史成本。

（4）根据调整系数计算被评估资产的重置成本。

$$被估资产重置成本=\sum某类资产账面历史成本\times K$$

【例 2-14】 在对某企业进行整体评估时，将其所拥有的机器设备分类为专用设备、通用设备、运输设备、仪器仪表。其中，通用设备的评估过程如下：经抽样选择具有代表性的通用设备 5 台，其历史成本之和为 20 万元，估算其重置成本和为 30 万元，若全部通用设备账面历史成本之和为 500 万元。则计算如下：

$$K=\frac{30}{20}=1.5$$

$$通用设备重置成本=500\times1.5=750（万元）$$

【思考】 复原重置成本与更新重置成本的区别和联系是什么？运用上述各方法计算出来的重置成本是哪种重置成本呢？

（二）实体性贬值的估算方法

资产实体性贬值又叫资产有形损耗，是指资产由于使用及自然力的作用导致资产的物理性能损耗或下降而引起的资产的价值损失。例如轮船在航行中不断受海水的侵蚀，就会产生有形损耗，计量时主要是根据已使用年限进行分摊。这种分摊从某种程度上讲是一种市场判断，而不是对某种既定制度的反映。实体性贬值的估算一般可以选择以下几种方法。

1. 观察法

观察法是指由具有专业知识和丰富经验的工程技术人员，对资产实体的各主要部位通过观察以及仪器测量等方式进行技术鉴定，综合分析其设计、制造、使用、磨损、维护、修理、大修理、改造情况和物理寿命等因素，并与其全新状态进行对比，考察使用磨损和自然损耗对资产功能与使用效率的影响，判断被估资产的成新率，估算实体性贬值。

$$资产实体性贬值=重置成本\times（1-实体性成新率）=重置成本\times实体性贬值率$$

$$实体性成新率=1-实体性贬值率$$

2. 使用年限法

使用年限法假设实体性贬值与寿命缩短和功能下降成正比，根据评估对象的实际已使用年限与其总使用年限的比值来判断实体贬值率，进而估算资产的实体性贬值。

$$被评估资产的实体性贬值=\frac{重置成本-预计残值}{总使用年限}\times实际已使用年限$$

式中，预计残值是从评估角度上所认识的资产清理报废时净回收的金额，评估中通常只考虑数额较大的残值，如果残值较小可以忽略不计；总使用年限是实际已使用年限与尚可使用年限之和。其数学表达式为

$$总使用年限=实际已使用年限+尚可使用年限$$

实际已使用年限是资产在使用中实际损耗的年限，与资产在使用中的负荷程度以及日常保养有关。

$$实际使用年限=名义已使用年限\times资产利用率$$

式中，名义已使用年限是指会计记录记载的资产从购进使用到评估时已提取折旧的年限，可以通过会计记录、资产登记簿、登记卡片查询确定；资产利用率是指截至评估基准日资产累计实际利用时间与累计法定利用时间的比率。

$$资产利用率=\frac{截至评估基准日资产累计实际利用时间}{截至评估基准日资产累计法定利用时间}\times100\%$$

当资产利用率＞1 时，表示资产超负荷运转，资产实际已使用年限比名义使用年限要长。

当资产利用率＝1 时，表示资产满负荷运转，资产实际已使用年限等于名义使用年限。

当资产利用率＜1 时，表示资产开工不足，资产实际已使用年限小于名义使用年限。

【例 2-15】 某资产 2007 年 3 月购建，2017 年 3 月进行评估。名义使用年限 10 年，根据资产技术指标，正常使用情况下每天应工作 8 小时，该资产实际每天工作 6 小时，则计算如下：

资产利用率＝10×360×6÷（10×360×8）×100%＝75%

由此可以确定该资产实际已使用年限为 7.5 年。

实际评估过程中，由于企业基础管理工作较差，再加上资产运转中的复杂性，资产利用率的指标往往很难确定。评估人员应综合分析资产的运转状态，诸如资产开工情况、大修理间隔期、原材料供应情况、电力供应情况、是否季节性生产等因素分析确定。

尚可使用年限是根据资产的有形损耗因素，预计资产的继续使用年限。

3. 修复费用法

修复费用法亦称修复金额法，是利用恢复资产功能所支出的费用金额来直接估算资产实体性贬值的一种方法，即实体性贬值等于修复费用。修复费用是指资产主要零部件的更换或者修复、改造、停工损失等费用支出。

【思考】 资产利用率＞1 或＜1 或＝1，各代表资产处于怎样的使用状况？

（三）功能性贬值的估算方法

资产的功能性贬值是无形损耗的一种，又称功能性损耗，是指由于技术进步引起的资产功能相对落后而造成的资产价值损失。通常可根据资产的效用、生产加工能力、工耗、物耗、能耗水平等功能方面的差异造成的成本增加或效益降低来确定。它体现在两个方面：一是超额运营成本，在产出量相等的情况下，被评估资产的运营成本要高于同类技术先进的资产；二是超额投资成本，由于新工艺、新材料和新技术的采用，生产

相同资产所需的社会必要劳动时间减少，被估资产的原来建造成本要超过目前技术先进资产的现行建造成本。

资产的超额投资成本引起的功能性贬值可用评估对象的复原重置成本与更新重置成本之差来反映。

资产的功能性贬值＝复原重置成本－更新重置成本

资产的超额运营成本主要体现在材料消耗、能源消耗、工时消耗的增加，废品率上升，等级下降等方面。超额运营成本引起的功能性贬值可按下列计算步骤进行。

（1）将被评估资产的年运营成本与同类已普遍使用的技术先进的资产的年运营成本相比，计算二者差额，得到被评估资产的年超额运营成本额。

（2）从年超额运营成本中扣除所得税因素，计算年净超额运营成本。

（3）根据被估资产的剩余寿命和折现率（一般取行业平均收益率）将年净超额运营成本折现，得到被估资产的功能性贬值额。

被估资产功能性贬值额＝年超额运营成本×（1－所得税税率）×年金现值系数

【例 2-16】 某被评估资产与目前普遍使用的技术先进的资产相比，在完成同样生产任务的情况下，每年能耗超支 30 000 元，工耗超支 10 000 元。经评估人员鉴定，该资产尚可使用 3 年，同行业的资产平均收益率为 10%，企业所得税税率为 25%，则资产的功能性贬值为

（30 000＋10 000）×（1－25%）×（P/A，10%，3）＝30 000×2.486 9＝74 607（元）

在实际评估中，当评估对象的功能明显优于参照物的功能时，评估对象也可能存在功能性溢价的情况。

（四）经济性贬值的估算方法

经济性贬值又叫经济性损耗，是指因资产的外部环境变化所导致的资产贬值，而非资产本身的问题。导致资产经济性贬值的外部环境变化原因主要有：宏观经济衰退导致社会总需求不足，进而影响对资产或资产所生产的商品的需求；国家调整产业政策对资产所在行业的冲击；国家环保政策对资产或资产所生产的产品的限制；经济地理位置变化和污染问题对不动产价值的影响等。然而，无论外部因素有多少，它们对资产价值的影响均可归为两类：一是造成营运成本上升；二是导致闲置。

经济性贬值一般表现为两种形式：一是资产利用率的下降，如设备利用率下降，房屋出租率下降；二是资产年收益额的损失。

1. 因资产利用率下降所导致的经济性损耗的计量

首先计算经济性贬值率，然后再计算经济性贬值额。具体计算公式为

$$\text{经济性贬值率}=\left[1-\left(\frac{\text{设备预计可被利用的生产能力}}{\text{设备原设计生产能力}}\right)^{x}\right]\times 100\%$$

经济性贬值额＝（重置成本－实体性贬值－功能性贬值）×经济性贬值率

式中，x 为规模经济效益指数。

2. 因收益额减少而导致的经济性损耗的计量

经济性贬值额＝年收益损失额×（1－所得税税率）×年金现值系数

一般地讲，只有能够单独计算收益的资产，如一个企业、一个车间、一条生产线、一宗房地产等，需要考虑在评估基准日以后、资产的寿命期内是否存在利用率降低或收益额减少的问题。需要注意的是，并非每个被评估资产都需要计算经济性贬值。之所以仅考虑评估基准日之后是否存在经济性贬值问题是基于两点考虑：一是资产评估的特点——预期性；二是评估基准日之前资产利用率问题是通过计算实际已使用年限来体现的。

【例 2-17】 某被评估设备设计生产能力为年产 10 000 台产品，因市场需求结构变化，在未来可使用年限内，每年产量估计要减少 3 000 台，若规模经济效益指数为 0.6，则

$$经济性贬值率=[1-(7\,000\div10\,000)^{0.6}]\times100\%=[1-0.81]\times100\%=19\%$$

【例 2-18】 接【例 2-17】，若每年减少 3 000 台产品，每台产品损失净利润 100 元，该设备尚可使用 3 年，企业所在行业的投资回报率为 10%，所得税税率为 25%，则

$$\begin{aligned}经济性贬值额&=3\,000\times100\times(1-25\%)\times(P/A，10\%，3)\\&=225\,000\times2.486\,9\\&=559\,552.5（元）\end{aligned}$$

在实际评估中，若评估对象及其产品有良好的市场及市场前景，或有重大政策利好，评估对象也可能存在经济性溢价。

除了分别计算三种贬值外，还可以通过计算综合成新率来确定资产评估值。综合成新率是在综合考虑资产的各种贬值后所确定的成新率，它反映了资产的现行价值与其全新状态重置价值的比率。通常，综合成新率的计量方法有观察法、使用年限法、修复费用法三种。

四、成本法的优缺点

采用成本法评估资产有以下优点。

（1）比较充分地考虑了资产的损耗，评估结果更公平合理。

（2）有利于单项资产和特别用途资产的评估。

（3）在不易计算未来收益或难以取得市场参照物条件下可广泛采用。

采用成本法的缺点是工作量较大，而且它是以历史资料为依据确定目前价值，必须充分分析这种假设的可行性。另外，经济性贬值也不易全面准确估算。

【思考】 实体性贬值率与成新率是什么关系？计算有形损耗时的成新率与综合成新率有什么区别和联系？

第三节　收益法

一、收益法的基本原理

（一）收益法的评估思路

收益法亦称收益折现法，它是通过估测被评估资产的预期收益，并将其按一定的折现率或资本化率折算成现值，来确定资产评估值的各种评估方法的总称。任何一个理智的投资者在购置或投资于某一资产时，所愿意支付或投资的货币额不会高于所购置或

投资的资产在未来能给其带来的回报。因此资产价值是为获得该项资产以取得预期收益的权利，依据目前的市场利率以及该收益的风险状况所支付的货币总额。这是一种现值货币与将来不断取得货币收入的权利之间的交换。

收益法认为资产的价值是由其效用决定的，而资产的效用则体现在资产为其拥有者带来的收益上，其理论基础是效用价值论。在风险报酬率既定的情况下，一项资产的价值取决于其未来收益的高低，而不是取决于资产创建时的成本耗费。

（二）收益法运用的前提条件

1. 被评估资产的未来收益可以预测并可以用货币衡量

收益法是从产生收益能力的角度来评估一项资产，因此它只适用于能直接产生收益或者说有现金流的资产。对于那些虽然有持续效用却不能产生现金流的资产，如公益性资产，以及不能单独计算收益的资产，如单台（件）设备，就不适用。

2. 资产所有者获得预期收益所承担的风险能预测并用货币衡量

因为资产的价值不仅取决于预期收益，还取决于其风险报酬率的高低。如果一项资产的预期收益很高，但它的风险也很大，投资者就会要求较高的风险补偿，那么该资产的现值就不一定高。反之，如果一项资产的预期收益并不高，但其收益稳定，风险极小，投资者对风险补偿的要求就不会高，那么该资产的现值也就不一定低。

3. 被评估资产预期获利年限可以预测

评估对象获利年限的长短，即评估对象的寿命，也是影响其价值和评估值的重要因素之一。

虽然从理论上讲收益法十分完美，但是如果所使用的假设条件和基于假设条件选取的数据存在问题，那么就验证了一句名言：垃圾进去，垃圾出来。即预测不准确，计算结果也就毫无意义。因此，在收益法运用中坚持资产评估的客观、公正原则十分重要，它既需要评估人员具有科学的态度，又需要掌握预测收益和确定风险报酬率的方法。此外，该方法的运用也需具备一定的市场条件，否则一些数据的选取就会存在困难。例如，在证券市场不完善的情况下，β系数的准确性、适用性就会存在一定问题。同时，在市场机制不健全的市场中，对收益的预测由于不确定性因素太多，也较困难。

【思考】 收益法的优点和缺点体现在哪些方面？

二、收益法的基本程序和各项参数

（一）收益法的基本程序

采用收益法进行评估，其基本程序如下。

（1）收集并验证与评估对象未来预期收益有关的数据资料，包括经营前景、财务状况、市场形势以及经营风险等。

（2）分析测算被评估对象未来预期收益。

（3）确定折现率或资本化率。

（4）用折现率或资本化率将评估对象未来预期收益折算成现值。

（5）分析确定评估结果。

（二）收益法的基本参数

采用收益法进行评估涉及许多经济技术参数，其中最重要的就是收益额、折现率与资本化率和收益期限。

1. 收益额

资产的收益额是指根据投资回报的原理，资产在正常情况下所能得到的归其产权主体的所得额。用于资产评估的收益额具有以下特点。

（1）收益额是资产未来预期收益额，而不是资产的历史收益额或现实收益额。

（2）收益额通常是资产的客观收益，而不一定是资产的实际收益。实际收益由于受到多种因素的影响，如当前收益权利人在法律上、行政上享有某种特权或受到特殊的限制，致使评估对象的收益偏高或偏低，而这些权利或限制又不能随同转让；当前资产未处于最佳利用状态，致使收益偏低；收益权利人经营不善，导致亏损，净收益为零甚至为负数。因此实际收益额通常不能直接用于评估。为取得作为正常市场交易参考的评估结果，就需要对存在偏差的实际收益进行修正，剔除其中特殊的、偶然的因素。

一般地讲，资产预期收益有三种可选择的类型：税后利润、净现金流量、利润总额。因资产种类较多，不同种类资产的收益额表现形式也不完全相同，如企业的收益额通常表现为净利润或净现金流量，而房地产、无形资产的收益额则通常表现为纯收益等。

2. 折现率与资本化率

在收益法运用中，影响评估值的第二个关键因素就是折现率和资本化率。它们的微小变动会对评估值产生巨大影响。折现作为一个时间优先的概念，认为将来的收益或利益低于现在的同样收益或利益，并且随着收益时间向将来推迟的程度而有序地降低。折现率是投资者在投资风险一定的情况下，对投资所期望的回报率，包括无风险报酬率和风险报酬率两部分。其中无风险报酬率又称安全利率，通常由同期国库券的利率水平决定；风险报酬率是指超过无风险报酬率以上部分的投资回报率，取决于特定资产的风险状况。评估中因资产的行业分布、种类、市场条件等不同，其折现率也不相同。

折现率与资本化率在本质上是相同的，都是将未来的预测收益折算成现值的比率，只是适用场合不同。折现率是将未来有限期的预期收益（收入流）折算成现值的比率；资本化率是将未来永续性预期收益（年金）转化为现值（本金）的比率。在收益法运用中，确定恰当折现率的基本方法有加和法、资本成本加权法和市场比较法。

3. 收益期限

收益期限是指资产具有获利能力持续的时间，通常以年为时间单位。它由评估人员根据被评估资产自身效能及相关条件，以及有关法律、法规、契约、合同等加以测定。

三、收益法的具体方法

收益法实际上是在预期收益还原思路下若干具体方法的集合。为了方便学习，现对收益法公式中所用的字符含义做统一的规定：

P——评估值；

i——年序号；

P_n——未来第 n 年的预计变现值；

r——折现率或资本化率；

r_i——第 i 年的折现率或资本化率；

n——收益年期；

t——收益年期；

A——年金。

（一）纯收益不变

（1）在收益年期无限，纯收益每年不变，资本化率固定且大于零的条件下：

$$P=A/r$$

（2）在收益年期有限为 n，纯收益每年不变，资本化率固定且大于零的条件下：

$$P=A\cdot\sum_{i=1}^{n}\frac{1}{(1+r)^i}=A/r\cdot[1-1/(1+r)^n]$$

这是一个在估价实务中经常运用的计算公式。

（3）在收益年期有限为 n，纯收益每年不变，资本化率为零的条件下：

$$P=A\times n$$

（二）纯收益在若干年后保持不变

（1）在收益年期无限，纯收益在 n 年（含第 n 年）以前有变化，纯收益在 n 年（不含第 n 年）以后保持不变，r 大于零的条件下：

$$P=\sum_{i=1}^{n}\frac{R_i}{(1+r)^i}+A/r\cdot\frac{1}{(1+r)^n}$$

（2）在收益年期有限为 n，纯收益在 n 年（含第 n 年）以前有变化，纯收益在 n 年（不含第 n 年）以后保持不变，r 大于零的条件下：

$$P=\sum_{i=1}^{n}\frac{R_i}{(1+r)^i}+A/r\cdot\frac{1}{(1+r)^n}\cdot[1-1/(1+r)^{n-1}]$$

（三）纯收益按等差级数变化

（1）在纯收益按等差级数递增，纯收益逐年递增额为 B，收益年期无限，r 大于零的条件下：

$$P=A/r+B/r^2$$

（2）在纯收益按等差级数递增，纯收益逐年递增额为 B，收益年期有限为 n，r 大于零的条件下：

$$P=(A/r+B/r^2)\cdot[1-1/(1+r)^n]-B/r\cdot n/(1+r)^n$$

（3）在纯收益按等差级数递减，纯收益逐年递减额为 B，收益年期无限，r 大于零，收益递减到零为止的条件下（注：该数学计算公式是成立的，但完全套用于资产评估是不合适的，因为资产产权主体会根据替代原则，在资产收益递减为零之前停止使用该资产或变现资产，不会无限制地永续地使用下去）：

$$P=A/r-B/r^2$$

（4）在纯收益按等差级数递减，纯收益逐年递减额为 B，收益年期有限为 n，r 大于零的条件下：

$$P=(A/r-B/r^2)\cdot[1-1/(1+r)^n]+B/r\cdot n/(1+r)^n$$

（四）纯收益按等比级数变化

（1）在纯收益按等比级数递增，纯收益逐年递增比率为 s，收益年期无限，r 大于零，$r>s>0$ 的条件下：

$$P=A/(r-s)$$

（2）在纯收益按等比级数递增，纯收益逐年递增比率为 s，收益年期有限为 n，r 大于零，$r>s>0$ 的条件下：

$$P=A/(r-s)\cdot\left[1-\left(\frac{1+s}{1+r}\right)^n\right]$$

（3）在纯收益按等比级数递减，纯收益逐年递减比率为 s，收益年期无限，r 大于零，$r>s>0$ 的条件下：

$$P=A/(r+s)$$

（4）在纯收益按等比级数递减，纯收益逐年递减比率为 s，收益年期有限为 n，r 大于零，$r>s>0$ 的条件下：

$$P=A/(r+s)\cdot\left[1-\left(\frac{1-s}{1+r}\right)^n\right]$$

（5）已知纯收益在第 n 年（含 n 年）前保持不变，未来第 n 年的资产价格为 P_n，r 大于零的条件下：

$$P=A/r\cdot[1-1/(1+r)^n]+P_n/(1+r)^n$$

【思考】　你知道年金现值系数和终值现值系数吗？在上述公式中你能够找出来吗？

【例 2-19】　某企业尚能继续经营 3 年，营业终止后资产全部用于抵充负债，现拟转让。经评估人员预测，未来 3 年各期的预期收益分别为 300 万元、400 万元、200 万元；评估人员认为适用于该企业的折现率为 6%，则该企业的评估值为

$$P=\frac{300}{1+6\%}+\frac{400}{(1+6\%)^2}+\frac{200}{(1+6\%)^3}\approx 283+356+168=807\text{（万元）}$$

【例 2-20】　某企业进行股份制改造，根据该企业目前经营状况和未来市场预测，未来 5 年的收益分别是 13 万元、14 万元、11 万元、12 万元、15 万元，折现率与资本化率均为 10%，则该企业价值的计算过程为

$$A=\left[\frac{13}{1+10\%}+\frac{14}{(1+10\%)^2}+\frac{11}{(1+10\%)^3}+\frac{12}{(1+10\%)^4}+\frac{15}{(1+10\%)^5}\right]$$

$$\div(P/A,10\%,5)\approx 49.1628\div 3.7908\approx 12.969\text{（万元）}$$

$$P=12.969\div 10\%=129.69\text{（万元）}$$

【例 2-21】　某资产在评估前 5 年，历史收入及其加权平均计算结果如表 2-3 所示。

表 2-3 历史收入及其加权平均计算结果

年份	历史收入/万元	权重	加权收入/万元
2013	500	1	500
2014	580	2	1 160
2015	620	3	1 860
2016	620	4	2 480
2017	692	5	3 460
总计		15	9 460
加权平均数	9 460/15	≈	631

假设该资产恰当的资本化率为 11%，则

资产价值＝稳定化收益÷资本化率＝631÷11%≈5 736（万元）

四、收益法的优缺点

（一）收益法的优点

（1）能够较真实和较准确地反映企业资本化价值。

（2）与投资决策相结合，应用此法评估的资产价值易被买卖双方所接受。

（二）收益法的缺点

（1）预期收益额预测难度较大，受较强的主观判断和未来不可预见因素的影响。

（2）在评估中适用的范围较小，一般适合企业整体资产和可预测未来收益的单项资产评估。

【思考】 评估对象为一老字号的持续经营企业，前 4 年预测超额净收益分别为 40 万元、50 万元、52 万元、55 万元；从第 5 年起，预测每年的超额收益为 50 万元。折现率与资本化率均为 10%，则该企业的评估值为多少？

第四节 资产评估方法的选择

资产评估的三种基本方法各自从不同途径评估资产的价格。成本法是从资产购建（或者说成本耗费）的途径评估资产价值；收益法是从资产产出能力（或者说效用）的途径评估资产价值；市场法是从被评估资产替代物品的市场成交价的角度一语道破被估资产价值。

一、资产评估方法之间的关系

资产评估的三种基本方法，以及由三种基本方法衍生出来的其他评估方法共同构成了资产评估的方法体系。方法的多样性，提供了适当选择评估途径和有效完成评估任务的现实可能。

（一）资产评估方法之间的联系

评估方法是实现评估目的的手段。从理论上讲，在相对完善的市场经济中，对于特定经济行为，在相同的市场条件下，对处在相同状态下的同一资产进行评估，其评估值应该是客观的。这个客观的评估值不会因评估人员所选用的评估方法的不同而出现截然不同的结果。也就是说如果不存在资产的购建成本与效用严重不对称的情况，运用三种方法评估同一资产的公允市价，其评估结果不应存在太大差异。可以认为正是评估基本目的决定了评估方法间的内在联系。而这种内在联系为评估人员运用多种评估方法评估同一条件下的同一资产，并相互验证提供了理论根据。但需要指出的是，运用不同的评估方法评估同一资产，必须保证评估目的、评估前提、被评估对象状态的一致，以及运用不同评估方法所选择的经济技术参数合理。同时不能机械地用各种方法得到的评估结果进行简单平均或加权平均得出结论，而应根据评估价值类型以及不同评估结果对应的适用性，判断出一种结果作为评估结论。

国外评估行业的实践已经证明，三种基本评估方法本身并无优劣，不能简单认为哪种评估方法就比其他方法好，评估人员应当根据具体情况判断，选择与具体评估项目相适应的一种或多种评估方法；对同一项目而言，在评估目的既定的情况下，评估人员首先应当考虑尽可能使用三种基本方法，根据所确定的价值类型、项目具体情况特别是数据资料的完备程度选择评估方法，并对评估方法选择的合理性进行说明；如果选择一种以上评估方法，应当对分别得出的结论进行综合分析，合理确定评估结论。为此，基本准则要求评估人员熟知、理解并恰当运用市场法、收益法和成本法三种基本评估方法；应当根据评估对象、价值类型、资料收集情况等相关条件，分析三种资产评估基本方法的适用性，恰当选择评估方法，形成合理评估结论。

如果采用多种方法得出的结果出现较大差异，可能的原因有：①某些方法的应用前提不具备；②分析过程有缺陷；③结构分析有问题；④某些支撑评估结果的信息依据出现失真；⑤评估人员的职业判断有误。建议评估人员为不同评估方法建立逻辑分析框图，通过对比分析，有利于问题的发现。评估人员在发现问题的基础上，除了对评估方法做出取舍外，还应该分析问题产生的原因，并据此研究解决问题的对策，以便最后确定评估价值。

（二）资产评估方法之间的区别

各种评估方法都是从不同的角度去表现资产的价值。不论是通过与市场参照物比较获得评估对象的价值，还是根据评估对象预期收益折现获得其评估价值，抑或是按照资产的再取得途径寻求评估对象的价值，都是对评估对象在一定条件下的价值的描述，它们之间是有内在联系并可相互替代的。但是，每一种评估方法都有其自成一体的运用过程，都要求具备相应的信息基础，评估结论也都是从某一角度反映资产的价值。因此，各种评估方法又是有区别的。

由于评估的特定目的的不同，评估时市场条件上的差别，以及评估时对评估对象使用状态设定的差异，需要评估的资产价值类型也是有区别的。评估方法由于自身的特点在评估不同类型的资产价值时，就有了效率上和直接程度上的差别，评估人员应具备选择最直接且最有效率的评估方法完成评估任务的能力。

二、资产评估方法的比较

就评估方法选择本身而言，实际上包含三个层面的选择：①关于资产评估技术思路层面的选择，即分析三种资产评估基本方法所依据的资产评估技术思路的适用性；②在各种资产评估技术思路已经确定的基础上，选择实现各种评估技术思路的具体评估技术方法；③在确定资产评估具体技术方法的前提下，对运用各种具体技术评估方法所涉及的经济技术参数的选择。

尽管从理论上讲，不同的评估方法不应对评估值产生太大的影响，并且在必要时需同时采用几种方法评估一项资产。但是，由于在现实经济中，市场总是存在一定的缺陷，同时，不同的评估对象自身具有不同的特点，所以为了使评估值更具合理性，不同的资产业务还是存在最适合评估方法的选择问题。

在资产评估方法的选择过程中，应注意以下因素。

（1）评估方法的选择要与评估目的、评估时的市场条件、被评估对象在评估过程中所处的状态，以及由此所决定的资产评估价值类型相适应。

（2）评估方法的选择受评估对象的类型、理化状态等因素制约。

（3）评估方法的选择受各种评估方法运用所需的数据资料及主要经济技术参数能否收集的制约。

（4）如果可以使用多种评估方法，评估人员应确保满足各种方法使用的条件要求和程序要求，并对各种评估方法取得的各种价值结论进行比较，分析可能存在的问题并做出相应的调整，统筹考虑确定最终评估结果。

除此之外，资产评估工作的效率和评估人员的特长等也是选择评估方法时的可考虑因素。

关于资产评估方法的选择和使用，实际上是专业评估人员根据实际条件约束下的资产或模拟条件约束下的资产的价值进行理性的分析、论证和比较的过程，通过这个过程做出有足够理由支持的价值判断。任何将评估方法选择和运用的过程简单地理解为评估公式或评价模型的使用或计算的过程都是不正确的。

总之，在评估方法的选择过程中，应注意因地制宜和因事制宜，不可机械地按某种模式或某种顺序进行选择。但是，不论选择哪种评估方法进行评估，都应保证评估目的、评估时所依据的各种假设和条件与评估所使用的各种参数数据，及其评估结果在性质和逻辑上的一致。尤其是在运用多种方法评估同一评估对象时，更要保证每种评估方法运用中所依据的各种假设、前提条件、数据参数的可比性，以便能够确保运用不同评估方法所得到的评估结果的可比性和相互可验证性。

【思考】 你认为选择资产评估方法时，需要注意哪些问题？

复习思考题

一、简答题

1. 成新率为什么不能直接按折旧年限计算？
2. 市场法与成本法的区别表现在哪些方面？
3. 选择资产评估方法应考虑哪些因素？
4. 成本法的优缺点有哪些？
5. 市场法、成本法和收益法的评估思路和适用前提分别有哪些？

6. 运用收益法对资产进行评估主要考虑哪些技术参数？

7. 如何理解资产评估中折现率的含义？折现率如何确定？

8. 什么是复原重置成本？什么是更新重置成本？二者有何异同？

二、单项选择题

1. 采用市场法评估资产价值时，需要以类似或相同资产为参照物，选择的参照物应该是（　　）。

A. 全新资产　　B. 旧资产

C. 与被评估资产的成新率相同的资产　　D. 全新资产，也可以是旧资产

2. 已知资产的价值与功能之间存在线性关系，重置全新机器设备一台，其价值为5万元，年产量为500件，现知被评估资产年产量为400件，其重置成本应为(　　)。

A. 4万元　　B. 5万元

C. 4万～5万元　　D. 无法确定

3. 某被评估资产2010年购建，账面原值10万元，账面净值2万元，2016年进行评估，已知2010年和2016年该类资产定基物价指数分别为130%和180%，由此确定该资产的重置完全成本为（　　）。

A. 138 460元　　B. 27 692元

C. 80 000元　　D. 180 000元

4. 选择重置成本时，在同时可得复原重置成本和更新重置成本的情况下，应选用（　　）。

A. 复原重置成本　　B. 更新重置成本

C. 任选一种　　D.无法确定

5. 采用收益法评估资产时，各指标间存在的关系是（　　）。

A. 本金化率越高，收益现值越低　　B. 本金化率越高，收益现值越高

C. 资产未来收益期对收益现值没有影响　　D. 本金化率与收益现值无关

6. 收益法中采用的折现率与本金化率的关系是（　　）。

A. 等额无穷的折现过程中就是本金化过程

B. 二者本质相同，使用场合不同

C. 折现率与本金化率内涵不同，结果不同

D. 二者不存在相关性

7. 收益法中所用收益指的是（　　）。

A. 未来预期收益　　B. 评估基准日收益

C. 被评估资产前若干年平均收益　　D. 实际收益

8. 采用成本法进行资产评估时，其实体性贬值与会计学上的折旧（　　）。

A. 完全一样　　B. 不一样

C. 有时一样，有时不一样　　D. 没有关系

9. 对被评估的机器设备进行模拟重置，按现行技术条件下的设计、工艺、材料、标准价格和费用水平进行核算，这样求得的成本称为（　　）。

A. 更新重置成本　　B. 复原重置成本

C. 完全复原成本　　D. 实际重置成本

10. 收益法运用的基本依据是：资产成交后能为新所有者带来一定的期望收益，为此所支付的货币量（　　）该项资产的期望收益折现值。

A. 等于　　B. 必须超过
C. 不会超过　　D. 小于

11. 用市场法进行资产评估时，应当参照相同或者类似的（　　）评定重估价值。

A. 重置成本　　B. 市场价格
C. 清算价格　　D. 收益现值

12. 由于外部环境而不是资产本身或内部因素所引起的达不到原有设计获利能力而导致的贬值是（　　）。

A. 实体性贬值　　B. 功能性贬值
C. 经济性贬值　　D. 有形损耗

13. 收益法应用中收益额的选择，必须是（　　）。

A. 净利润　　B. 现金流量
C. 利润总额　　D. 口径上与折现率一致

14. 政府实施新的经济政策或发布新的法规限制了某些资产的使用，造成资产价值降低，这是一种（　　）。

A. 功能性贬值　　B. 经济性贬值
C. 实体性贬值　　D. 非评估考虑因素

15. 在三种评估方法中，最简单、最基本的评估方法是（　　）。

A. 收益法　　B. 成本法
C. 市场法　　D. 重置核算法

16. 采用成本法的优点之一是，比较充分地考虑了资产的各种损耗，评估结果更趋于（　　）。

A. 公平合理　　B. 一致
C. 保值增值　　D. 强弱结合

17. 收益法中的折现率一般应包括（　　）。

A. 资产收益率和行业平均收益率
B. 超额收益率和通货膨胀率
C. 银行贴现率
D. 无风险利率、风险报酬率和通货膨胀率

18. 折现率本质上是（　　）。

A. 平均收益率　　B. 无风险报酬率
C. 超额收益率　　D. 个别收益率

19. 某资产可以持续使用，年收益额为50万元，适用本金化率为20%，则其评估值为（　　）。

A. 200 万元　　B. 250 万元　　C. 300 万元　　D. 350 万元

20. 一项科学技术进步较快的资产，采用物价指数法往往会比采用重置核算法估算的重置成本要（　　）。

A. 高　　B. 低　　C. 相等　　D. 无法确定

21. 评估对象的特点是选择资产评估方法的（ ）。

A. 唯一依据 B. 重要依据 C. 不相关因素 D. 无法确定

22. 资产评估时，成新率确定的损耗基础与折旧年限（ ）。

A. 相同 B. 不同 C. 有差异 D. 没有关系

23. 只适用于评估对象与参照物之间仅存在交易关系条件方面差异的情况的是（ ）。

A. 现行市价法 B. 市价折扣法

C. 功能价值类比法 D. 物价指数法

24. 收益法中的主要指标不包括（ ）。

A. 收益期限 B. 收益额 C. 成新率 D. 折现率

25. 收益法运用的关键是确定（ ）。

A. 本金化率 B. 折现率 C. 收益额 D. 收益期限

26. 复原重置成本与更新重置成本之差是（ ）。

A. 经济性贬值 B. 实体性贬值

C. 功能性贬值 D. 以上三项之和

27. 运用市场法对参照物数量有要求。我国目前一般要求至少有（ ）个交易案例，才能保证评估结果的可靠性。

A. 2 B. 3 C. 4 D. 5

28. 功能性贬值是指由于（ ）所造成的损耗。

A. 使用磨损和自然力作用 B. 新技术推广和运用

C. 新法规的限制 D. 外部环境变化

29. 某项资产 2007 年 3 月购进，2017 年 3 月评估时，名义已使用年限 10 年。根据资产各项技术指标，正常使用情况下，每天应工作 8 小时，该资产实际每天工作 7 小时，其资产利用率为（ ）。

A. 85% B. 90% C. 60% D. 87.5%

30. 采用成本法评估资产价值的缺点是（ ）。

A. 不适用于专用机器设备的评估 B. 计算复杂、工作量大

C. 收益额预测难度人 D. 缺少可比数据，难以应用

三、多项选择题

1. 资产评估方法的选择取决于（ ）。

A. 评估的价值类型 B. 评估对象的状态 C. 可供利用的资产

D. 评估的目的 E. 评估的依据

2. 资产评估时采用的物价指数，一般应包括（ ）。

A. 综合物价指数 B. 分类（或个别）物价指数

C. 评估基准日物价指数 D. 年平均物价指数

E. 上年物价指数

3. 用成本法进行资产评估时，影响资产评估价值的基本因素有（ ）。

A. 价格因素 B. 技术进步和无形损耗因素

C. 有形损耗因素 D. 资产的账面价值

E. 外部环境

4. 决定资产的现行市价的基本因素有（　　）。
A. 资产的生产价格
B. 供求关系
C. 时间因素
D. 资产的收益能力
E. 消费者的习惯
5. 运用市场法时，参照物主要差异调整因素有（　　）。
A. 功能因素
B. 地域因素
C. 时间因素
D. 收益因素
E. 成本因素
6. 造成资产经济性贬值的主要原因有（　　）。
A. 该项资产技术落后
B. 该项资产生产的产品需求减少
C. 社会劳动生产率提高
D. 自然力作用加剧
E. 政府公布淘汰该类资产的时间表
7. 应用市场法必须具备的前提条件有（　　）。
A. 必须具有与被评估资产相同或相类似的全新资产价格
B. 必须具有参照物
C. 可以收集到被评估资产与参照物相比较的指标和技术参数
D. 需要有一个充分发育活跃的资产市场
E. 必须具备可利用的历史资料
8. 影响资产评估值的因素除了市场价格以外，还有（　　）。
A. 资产的使用和自然力作用的影响
B. 新技术推广和运用的影响
C. 宏观政策因素影响
D. 政治因素影响
E. 人力资源因素影响
9. 估算重置成本的方法有（　　）。
A. 重置核算法
B. 收益法
C. 物价指数法
D. 规模经济效益指数法
E. 统计分析法
10. 应用收益法适用的前提条件有（　　）。
A. 被评估资产未来收益可以预测并能以货币衡量
B. 资产所有者获得收益所承担的风险可以预测并能以货币衡量
C. 有充分发育、活跃的公开市场
D. 被估资产获得收益的时间可以预测
E. 具备可利用的历史资料
11. 收益法中的收益额的界定应注意（　　）。
A. 资产过去的收益额
B. 资产未来预期收益额
C. 收益额是由被评估资产直接形成的
D. 与折现率或本金化率口径一致
E. 客观收益额
12. 造成资产功能性贬值的主要原因有（　　）。
A. 该项资产技术落后
B. 该项资产生产的产品需求减少
C. 社会劳动生产率提高
D. 自然力作用加剧

E. 政府公布淘汰该类资产的时间表

13. 构成折现率的因素包括（　　）。

A. 超额收益率　　B. 无风险收益率　　C. 通货膨胀率

D. 风险报酬率　　E. 个别收益率

14. 造成资产实体性贬值的主要原因有（　　）。

A. 该项资产技术落后　　B. 该项资产的使用

C. 社会劳动生产率提高　　D. 自然力作用加剧

E. 政府公布淘汰该类资产的时间表

15. 成本法下，确定实体性贬值的方法有（　　）。

A. 重置核算法　　B. 观察法　　C. 物价指数法

D. 使用年限法　　E. 修复费用法

四、判断题

1. 资本化率与折现率本质上是不同的。（　　）

2. 运用收益法进行资产评估时，收益额是指评估基准日资产的收益。（　　）

3. 资产评估中确定的收益应以收付实现制确认的现金流量为衡量标准。（　　）

4. 运用成本法对企业的一台设备进行评估，其成新率是指会计上的折旧率。（　　）

5. 类比调整法是指利用参照物交易价格以及参照物某一基本特征直接与评估对象同一基本特征进行比较，据此判断评估对象价值的一种评估方法。（　　）

五、计算题

1. 某企业将某项资产与国外企业合资，要求对该资产进行评估。具体资产如下：

该资产账面原值 300 万元，净值 120 万元，按财务制度规定，该资产折旧年限为 25 年，已计折旧年限 15 年。经调查分析确定：按现在市场材料价格和工资费用水平，新建造相同构造的资产的全部费用支出为 420 万元。经查询原始资料和企业记录，该资产截至评估基准日的法定利用时间为 43 200 小时，实际累计利用时间为 34 560 小时。经专业人员勘察估算，该资产还能使用 8 年。又知该资产由于设计不合理，造成耗电量大，维修费用高，与现在同类标准资产比较，每年多支出营运成本 2 万元（该企业所得税税率为 25%，假定折现率为 10%）。

要求：根据上述资料，采用成本法对该资产进行评估。

2. 某企业进行股份制改组，根据企业过去经营情况和未来市场形势，预测其未来 5 年的收益额分别为 21 万元、22 万元、24 万元、25 万元和 28 万元。根据银行利率与经营风险的情况确定其折现率和资本化率分别为 10%和 11%。试采用年金资本化法确定该企业的整体价值。

3. 待估企业预计未来 4 年的收益分别为 200 万元、150 万元、220 万元、240 万元，假设本金化率 15%，根据企业情况推断：

（1）从第 5 年起，企业的年预期收益额将维持在 240 万元；

（2）从第 5 年起，将在第 4 年的基础上以 4%的年增长率增长。

要求：试在上述两种情况下估测待评估企业的整体价值。

4. 某机器设备，账面价值 100 万元，于 2014 年 3 月购进，2017 年 3 月进行评估，已知 2014 年和 2017 年该类资产的定基物价指数分别为 100%和 120%，该设备正常情况下，每天工作 8 小时，但该设备实际工作 6 小时。该设备尚可使用 8 年。要求：运用成本法计算该设备评估值。

5. 对 ABC 公司的一台设备进行评估，该设备历史成本为 150 万元，已使用 2 年，经抽样选择具有代表性的通用设备 3 台，估算其重置成本之和为 60 万元，而该 3 台通用设备的历史成本之和为 50 万元，待估设备尚可使用 8 年，由于市场上出现了一种新型的机械加工通用设备，与新型设备相比，被评估设备每年的超额运营成本为 1.2 万元。假设折现率为 10%，所得税税率 25%。要求：计算该设备评估值。

6. 某待估的生产控制装置正常运行需要 6 名技术操作人员，而目前新式同类控制装置仅需要 4 名操作员。操作人员的人均年工资福利费为 12 000 元，假定评估装置与新装置的运营成本在其他方面相同。待估资产还可使用 3 年，所得税税率 25%，适用折现率 10%。根据上述资料，计算待估资产的功能性贬值。

7. 评估资产为某专业生产线，设备日生产能力为 2 000 只。因市场出现可替代产品，现在及今后的趋势是每日只能生产 1 200 只。假定规模经济效益指数为 0.6，请估算该生产线的经济性贬值率。

第三章

流动资产评估

本章主要介绍流动资产评估的基本方法及选择评估方法应考虑的因素。

流动资产是企业生产经营中周转速度快、存在形态经常改变的一类资产，通常在1年内或者超过1年的一个营业周期内就可以变现或者被使用，包括现金及各种存款、存货、应收及预付款项、交易性金融资产等。流动资产评估包括实物类流动资产评估、货币性资产评估、应收账项流动资产评估及其他流动资产的评估。

【重要概念】 流动资产　流动资产评估

第一节　流动资产评估的特点与程序

一、流动资产的内容及其特点

（一）流动资产的内容

流动资产是指可以在1年内或者超过1年的一个营业周期内变现或者运用的资产，包括货币资金、应收及预付款项、交易性金融资产、存货、其他流动资产等。

（1）货币资金。货币资金包括现金、银行存款及其他货币资金。现金是指企业的库存现金，包括企业内部各部门用于周转使用的备用金。银行存款是指企业存入银行或其他金融机构的各种存款。其他货币资金是指除现金和银行存款以外的其他货币资金，包括外埠存款、银行本票存款、银行汇票存款、存出投资款、信用卡存款、信用证保证金存款等。

（2）应收及预付款项。应收及预付款项包括应收账款、应收票据、其他应收款、预付货款。应收账款是指企业因销售商品、提供劳务等应向购货单位或受益单位收取的款项，是购货单位所欠的短期债务。预付账款是指企业按照购货合同规定预付给供货单位的购货定金或部分货款。

（3）交易性金融资产。交易性金融资产是指企业持有的以公允价值计量且其变动计入当期损益的金融资产，包括为交易目的所持有的股票投资、债券投资、基金投资、权证投资等。

（4）存货。存货包括商品、产成品、在产品、半成品以及各类原材料、燃料、包装物、低值易耗品等。

（5）其他流动资产。

（二）流动资产的特点

1. 周转速度快

流动资产在使用中经过一个生产经营周期，即改变其实物形态，并将其全部价值转移到所形成的商品中，构成产品成本的重要组成部分，然后从营业收入中得到补偿。

2. 变现能力强

各种形态的流动资产都可以在较短的时间内出售或变卖，具有较强的变现能力。一个企业拥有的流动资产相对越多，企业对外支付和偿还债务的能力越强，企业的风险就相对越小。变现能力强是企业中流动资产区别于其他资产的重要标志。但各种形态的流动资产，其变现速度则有所区别。按其变现能力的强弱排序，首先是货币资产；其次是交易性金融资产，这类资产是货币资金的另一种存放形式；再次是较为容易变现的应收账项；最后是可在短期内出售的存货。

3. 形态多样化

流动资产在周转过程中不断改变其形态，由货币形态开始，经过供应、生产、销售等环节，依次转化为储备资金、生产资金、成品资金，最后又变成货币资金。各种形态的流动资产在企业中并存，分布于企业的各个环节。

【思考】 结合流动资产的内容与特点，说一说流动资产评估需要注意哪些问题。

二、流动资产评估的特点

1. 流动资产评估主要是单项评估

对流动资产的评估主要是以单项资产为对象进行价值评估，它不需要以其综合获利能力进行综合性价值评估。因此，不适宜采用收益途径进行评估。

2. 流动资产评估必须选准评估基准日

由于流动资产与其他资产的显著特点在于其资产的流动性和价值的波动性。不同形态的流动资产随时都在变化，而评估则是确定其某一时点上的价值，不可能人为地停止流动资产的周转。因此，评估基准日应尽可能选择在会计期末，必须在规定的时点进行资产清查、登记和确定流动资产数量及账面价值，避免重登和漏登现象的发生。

3. 既要认真进行资产清查，又要分清主次，掌握重点

流动资产数量大、种类多，所以流动资产清查应考虑评估的时间要求和评估成本，做到突出重点，兼顾一般。通常需要根据不同企业的生产经营特点和流动资产分布情况，对流动资产分清主次、重点和一般，选择不同的方法进行清查。清查的方法是抽查、重点清查和全面清查。当抽查核实中发现原始资料或清查盘点工作可靠性较差时，应扩大抽查面，直至核查全部流动资产。

4. 流动资产的账面价值基本上可以反映其现值

由于流动资产周转快、变现能力强，在物价水平相对比较稳定的情况下，流动资产的账面价值基本上可以反映出流动资产的现值。因此，在特定情况下，可以采用历史

成本作为其评估值。同时，评估流动资产时一般不需要考虑资产的功能性贬值因素，其有形损耗（实体性损耗）的计算只适用于低值易耗品、呆滞与积压存货等流动资产的评估。对于货币性资产、债权及票据等，则需要借鉴审计、资信评定等方法核实其实有数额。

三、流动资产评估的程序

（一）确定评估对象和评估范围

进行流动资产评估前，首先要确定被评估资产的对象和范围，这是保证评估质量的重要条件之一。被评估对象和评估范围应依据经济活动所涉及的资产范围而定。同时，在实施评估前应做好下列工作。

1. 界定流动资产的范围

进行流动资产评估，首先应明确被评估流动资产的范围，必须划清流动资产与非流动资产的界限，防止将不属于流动资产的机器设备等作为流动资产，也不得把属于流动资产的低值易耗品等作为非流动资产，以避免重复评估和漏评估。

2. 核实待评估流动资产的产权

企业中存放的外单位委托加工材料、代为保管的材料物资等，由于其产权不属于被评估单位，所以不能列入流动资产的评估范围。

3. 对被评估流动资产进行抽查核实，验证基础资料

准确的评估资产清单是正确评估资产价值的基础资料，被评估资产的清单由委托单位提供，它应以实存数量为依据，而不能仅仅以账面记录为准。

（二）对具有实物形态的流动资产进行质量检测和技术鉴定

对企业需要评估的材料、半成品、产成品等流动资产进行检测和技术鉴定，目的是了解这部分资产的质量状况，以便确定其是否还具有使用价值，并核对其技术情况和等级与被评估资产清单的记录是否一致。特别是对那些时效性较强的存货，如有保鲜期要求的食品，有有效期要求的药品、化学试剂等，对其进行技术检测尤为重要。存货在存放期内质量发生变化，会直接影响其市场价格。因此评估必须考虑各类存货的内在质量因素，可由被评估企业的有关技术人员、管理人员与评估人员合作对各类存货进行技术质量检测。

（三）对企业的债权情况进行分析

根据对被评估企业与债务人经济往来活动中的资信情况的调查了解，以及对每项债权资产的经济内容、发生时间的长短及未清理的原因等因素进行核查，综合分析确定各项债权回收的可能性、回收的时间、回收时将要发生的费用等。

（四）合理选择评估方法

评估方法的选择，一是根据评估目的，二是根据不同种类流动资产的特点。对于实物类流动资产，可以采用市场法或成本法。对于货币类流动资产，其清查核实后的账

面价值本身就是现值，毋须采用特殊方法进行评估，只是对外币存款应按评估基准日的汇率进行折算。对于债权类流动资产，宜采用可变现净值进行评估。

（五）评定估算流动资产，出具评估结论

经过上述评估程序对有关流动资产进行评估后，即可得出相应的评估结论。

第二节 实物类流动资产的评估

一、材料的评估

材料包括原料及主要材料、辅助材料、燃料、修理用备件、外购半成品等。通常材料品种多，金额大，性质、计量单位、购进时间、自然损耗等各不相同。因此在实际评估时，首先应进行材料清查，做到账实相符，可按照一定的目的和要求，对材料按照ABC法进行分类，分清主次，着重对重点材料进行评估。同时，还应查明材料有无霉烂、变质、呆滞、毁损等情况。因为材料等流动资产是生产过程中的“消费性”资产，其功效高低取决于自身，所以材料评估采用成本法或市场法较多。如果某种材料存在活跃市场、供求基本平衡，则成本法和市场法可以替代使用。

（一）继续使用的库存材料评估

通常根据清查核实后的材料的实有数量乘以现行市场购买价或账面价格，加上合理的购置费用(包括运杂费、验收整理入库费及其他费用)，并扣除因材料失效、变质、残损、报废等相应的贬值额后，确定材料的评估值。在评估时可以根据材料的购进情况、市场情况进行相应技术处理和评估操作。

材料评估值＝材料实有数量×现行市场购买价格＋合理购置费用－各项贬值额

（1）近期购进材料，由于库存时间短，市场价格变化不大，既可以用市场价格，也可以用账面成本作为评估值。如果材料的运杂费较多，评估时应将由被评估材料分摊的运杂费计入评估值；如果材料的运杂费较少，评估时可以忽略不计。

【例3-1】 A企业中主要材料甲10天以前购进，数量4 000千克，单价50元/千克，支付的运杂费为800元。根据原始记录和清查盘点，评估时尚有2 500千克库存材料。要求评估该材料的价值。

该材料的评估值＝2 500×（50＋800÷4 000）＝125 500（元）

（2）购进时间早，市场已经脱销，没有准确市场现行价格的原材料，可以用替代品的现行价格变动资料修正材料价格，或用同类商品的平均物价指数修正材料进价。

【例3-2】 某企业2017年4月购进甲材料500吨，单价180元/吨，运杂费为1 500元。2017年10月31日评估时，经核实鉴定该材料尚有100吨，因保管不善造成贬值率为5%，评估时市场没有该种材料的市价。但在市场上可找到与该原材料功能类似的替代材料的价格为200元/吨，要求材料的评估值。

材料评估值＝100×（200＋1 500÷500）×（1－5%）＝19 285（元）

（3）从国外进口的原材料，国内有市价的按国内市价估算，有国际市场价的按国际

市价估算，如无市价则按汇率变化调整。

（二）以变现为目的的材料评估

当企业转产时，材料评估以变现为目的。此时应按材料的现行市场价格，同时考虑市场供求状况、变现风险及变现成本确定评估值。在评估操作时首先需注意市场价格选择合理与否。一般来说，被评估资产的市场价格选择过低，资产所有者的权益就要受到影响；若市场价格选择过高，就会延长被评估资产库存期，增加变现成本，加大变现风险。因此，评估时应对市场情况进行广泛的调查和分析，选择最有可能成交的市场价格。其次还要注意被评估资产的变现成本和变现风险。变现成本主要是指销售被评估资产时预计发生的运输、保管、广告、差旅、包装等推销费用。变现风险指那些专用性强、使用范围受较大限制的专用材料，有时效要求的原材料及专用备件等，由于适用范围小而可能发生不能按期变现的危险。变现风险一般根据市场供求状况、库存量大小和资产本身的使用价值来确定。

材料评估值＝材料实有数量×预计变现价格－变现成本

【例3-3】 某企业准备与另一家企业联营，原生产的产品因适销不对路准备下马，故对原材料 A 以变现为目的进行评估。A 材料库存量为 10 000 千克，根据市场供需状况，预计可实现价格 45 元/千克，预计需要运输费用 1.2 元/千克，货物包装费 2 元/千克，根据上述有关数据资料，评估 A 材料的价值。

A 材料评估值＝10 000×（45－1.2－2）＝418 000（元）

二、在产品的评估

在产品包括生产过程中尚未加工完毕的在产品、已加工完毕但不能单独对外销售的半成品（可直接对外销售的半成品视同产品评估）。在对这部分资产进行评估时，一般可采用成本法或市场法。

（一）成本法

成本法是根据技术鉴定和质量检测的结果，按评估时的相关市场价格及费用水平重置同等级在产品及半成品所需合理的料工费计算评估值。这种评估方法只适用于生产周期较长的在产品的评估。对生产周期短的在产品，主要以其实际发生的成本作为价值评估依据，在没有变现风险的情况下，可根据其账面值进行调整。具体有以下几种方法可以选择使用。

1. 按价格变动系数调整原成本

此种方法主要适用于生产经营正常、会计核算水平较高的企业在产品的评估，可参照实际发生的原始成本，根据评估日的市场价格变动情况，调整成重置成本。具体评估步骤如下。

（1）对被评估在产品进行技术鉴定，将其中不合格在产品的成本从总成本中剔除。

（2）分析原成本构成，将其不合理的费用从总成本中剔除。

（3）分析原成本构成中材料成本从其生产准备开始到评估日止市场价格变动情况，并测算出价格变动系数。

（4）分析原成本中的工资、燃料、动力费用以及制造费用从开始生产到评估日，有无大的变动，是否需要进行调整。如需调整，测算出调整系数。

（5）根据技术鉴定、原始成本构成的分析及价值变动系数的测算，调整成本，确定评估值，必要时从变现的角度修正评估值。

某项或某类在产品评估值＝原合理材料成本×（1＋价格变动系数）＋原合理工资、费用×（1＋合理工资、费用变动系数）

需要说明的是，在产品成本包括直接材料、直接人工和制造费用三部分。制造费用属间接费用，直接人工尽管是直接费用，但也同间接费用一样较难测算。因此评估时可将直接人工和制造费用合并为一项费用进行测算。

2. 按社会平均消耗定额和现行市价计算评估值

采用此方法即按重置同类资产的社会平均成本确定被评估资产的价值。用此方法对在产品进行评估需要掌握以下资料。

（1）被评估在产品的完工程度。

（2）被评估在产品有关工序的工艺定额，可按行业标准或企业现行的工艺定额计算。

（3）被评估在产品耗用物料的近期市场价格。

（4）被评估在产品的合理工时及单位工时的取费标准，而且其合理工时及单位工时的取费标准应按正常生产经营情况进行测算。

$$\text{在产品评估值}=\text{在产品实有数量}\times\left(\begin{array}{l}\text{该工序单位材料工艺定额}\times\text{单位材料现行市场价格}\\+\text{该工序累计单位工时定额}\times\text{正常小时工资费用}\end{array}\right)$$

【例 3-4】 某企业进行在产品评估，甲类在产品经清查核实有 50 件，每件消耗钢材定额 400 千克，每千克钢材的现行市价为 12 元，在产品累计工时定额 150 小时，每定额小时的燃料和动力费定额 0.25 元，工资定额 0.45 元，制造费用定额 0.60 元。要求评估甲类在产品的价值。

甲类在产品的定额成本为

$$240\ 000+9\ 750=249\ 750\text{（元）}$$

其中

$$\text{材料成本}=50\times400\times12=240\ 000\text{（元）}$$

$$\text{加工成本}=50\times150\times(0.45+0.25+0.60)=9\ 750\text{（元）}$$

3. 按在产品的完工程度计算评估值

因为在产品的最高形式为产成品，所以，可以在计算产成品重置成本基础上，按在产品完工程度计算确定在产品评估值。需要注意的是材料成本的发生取决于产品的投料程度。

在产品评估值＝在产品实有数量×在产品完工程度×社会平均单位产品成本

【例 3-5】 某产品需要经过 4 道工序加工制成。原材料是在第一道工序之初一次性投入。资产评估时，在每道工序上均有 20 件在产品，从第一道工序至第四道工序的工时定额分别为 10 小时、20 小时、10 小时、10 小时。该产品的单位定额成本为材料 200 元，工资50元，制造费用10元，各工序内加工费用均衡投入。要求评估该在产品的价值。

（1）各工序在产品完工程度如下：

第一道工序完工程度＝10×50%/50×100%＝10%

第二道工序完工程度＝（10＋20×50%）/50×100%＝40%

第三道工序完工程度＝（10＋20＋10×50%）/50×100%＝70%

第四道工序完工程度＝（10＋20＋10＋10×50%）/50×100%＝90%

（2）在产品的材料成本为

20×4×200＝16 000（元）

（3）在产品的加工成本为

（20×10%＋20×40%＋20×70%＋20×90%）×（50＋10）＝2 520（元）

在产品的评估值为

16 000＋2 520＝18 520（元）

【思考】 想一想，为什么要考虑在产品的完工程度？如何确定在产品的完工程度？

（二）市场法

采用这种方法是按同类在产品和半成品的市价，扣除销售过程中预计发生的费用后计算评估值。一般来说，被评估资产通用性好，能够作为产成品的部件，或用于维修等，其评估的价值就较高。对不能继续生产，又无法通过市场调剂出去的专用配件等只能按废料回收价格进行评估。如果在调剂过程中有一定的变现风险，还要考虑设立一个风险调整系数，计算可变现评估值。

某在产品评估值＝在产品实有数量×市场可接受的不含税的单价－预计销售费用

某报废在产品评估值＝可回收废料的重量×单位重量现行的回收价格

三、产成品及库存商品的评估

产成品及库存商品是指已完工入库和已完工并经过质量检验但尚未办理入库手续的产成品以及商品流通企业的库存商品等。

（一）成本法

采用成本法对生产及加工工业的产成品评估，主要根据生产、制造该项产成品全过程发生的成本费用确定评估值。如果评估基准日与产成品完工时间较接近，成本变化不大，可以直接按产成品的账面成本确定其评估值。如果评估基准日与产成品完工时间间隔较长，产品的成本费用变化较大，产成品评估值可采用合理的消耗定额或价格变动系数调整确定。

【例3-6】 某资产评估事务所对A企业进行资产评估。经核查，该企业产成品实有数量为2 000件，根据该企业的成本资料，结合同行业成本耗用资料分析，合理材料工艺定额为500千克/件，合理工时定额为20小时。评估时，生产该产成品的材料价格由原来的60元/千克涨至62元/千克，单位小时工资、费用不变，仍为15元/小时。根据上述资料分析，可以确定该企业产成品评估值为

2 000×（500×62＋20×15）＝62 600 000（元）

【例 3-7】 某公司现有产成品 600 台，每台实际成本 65 元，会计核算资料显示生产该产品的材料费用与工资、其他费用的比例为 60∶40，根据目前价格变动情况和其他相关资料，确定材料综合调整系数为 1.2，工资、费用综合调整系数为 1.05。由此可以计算该产成品的评估值为

$$600\times65\times(60\%\times1.2+40\%\times1.05)=44\ 460\text{（元）}$$

（二）市场法

市场法是指按被评估产成品不含价外税的可接受的市场价格，扣除销售费用和销售税金后的变现价值确定产成品评估值的方法。采用市场法评估时，应对产品本身的技术水平和内在质量进行技术鉴定，确定产品是否具有使用价值以及产品的实际等级，以便选择合理的公开市场上所形成的近期交易价格。同时应分析市场供求关系和被评估产成品的前景。若产品技术水平先进，但产成品外表存有不同程度的残缺，可根据其损坏程度，通过调整系数予以调整。

产成品评估值＝产成品实有数量×产成品现行售价×变现比率－销售费用－销售税金

原则上根据中国资产评估协会 1996 年发布的《资产评估操作规范意见（试行）》第四十三条的要求，对于十分畅销的产品，根据其出厂销售价格减去销售费用和全部税金确定评估价值；对于正常销售的产品，根据其出厂销售价格减去销售费用、全部税金和适当数额的税后净利润确定评估值；对于勉强能销售出去的产品，根据其出厂销售价格减去销售费用、全部税金和税后净利润确定评估值；对于滞销、积压、降价销售产品，应根据其可收回净收益确定评估值。

【例 3-8】 阳光保健品有限公司生产的 A 商品属于畅销产品，评估基准日的账面价值为 871 000 元。评估中，根据公司提供的年度会计报表以及评估人员清查可知，评估基准日 A 商品的库存数量为 287 319 瓶，单位成本 3.03 元/瓶，出厂价 3.95 元/瓶（含增值税）。该产品的销售费用率为 2.33%。销售税金及附加占销售收入的比例为 1.4%。评估 A 商品的价值。

$$\begin{aligned}\text{A 商品的评估价值}&=287\ 319\times(3.95\div1.17)\times(1-2.33\%-1.4\%)\\&\approx287\ 319\times3.38\times0.962\ 7\approx934\ 914.76\text{（元）}\end{aligned}$$

【思考】 你认为采用成本法或市场法评估实物类流动资产时，需要考虑哪些因素？

四、低值易耗品的评估

低值易耗品是指单位价值在规定限额以下，或使用年限在 1 年以内的劳动资料，包括工具、管理用具、替换设备、劳动保护用品等。低值易耗品在生产过程中的特点与固定资产相似。例如，可以多次使用而不改变原有的实物形态，在使用过程中需要进行维护、修理，报废时也有一定的残值等。但由于其单位价值较低，也容易损坏，故在会计核算中归入材料，领用时采用分次摊销、五五摊销和一次摊销等方法进行核算。

对于库存低值易耗品，可比照材料进行评估。

对于在用低值易耗品，一般采用重置核算法进行评估，即按清查盘点结果对低值易耗品分类，将同种低值易耗品的现行购置或制造价格加上合理的其他费用得出重置成本，再根据实际状况确定综合成新率，相乘后得出低值易耗品的评估值。综合成新

率应根据其实际损耗程度确定，而不能完全按照企业会计核算中的摊销方法确定。

低值易耗品评估值＝低值易耗品重置成本×成新率

其中

$$成新率=1-\frac{低值易耗品实际已使用月数}{低值易耗品可使用月数}\times 100\%$$

【例 3-9】 长虹公司有在用甲低值易耗品一批，账面价值 7 500 元，预计使用 1 年，现已使用 9 个月，该低值易耗品现行市价为 6 000 元，确定其评估值。

在用低值易耗品评估值＝6 000×（1－9/12）＝1 500（元）

【思考】 对于残损、无用、待报废的低值易耗品，你认为怎样评估其价值?

第三节　债权类及货币类资产的评估

一、应收账款及预付账款的评估

企业的应收账款和预付账款主要指企业在经营过程中由于赊销等原因形成的尚未收回的款项以及企业根据合同规定预付给供货单位的货款等。它们通常存在一定的回收风险。

应收及预付账款评估价值＝应收及预付账款账面余额－已确定的坏账损失

－预计可能发生的坏账损失

1. 核实应收及预付账款账面价值

在进行应收及预付账款的评估时，除了进行账证核对、账表核对外，应尽可能要求按客户名单发函核对，查明每项应收账款发生的时间、金额、债务人单位的基本情况，并进行详细记录，作为评估时预计坏账损失的重要依据。对机构内部独立核算单位之间的往来必须进行双向核对，以避免重计、漏计。

2. 确认已发生的坏账损失

已发生的坏账损失是指评估时债务人已经死亡或破产，以及有明显证据证明实在无法收回的应收账款。

3. 确定可能发生的坏账损失

根据应收账款收回的可能性判断可能发生的坏账损失。一般可根据企业与债务人的业务往来和债务人的信用情况将应收账款分为几类，并按不同类别估计坏账损失发生的可能性及其数额。如业务往来较多、债务人结算信用好的应收账款一般能够如期全部收回；业务往来少、债务人结算信用一般的应收账款收回的可能性很大，但收回时间不能完全确定；偶然发生业务往来、债务人信用状况未能调查清楚的应收账款可能只收回一部分；有业务往来，但债务人信用状况较差，有长期拖欠货款记录的应收账款可能无法收回。预计坏账损失的估计方法主要有如下几种。

（1）坏账比例法。此法是按坏账占全部应收账款的比例来判断不可收回的应收账款，从而确定坏账损失的数额。坏账比例的确定，可以根据被评估企业前若干年（一般为 3～5 年）的实际坏账损失额与其应收账款发生额的比例确定，但应将因特殊原因造成的坏账从中剔除。

坏账比例＝评估前若干年发生的坏账数额/评估前若干年应收账款发生额×100%

【例 3-10】 华丰资产评估事务所对 F 公司进行整体资产评估，经核实，截止到评估基准日，应收账款的账面余额为 600 万元，前 5 年的应收账款发生情况及坏账损失情况如表 3-1 所示。

表 3-1 应收账款发生及坏账损失情况　　单位：元

时间	第一年	第二年	第三年	第四年	第五年	合计
应收账款额	1 500 000	2 450 000	2 500 000	3 050 000	2 140 000	11 640 000
处理坏账额	200 000	72 000	120 000	83 500	10 100	485 600

由此计算前 5 年坏账占应收账款的百分比为

（485 600÷11 640 000）×100%≈4.17%

预计坏账损失额为

600×4.17%＝25.02（万元）

（2）账龄分析法。一般来说，应收账款账龄越长，产生坏账损失的可能性就越大。此法就是根据应收账款账龄的长短，分析应收账款预计可收回的金额及其产生坏账的可能性。

【例 3-11】 华丰资产评估事务所在对 W 公司进行评估时，经核实该企业应收账款实有额为 858 000 元，具体发生情况以及由此确定坏账损失情况如表 3-2 所示。

表 3-2 坏账损失计算分析表

账龄	未到期	过期：半年	一年	二年	三年以上	合计
应收金额/元	304 000	143 000	202 400	107 000	101 600	858 000
预计坏账损失率/%	1	10	15	25	43	
坏账金额/元	3 040	14 300	30 360	26 750	43 688	118 138

应收账款评估值＝858 000－118 138＝739 862（元）

【思考】 应收账款评估以后，“坏账准备”科目应按什么价值计算？为什么？

二、应收票据的评估

应收票据是由付款人或收款人签发、由付款人承兑、到期无条件付款的一种书面凭证。应收票据按承兑人不同可分为商业承兑汇票和银行承兑汇票；按其是否带息分为带息商业汇票和不带息商业汇票。商业汇票可依法背书转让，也可以向银行申请贴现。

（一）按票据的本利和计算

应收票据的评估值为票据的面值加上应计的利息。

【例 3-12】 某企业收到 6 个月期，年利率为 8%，票面金额为 2 500 元的票据一张，评估基准日距离票据到期日为 2 个月。试评估该票据价值。

该票据评估值＝2 500×（1＋8%×4÷12）≈2 566.67（元）

（二）按应收票据的贴现值计算

应收票据的评估值为按评估基准日到银行申请贴现的贴现值。

应收票据评估值＝票据到期值－贴现利息

贴现利息＝票据到期价值×贴现率×贴现期

【例 3-13】 某企业持有一张期限为 90 天的无息票据，票面金额 2 500 元，在持票 30 天时对其进行评估，银行贴现率为 7.2%。试评估该票据的价值。

该票据的评估值＝2 500×（1－7.2%×60÷360）＝2 470（元）

【例 3-14】 某企业收到期限为 120 天的票据一张，票面金额为 50 000 元，年利率 9%，持票 30 天时对其进行评估，银行贴现率为 7. 2%。试评估该票据的价值。

到期价值＝50 000×（1＋9%×120÷360）＝51 500（元）

评估值＝51 500×（1－7.2%×90÷360）＝50 573（元）

三、货币性资产的评估

众所周知，货币性资产不会因时间的变化而发生差异。因此，对于现金和各项存款的评估，实际上是对现金的盘点，并与现金日记账和现金总账核对，实现账实相符，以及对各项存款的清查确认，核实各项存款的实有数额；然后，以核实后的实有额作为评估值，如有外币存款，应按评估基准日的汇率折算成等值人民币。

交易性金融资产由于按公允价值进行计量，所以其评估值就是评估基准日的收盘价。

四、待摊费用和预付费用的评估

待摊费用是指企业已经支付或发生，但应由本月和以后月份负担的费用。待摊费用的本质是一项费用，可分为两类：一类能够形成某项具体资产的价值，因此它的评估应在其形成的具体资产价值中体现；一类是企业在评估基准日之前已经支出，但在评估基准日之后才可能产生效益的预付费用，它可以看作未来取得服务的权利。如预付的报纸杂志费、预付保险金、预付租金等。预付费用的评估取决于其未来可产生效益的时间。

【例 3-15】 华丰资产评估事务所受托对某企业待摊费用和预付费用进行单项评估，评估基准日为 2016 年 6 月 30 日。有关资料如下：企业截止到评估基准日待摊费用账面余额为 75 万元，其中：预付一年的保险金 15 万元；尚待摊销的低值易耗品余额 30 万元；预付的房租租金 30 万元，根据租约，起租时间为 2015 年 6 月 30 日，租约终止期为 2017 年 6 月 30 日。评估人员根据上述资料进行如下评估：

保险金评估值＝150 000÷12×6＝75 000（元）

尚待摊销的低值易耗品余额 30 万元，在低值易耗品评估价值中体现，故评估值为零。

租金评估值＝300 000/2×1＝150 000（元）

评估结果为

75 000＋150 000＝225 000（元）

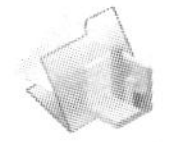

案例分析

蓝天工程机械有限公司流动资产评估

一、流动资产概况

蓝天工程机械有限公司是大型工程机械企业，主要生产推土机、挖掘机、铲运机、装载机等大型工程机械，是我国四大工程机械制造企业之一，年销售收入 5 458 万元，年净利润653万元。

在评估基准日2017年9月30日，该企业流动资产共计68 367 328.16元，具体构成如下：货币资金1 232 275.65元，短期投资307 000.00元，预付账款923 157.46元，应收账款45 059 915.28元，其他应收款3 253 758.59元，存货16 915 925.93元，待摊费用675 295.25元。

二、评估目的

该企业为实行股份制改造进行资产评估。

三、评估基准日

评估基准日为2017年9月30日。

四、流动资产评估程序和方法

企业提供的货币资金账面金额为1 232 275.65元。其中现金182 666.03元，银行存款1 049 609.62元。

（一）现金的评估程序和方法

评估人员于2017年10月15日对现金进行了现场盘点，并以盘点日实盘数加上盘点日至评估基准日的支出数减去盘点日至评估基准日的收入数，倒推评估基准日的实盘数，与评估基准日账面值相符后，确认账面值为评估值。库存现金盘点表如表3-3所示。现金清查评估工作底稿如表3-4所示。

表3-3 库存现金盘点表 单位：元

清点现金			核对金额	
货币金额	张数	金额	项目	金额
100元	231	23 100.00	现金账面余额	59 184.54
50元	15	750.00	加：收入凭证未记账	550 00.00
20元	42	840.00	减：付出凭证未记账	84 529.90
10元	178	1 780.00	调整后现金余额	29 654.64
5元	151	755.00	实盘现金	29 654.64
2元	499	998.00	长款	
1元	2	2.00	短款	
5角	2 717	1 358.50	评估基准日	2017年9月30日
2角	50	10.00	现金盘点日	2017年10月15日
1角	512	51.20		
分币		9.94		
合计		29 654.64		

表3-4 货币资金——现金清查评估工作底稿 单位：元

项目	金额	备注
清查日调整后现金余额	29 654.64	评估基准日外汇汇率：
加：评估基准日至清查日支出	632 438.73	
减：评估基准日至清查日收入	479 427.34	
评估基准日账面余额	182 666.03	
调整事项：无		
评估基准日清查调整数		
评估基准日评估值	182 666.03	

被评估单位名称：秦岭工程机械有限公司

评估基准日：2017 年 9 月 30 日

评估人员：孙浩

清查日期：2017 年 10 月 15 日

评估方法：实地盘点审核人员：赵力

审核日期：2017 年 10 月 20 日

（二）银行存款的评估程序和方法

银行存款账面余额 1 049 609.62 元，包括在工行、中行、建行等银行开设账户的余额。银行存款的评估，首先将银行存款日记账与银行存款总账进行核对，其金额相符，并取得银行对账单和银行存款余额调节表，经调节后相符，未发现金额大、时间长的未达账项，对在评估基准日余额较大的银行存款账户，向其开户银行进行了函证，经函证后无误，最后以核实无误的账面存款的评估值为 1 049 609.62 元。

五、案例评价

在流动资产评估中，要注意以下两条原则：其一，以实际存在为原则。流动资产流动性非常强，在评估过程中一定要进行盘点与函证，以确定流动资产是否存在。流动资产评估中，要以评估基准日实际拥有的、客观存在的流动资产为评估依据，而不能完全以委托方提供的账表所列示的流动资产或审计后的流动资产账表为依据，对账表不符、账实不符部分要进行处理。其二，以变现的可能性为原则。流动资产变现的可能性影响到被评估单位的资产质量和财务状况，流动资产实现价值的可能性有多大、市场法对流动资产进行评估，都要考虑市场变现问题，包括变现价格、变现风险和变现费用。

货币资金评估时，应注意对现金进行盘点，对银行存款则应将被评估单位的银行存款日记账与银行对账单相核对，编制银行存款余额调节表，必要时向其开户银行函证银行存款的余额。

复习思考题

一、简答题

1. 采用成本法对在用低值易耗品进行评估的基本思路是什么？

2. 采用市场法对产成品进行评估时，在选择市场价格时应考虑哪些因素？

3. 应收票据的评估可采取哪几种方法？

二、单项选择题

1. 各种形态的流动资产都可以在较短的时间内出售和变卖，是企业对外支付和偿还债务的重要保证。这体现了流动资产的（　　）。

A. 较强的变现能力　　B. 形态的随意变化性

C. 形态的多样性　　D. 较快速度的周转性

2. 在对流动资产进行评估时，所选的评估基准日应尽可能在（　　）。

A. 年初　　B. 年末　　C. 会计期初　　D. 会计期末

3. 在进行流动资产的评估时，资产的有形损耗的计算适用于（　　）。

A. 实物性流动资产

B. 低值易耗品以及呆滞、积压流动资产

C. 材料及在产品

D. 产成品及库存商品

4. 按应收账款拖欠时间的长短，分析判断可收回的金额和坏账，这种方法叫作（　　）。

A. 坏账估计法　　B. 账龄分析法　　C. 信用分析法　　D. 市场法

5. 对货币资产进行评估时，其评估依据为其（　　）。

A. 重置价值　　B. 市场价格　　C. 账面价值　　D. 清算价格

6. 某类流动资产，与典型的流动资产相比，具有周转时间长、不构成产品实体等特点，则这类流动资产是（　　）。

A. 低值易耗品　　B. 材料和存货

C. 产成品及库存商品　　D. 实物类流动资产

三、多项选择题

1. 流动资产是指可以在 1 年内或者超过 1 年的一个营业周期内变现或者运用的资产，包括（　　）。

A. 现金　　B. 各项存款

C. 应收账款及预付款　　D. 存货

E. 交易性金融资产

2. 流动资产的特点有（　　）。

A. 周转快，流动性好　　B. 使用期限超过规定期限 1 年以上

C. 存在形态多样性　　D. 具有较强的变现能力

E. 与固定资产相比评估方法比较简单

3. 实物类流动资产作为流动资产的一个重要组成部分，包括（　　）。

A. 材料　　B. 现金及各项存款

C. 产成品及库存商品　　D. 应收票据

E. 在产品

4. 按社会平均工艺定额和现行市价计算在产品的评估值时，需要掌握的资料有（　　）。

A. 被估在制品的实际价值

B. 被估在制品的完工程度

C. 被估在制品有关工序的工艺定额

D. 被估在制品耗用物料的近期市场购买价格

E. 被估在制品的合理工时费率

5. 用成本法对在产品进行评估时，具体方法包括（　　）。

A. 按社会平均工艺定额计算评估值

B. 按合理制造费用变动系数调整原成本

C. 按价格变动系数调整原成本

D. 按社会平均工艺定额和现行市价计算评估值

E. 按在制品的完工程度计算其评估值

6. 在对应收账款进行资产评估的时候，对预计坏账损失定量分析的方法有( )。

A. 坏账比例法 B. 账龄分析法

C. 坏账分析法 D. 实际账龄法

E. 边际分析法

四、计算题

1. 某企业对库存的一种燃料进行评估，库存量为 50 吨。经现场技术鉴定，没有发生质量变化，仍能满足生产需要，只是保管中自然损耗 1%。根据市场调查，得知该燃料近期市场交易价格为每吨 4 000 元，每吨运费 100 元，整理入库费为每吨 40 元，则该种燃料的评估值是多少？

2. 某企业在搞联营过程中，对其某一工序上的在制品进行评估，该工序在制品实有数量为 5 000 件。根据行业平均定量标准资料得知，该在制品该工序单材料定额为 10 千克/件，该工序单件工时定额为 5 小时。经过市场调查得知：该在制品耗用材料的近期市场价格为 10 元/千克，且相同工种正常小时工资为 6 元/小时。经查该企业产品销路一向良好，假定不存在变动风险，该在制品评估值为多少？

3. 某生产加工企业对其产成品进行评估，评估人员经过财产核实，有关资料核实之后，得到资料如表 3-5 所示，请对企业产成品进行评估。

表 3-5 某生产加工企业有关资料

产 品 名 称	甲	乙	丙
账面金额/万元	500	450	680
报废金额/万元	3	5	10
材料占成本/%	45	50	51
费用占成本/%	55	50	49
材料综合调整系数	1. 10	1. 02	1. 05
费用综合调整系数	1. 05	1. 05	1. 05

4. 某企业对其应收账款进行评估，经核查评估基准日应收账款余额为 150 万元，根据以往资料，企业前推五年累计坏账损失 5 万元，应收账款余额累计 630 万元，并预计发生收款费用 3 万元，则应收账款的评估值是多少？

机器设备评估

本章主要介绍机器设备评估及机器设备评估的主要方法。

机器设备是重要的固定资产，一般不具备独立的获利能力，所以在进行机器设备评估时，收益现值法的使用受到很大限制，常采用重置成本法和现行市价法。在重置成本法下，机器设备的评估思路是通过估算全新机器设备的更新重置成本，然后扣减实体性贬值、功能性贬值、经济性贬值，来确定机器设备评估价值的方法。现行市价法主要适用于单项机器设备变现价格的估测。一个发达活跃的设备交易市场是现行市价法得以广泛运用的前提。

【重要概念】 机器设备　重置成本　实体性贬值　功能性贬值　经济性贬值

第一节　机器设备评估概述

一、机器设备的含义和特点

（一）机器设备的含义

在自然科学领域，所谓机器设备，是指由金属或其他材料组成，由若干零部件装配起来，在一种或几种动力驱动下，能够完成生产、加工、运行等功能或效用的装备或器具。它将机械能或非机械能转换成为便于人们利用的机械能，以及将机械能转换为某种非机械能，或利用机械能来做一定的工作。

（二）机器设备的特点

机器设备的主要特点有如下几个。

（1）单位价值大，使用寿命长，资金投入量大，回收期长（一次垫付，逐步收回）。

（2）价格补偿和逐步更新不同时进行，机器设备的价值补偿是通过折旧形式逐步实现的，而实物与更新一般是一次完成的。

（3）价值和使用价值并非一成不变，贬值和增值具有同发性。一方面，机器设备在运动中产生的有形磨损和无形磨损都会使机器设备的价值量发生变化，有形磨损一般通过折旧来实现价值的完全补偿，而无形磨损所致的价值贬值在数量上难以测算。另一方面，通过技术改造会提高设备功能，实现了内涵的扩大再生产，同时使资产增值，再则在通货膨胀的情况下，机器设备的现价又呈现增值趋势。

（4）机器设备属于有形的固定资产，具有动产的性质。它数量大、品种多、分布广、技术性强、情况复杂。

机器设备是用来为所有者提供收益的、不动产以外的有形资产。其中，设备是包括特殊性非永久性建筑物、机器和仪器在内的组合资产；机器包括单独的机器和机器的组合，是指使用或应用机械动力的器械装置，由具有特定功能的结构组成，用以完成一定的工作；装备是用以支持企业功能的附属性资产。

二、机器设备的分类

（一）适用范围分类

按适用范围可将机器设备分为以下几类。

（1）通用设备。通用设备是指无专门用途，具有综合加工能力的设备（如通用机床、通用机器、各类型泵、风机等）。

（2）专用机器设备。专用机器设备是指对某一种（类）产品具有生产加工能力的设备（如彩电组装线、纺织、造纸、通信等设备）。

（3）非标准机器设备。非标准机器设备是指各种国家不予定型的设备，一般是根据企业需要自制或委托加工制造的。

（二）按现行会计制度规定分类

按现行会计制度规定可将机器设备分为以下几类。

（1）生产经营用机器设备。

（2）非生产经营用机器设备。

（3）租出机器设备。

（4）未使用机器设备。

（5）不需用机器设备。

（6）融资租入机器设备。

（三）按组合程度分类

机器设备在使用中通常将不同功用的设备进行分配组合，以完成某种生产工艺活动。机器设备按其组合方式和程度划分，可分为以下几类。

（1）单台设备。

（2）机组，如柴油发电机组等。

（3）成套设备（包括生产线）：由若干不同设备按生产工艺过程，依次排序联结，形成一个完整或主要生产过程的机器体系，如合成氨成套设备、胶合板生产线等。

机器设备还有许多分类方式，不在此一一列举。但值得注意的是，上述分类并不是独立的，分类之间可以有不同程度的关联。如外购设备中，可能是通用设备，也可能是专用设备；成套设备中可能部分是外购，部分是自制的。资产评估中可以根据委托单位的生产技术特点、评估目的、采用的评估操作方法、评估操作人员的专业特长等，按不同分类进行操作，最后按评估结果汇总要求进行统计。在评估时既可先按生产车间进行清查评估；也可按通用设备、专用设备等分类清查评估；还可按自制设备、外购设备、国内设备和进口设备分类清查评估等。

三、机器设备评估的基本程序

（一）接受委托

客户有意委托评估人员做某项机器设备资产评估时，评估人员要向客户了解被评估资产的背景、现状、评估目的和评估报告的用途，以及该项评估涉及的其他因素。这些会影响整个评估过程和结果，进而影响评估服务的质量。

评估人员及评估机构在签订了资产评估委托协议，明确评估的目的、评估对象和评估范围之后，就应着手做好评估的准备工作。具体包括以下内容。

（1）指导委托方做好机器设备评估的基础工作，如待评机器设备清册及分类明细表的填写，被评机器设备的自查和盘盈盘亏事项的调整，机器设备产权资料及有关经济技术资料的准备等。

（2）分析研究委托方提供的被评资产清册及相关表格，明确评估重点和清查重点，制订评估方案，落实人员安排，设计主要设备的评估技术路线。

（二）收集整理有关资料和数据，划分机器设备类别

这一步骤主要包括以下内容。

（1）收集整理反映待评资产情况的资料。包括机器设备的原价、折旧、净值、预计使用年限、已使用年限、设备的规格型号、完好率、利用率等。

（2）证明待评资产所有权和使用权的资料。如国有资产产权登记证明文件、产权转移证明等。另外，还应注意机器设备抵押、担保和租赁情况，对产权受到某种限制的设备要另行登记造册，单独处理。

（3）价格资料。包括待评设备现行市价、可比参照物的现行价格资料、国家公布的有关物价指数等。

（4）资产实存数量的资料。通过清查盘点及审核资产明细账和卡片来核定资产实存的数量。

（三）设计评估方案

设计评估方案是对评估项目的实施所进行的周密计划、有序安排的过程，包括以下内容。

（1）整理委托方提供的资产账表清册，确定被评估机器设备的类别。

（2）确定分组和进度。机器设备评估可以粗分为通用设备组和专用设备组，也可按机器类别细分(如按动力、机械、仪器仪表、运输等机器设备分组)，还可按厂、车间、小组分组；同时要预计各项评估业务所需工时，以便组织好平行作业、交叉作业，确定作业进度。

（3）根据不同的评估特定目的，确定计划标准和评估方法。

（4）设计并印制好评估所需要的各类表格。

（四）现场勘察并核定待评估设备数量，进行技术鉴定

评估机构对被评估单位申报的机器设备清册，应组织有关评估人员进行现场清查，核定是否账实相符，有无遗漏或产权界限不明晰的资产。清查的方法可根据被评估单位的管理状况及资产数量，采用全面清查、重点清查、抽样检查等不同方式。由工程技术人员对机器设备的技术性能、结构状况、运行维护、负荷状况和完好程度进行鉴定，结合功能性损耗、经济性损耗等因素，做出技术鉴定。资产评估人员观察、调查和描述设备时应关注它们的用途、能力、质量、状态等，尽可能在工作现场对被评估机器设备做出成新率的判断。

（五）确定评估方法，计算评估值

做好上述基础工作后，应根据评估目的确定评估价格标准，然后根据评估价格标准和评估对象的具体情况，科学地选用评估计算方法，做出评估结论，整理并撰写评估报告。

第二节 机器设备评估的成本法

成本法是机器设备评估的一种常用方法，它适用于继续使用前提下的机器设备评估。对在用续用的机器设备，可直接运用重置成本法进行评估，无须做较大的调整。而在改用续用或移地续用时，则需做适当的调整，才能得出较合理的评估结果。在成本法下，机器设备的评估思路为：

机器设备评估值＝重置成本－实体性贬值－功能性贬值－经济性贬值

一、重置成本的确定

重置成本是指与被估机器设备相同或相似的全新在用设备的取得成本，包括购置设备所发生的必要的合理的直接成本、间接成本和因资金占用所发生的资金成本。其中直接成本与每一台设备有直接对应关系，包括设备买价、运杂费、安装费、基础费及其他合理成本；间接成本包括管理费、设计费、工程监理费、保险费等。间接成本和资金成本与整个项目相关，在计算每台设备的重置成本时一般按比例摊入。设备重置成本的构成要素需要根据评估对象的具体情况确定，与设备的类型、安装方式等相关。

由于设备的运杂费、安装费、基础费等均可按设备买价的一定比例计算，所以这里仅介绍设备买价的确定方法。

（一）重置核算法

重置核算法常用来计算非标准、自制设备的重置成本，是指通过测算机器设备的各项成本费用来确定设备买价的方法。根据设备的性质特点，有依据设备材料费或依据设备人工费确定重置成本的方法。

【例 4-1】 某企业一台自制设备，账面原值 11 万元，市场无可替代产品，经评估人员核查企业资料，得知该设备账面原值构成如下。

（1）生产成本10万元。其中：钢材消耗24吨，每吨1 250元；铸铁消耗25吨，每吨400元；外协件15吨，每吨2 000元；工时消耗5 000小时，每小时4元；管理费用每定额工时分摊2元。

（2）安装调试费1万元。其中：水泥消耗8吨，每吨250元；钢材消耗4吨，每吨1 250元；工时消耗500小时，每小时4元；管理费用每定额工时分摊2元。

经市场调查和测算，现行单价：钢材1 600元/吨，铸铁500元/吨，外协件2 400元/吨，水泥250元/吨，每定额工时成本5元，每定额工时分摊管理费2元，则其重置成本计算如下：

重置生产成本＝1 600×24＋500×25＋2 400×15＋5×5 000＋2×5 000＝121 900（元）

重置安装调试费＝250×8＋1 600×4＋5×500＋2×500＝11 900（元）

自制设备重置成本＝12.19＋1.19＝13.38（万元）

【思考】 采用重置核算法计算重置成本，如何选取价格标准和工作量标准？

（二）指数调整法

指数调整法是在资产原始成本基础上，通过现行物价指数确定其重置成本的一种方法。使用指数调整法应注意以下问题。

（1）选取的物价指数应与评估对象相配比，一般采用某一类产品的分类物价指数，不可采用综合物价指数。同时单台设备的价格变动与这类产品的分类物价指数之间也可能存在一定的差异。

（2）审查历史成本的真实性。

（3）设备历史成本中的运杂费、安装费等其他费用，其物价变化指数与设备价格变化指数往往是不同的，应分别计算。

【思考】 采用指数调整法计算出来的是哪种重置成本？对于进口设备应使用什么物价指数？定基物价指数和环比价格指数分别表示什么？

【例4-2】 某台设备于2011年购建，其账面原值24万元，当时该类设备定基物价指数为120%。2016年对该设备进行评估，当年定基物价指数为150%，则

$$该台设备重置成本=24\times\frac{150\%}{120\%}=30（万元）$$

（三）直接法

直接法是根据市场交易数据直接确定设备买价的方法。一般有两种渠道获得市场交易数据：一是通过市场询价、向生产厂家直接询价、向近期购买该厂同类产品的其他客户了解实际成本价；二是获取价格资料，包括生产厂家提供的产品目录或价格表、经销商提供的价格目录、报纸杂志上的广告、出版的机电产品价格目录、机电产品价格数据库等。采用直接法应注意数据的有效性和可靠性，参考资料应反映评估基准日的价格水平。

（四）功能成本法

功能成本法是依据参照物（指标准机器设备）价格，按生产能力或工作量来折算被评估机器设备的成本。对于某些特定的设备，如化工设备、石油设备等，同一系列不同

生产能力设备的重置成本变化与生产能力变化成某种比例关系——生产能力比例法，或呈指数关系——指数估价法，也称规模经济效益指数法。

【例 4-3】 某台重置全新设备价格为 60 万元，年产量为 4 万件。现知被评估资产年产量预计为 4.5 万件。则其

$$重置成本=60\times\frac{4.5}{4}=67.5（万元）$$

【例 4-4】 某厂以一台设备对外投资，其年生产量 20 万台，该设备已使用 5 年，预计投资 10 年后报废。同类该种设备市价为 300 万元，其设计生产能力每年为 25 万台，使用期限为 15 年。假设规模效益指数为 0.8。则

$$该设备重置成本=\left(\frac{20}{25}\right)^{0.8}\times300\approx250.95（万元）$$

【思考】 你还能说出哪些计算重置成本的方法吗？

二、机器设备的实体性贬值

实体性贬值是指机器设备因使用和存放过程中的损耗造成的贬值。设备在使用过程中，由于受到摩擦、冲击、振动或交变载荷的作用，零部件会产生磨损、疲劳等破坏，几何尺寸逐渐发生变化，精度降低，疲劳寿命缩短。设备在闲置过程中，由于受到有害气体、雨水、射线、高温、低温等自然条件的侵蚀，会出现腐蚀、老化、生锈、变质等现象。上述磨损称为有形磨损，前者称为第一种有形磨损，它与工作负荷、工作条件和维修保养状况有关；后者称为第二种有形磨损，它与闲置存放的时间、存放的环境和条件有关。

$$实体性贬值=设备重置成本\times实体性贬值率$$

1. 观察分析法

观察分析法是指评估人员根据对设备的现场技术检测和观察，结合设备的使用时间、实际技术状况、负荷程度、制造质量等经济技术参数，经综合分析估测机器设备的贬值率或成新率的方法。

在判断机器设备实体性贬值率时，评估人员必须与操作人员、维修人员、设备管理人员沟通，听取他们的介绍和评价，加深对设备的了解。为了避免个人主观判断的误差，可采用特尔斐法或模糊综合判断法。特尔斐法是采取匿名方式征求专家的意见，并将他们的意见综合、归纳、整理，然后反馈给各个专家，做下一轮分析判断的依据；通过几轮反馈，意见逐步趋于一致为止。模糊综合判断法是利用模糊数学原理，对各种模糊信息进行处理，量化损耗状态的方法。

2. 使用年限法

使用年限法假设机器设备在整个使用寿命期间，实体性损耗与时间呈线性递增关系。因此设备的实体性贬值率可以用使用寿命消耗量与总使用寿命之比来表示。一般情况下，汽油机、柴油机、机床、电子设备用工作小时或年限表示使用寿命；模具用使用次数表示使用寿命；汽车用行驶里程表示使用寿命。

$$实体性贬值率=\frac{设备已使用年限}{设备已使用年限+设备尚可使用年限}$$

机器设备的使用寿命，通常又可分为物理寿命、技术寿命和经济寿命。设备的物理寿命是指机器设备从开始使用到报废为止所经历的时间。物理寿命的长短主要取决于机器设备本身的质量、使用保养和正常维修情况。设备的技术寿命是指机器设备从开始使用到技术过时所经历的时间。技术寿命的长短在极大程度上取决于社会技术进步、更新的速度和周期。机器设备的经济寿命系指从开始使用到因经济上不合算而停止使用所经历的时间，经济寿命与机器设备本身的物理性能以及物理寿命、技术进步速度、设备使用的外部环境的变化等均有直接的联系。国际上资产评估常用的做法是首选机器设备的经济寿命作为其总使用年限。

机器设备的已使用年限与会计中的已提折旧年限不完全相同，它是指机器设备从开始使用到评估基准日所经历的时间。评估时应注意设备的实际已使用时间及实际使用强度与设备的正常使用时间及正常使用强度是否一致。机器设备的尚可使用年限由评估人员根据设备的实际状态和长年积累的专业经验，通过技术检测和专业技术鉴定来加以确定。对国家明文规定限期淘汰禁止超期使用的设备，其尚可使用年限不能超过规定的禁止使用日期。

【例 4-5】 某企业 2007 年购入一台设备，账面原值为 30 000 元。2012 年和 2015 年进行两次更新改造，当年投资分别为 3 000 元和 2 000 元，2017 年对该设备进行评估，假定：从 2007 年至 2017 年每年通货膨胀率为 10%，该设备的尚可使用年限经检验和鉴定为 6 年。则设备的现时成本和加权更新成本如表 4-1 和表 4-2 所示。试计算该设备的实体性贬值率。

表 4-1 被评估设备的现时成本

投资日期/年	原始投资额/元	价格变动系数	现行成本/元
2007	30 000	2.60	78 000
2012	3 000	1.61	4 830
2015	2 000	1.21	2 420
合计	35 000		85 250

表 4-2 被评估设备的加权更新成本

投资日期/年	现行成本/元	投资年限	加权更新成本/元
2007	78 000	10	780 000
2012	4 830	5	24 150
2015	2 420	2	4 840
合计	85 250		808 990

$$加权投资年限=808\,990\div 85\,250\approx 9.5（年）$$

$$实体性贬值率=9.5\div(9.5+6)\approx 61\%$$

3. 修复费用法

修复费用是指机器设备主要零部件的更换或者修复、改造等费用支出。修复费用法是利用恢复机器设备功能所支出的金额来直接估算设备实体性贬值的一种方法。适用于那些特定结构部件经常被磨损，但能够以经济上可行的办法修复的情形，如需定期更换易损件的纺织机械，需更换部分系统的机组、成套设备、生产线等的评估。

机器设备的实体性损耗分为可修复和不可修复两种。这两者的根本不同点在于，可修复的实体性损耗可以通过技术修理恢复其功能，且经济上是合理的，而不可修复的实体性贬值或者是通过技术修理并不能恢复其功能，或者是经济上不划算。因此评估人员要尽量把实体性贬值中的可修复部分和不可修复部分区别开来。对可修复的实体性损耗以修复费用直接作为实体性贬值，对不可修复的实体性损耗采用前述观察分析法或使用年限法确定实体性贬值，这两部分之和就是被评估设备的全部实体性贬值。

【例 4-6】 被评估设备为一储油罐，这个油罐已经建成并已使用了 10 年，预计将来还能再使用 20 年。评估人员了解到，该油罐目前正在维修，其原因是原储油罐因受到腐蚀，底部已出现裂纹，发生渗漏，必须更换才能使用。整个维修计划大约需要花费 350 000 元，包括油罐停止使用造成的经济损失，清理、布置安全工作环境，拆卸并更换被腐蚀底部的全部费用。评估人员已经估算出该油罐的复原重置成本为 2 000 000 元，试用修复费用法估测油罐的实体性贬值率。

可修复部分实体性贬值＝350 000（元）

不可修复部分实体性贬值率＝10÷（10＋20）×100%≈33.3%

不可修复部分复原重置成本＝2 000 000－350 000＝1 650 000（元）

不可修复部分实体性贬值＝1 650 000×33.3%＝549 450（元）

油罐全部实体性贬值率＝(350 000＋549 450)÷2 000 000≈45%

三、机器设备的功能性贬值

机器设备的功能性贬值主要是由于技术进步的结果而导致的贬值，主要有两种表现形式。

（1）由于技术进步引起劳动生产率的提高，制造与原功能相同设备的社会必要劳动时间减少，材料的节约、工艺的改进，从而带来成本降低，造成原有设备的价值贬值。具体表现为原有设备价值中有一个超额投资成本将不被社会所承认。

（2）由于技术进步出现了新的、性能更优的设备，致使原有设备的功能相比新式设备已经落后，从而引起价值贬值。具体表现为原有设备完成相同生产任务，消耗相对增加，形成了一部分超额运营成本。

机器设备的超额投资成本和超额运营成本便是评估人员判断其功能性贬值的基本依据。

1. 超额投资成本形成的功能性贬值的测算

设备超额投资成本＝设备复原重置成本－设备更新重置成本

在设备功能相同的情况下，由于技术进步，更新重置成本应该小于其复原重置成本。评估机器设备时直接使用设备的更新重置成本，其实就已经将被评估设备价值中所包含的超额投资成本剔除掉了，而不必再去通过寻找设备的复原重置成本与更新重置成本，并计算其差额的途径去获取设备的超额投资成本。因此，在机器设备评估时，其重置成本应尽量选取更新重置成本。评估人员采用本章前面介绍的机器设备重置成本估算方法时，对估算出的重置成本到底是复原重置成本还是更新重置成本必须要有清楚的认识，因为它涉及是否需要单独计算设备超额投资成本的问题。

评估实务中，被评估的设备可能已经停止生产，评估时只能参照其替代设备。而这些替代设备的特性和功能通常要比被评估设备更先进，其价格通常也会高于被评估设备的复原重置成本。这样一来，就可能出现设备更新重置成本大于设备复原重置成本的情形，上式得出的结果就会是负值。但在一般情况下，更新重置成本大于复原重置成本的部分将在运营成本节约上得到抵偿。当然，出现这种情况时，评估人员要予以充分重视。

2. 超额运营成本形成的功能性贬值的测算

理论上讲，超额运营成本形成的功能性贬值就是设备在未来使用过程中超额运营成本的现值，有以下几个步骤。

（1）选择参照物，并将被评估设备的年运营成本与参照物的年运营成本做比较，计算两者之间的差额（年超额运营成本额）。

（2）估测被评估设备的剩余寿命。

（3）按企业适用的所得税税率，计算被评估设备超额运营成本而抵减的所得税，得出被评估设备的年超额运营成本净额。

（4）选择适当的折现率，将被评估设备在剩余使用年限中的每年超额运营成本净额折现，累加计算被评估机器设备的功能性贬值。

【例 4-7】 某被评估对象是一生产控制装置，其正常运行需 6 名操作人员。目前同类新式控制装置所需的操作人员定额为 3 名。假定被评估控制装置与参照物在运营成本的其他项目支出方面大致相同，操作人员平均年工资福利费约为 6 000 元，被评估控制装置尚可使用 3 年，所得税税率为 25%，适用的折现率为 10%。根据上述数据资料，被评估控制装置的功能性贬值测算如下：

被评估控制装置的年超额运营成本 $=(6-3)\times 6\,000=18\,000$（元）

被评估控制装置的年超额运营成本净额 $=18\,000\times(1-25\%)=13\,500$（元）

功能性贬值 $=13\,500\times(P/A,\ 10\%,\ 3)$

$=13\,500\times 2.486\,9=33\,573.15$（元）

如果估算机器设备的重置成本是复原重置成本，一般应考虑功能性贬值。但是同时不要错误地认为如果采用了更新重置成本，就不必再计算其运营性功能性贬值。因为在许多情况下，新型设备不仅在购置时要比同功能旧设备投资成本低，而且在投入运营后，操作成本也会少，并且效率更高，技术性较强的设备更是如此。如电脑就是一个很好的例子。因此，采用更新重置成本后是否还要估算运营性功能贬值应进行比较分析，如存在则不能遗漏。

3. 估算功能性贬值时对比参照物的选择

在估算功能性贬值时要有对比参照物，它的选择旨在决定被评估机器设备的落后程度，亦即其功能性贬值的大小。但并不一定总要选择同等功能中最先进的机器设备作为对比参照物。因为功能性贬值是投资性超额成本和运营性超额成本的代数和，如果一个机器设备，在某种环境中，其投资成本高，运营成本也高，高到使用它很少甚至不能创造利润，反而亏本的程度很大，并且其技术水平高到这个环境中的技术人员和工人掌握不了的程度，那就说明在这个环境中，使用这种设备是不合适的，不能把它当成对比参照物。我国在 20 世纪 70～80 年代就曾出现这种情况，进口了一些自动化程度较高的机器设备，由于技术人员掌握不了，工人不习惯，其结果是其中精密的、昂贵的自动化部分长期被闲置，任其损坏丢失，用这样的设备作为估算功能性贬值的对比参照物显然是不合适的。

所以，选择对比参照物应该满足两个条件：一是评估涉及的行业或地区范围内已普遍采用的机器设备，二是在这些普遍使用的机器设备中先进的设备。也就是说，如果评估结果将在我国国内各种评估用途中使用，参照物应选择国内已普遍使用的先进设备；如果评估涉及不同的国家，如为了合资目的而评估，就应该选择有关国家中技术先进的一方中已经普遍使用的并且先进的机器设备作为参照物，这样才能比较出被评估设备在该环境中的落后程度，从而估算出被评估机器设备的功能性贬值。

【例 4-8】 **【例 4-7】**中若被评估生产装置，用物价指数法计算其复原重置成本为 90 000 元，由市场询价得到同类新装置的更新重置成本为 100 000 元。其他资料与**【例 4-7】**相同，估算被评估装置的功能性贬值。

如果采用更新重置成本评估设备价值，这时应扣除的功能性贬值就是超额运营成本，即 33 573.15 元。

如果采用复原重置成本评估设备价值，这时应扣除的功能性贬值就是超额投资成本与超额运营成本的代数和：

被评估生产装置的投资性功能贬值额＝90 000－100 000＝－10 000（元）

被评估生产装置的超额运营性功能贬值额为 33 573.15 元。两者代数和，即

$$-10\,000+33\,573.15=23\,573.15\text{（元）}$$

四、机器设备的经济性贬值

经济性贬值是因机器设备外部因素引起的设备价值贬值。这些外部因素包括设备所生产的产品滞销，原料价格上升，竞争加剧，利率或收益率的变化等。经济性贬值最终表现为设备的利用率下降，收益额减少。

1. 因生产能力降低而产生的经济性贬值

当个别或一组机器设备因外部因素影响出现开工不足，使设备的实际生产能力显著低于其额定或设计能力时，它的价值也就低于能充分利用时的价值。这种差别可以用经济性贬值率来表示。

$$\text{经济性贬值率}=1-\left(\frac{\text{设备预计可被利用的生产能力}}{\text{设备原设计的生产能力}}\right)^{x}$$

这里的经济性贬值率实际上就是资本投入的贬值率，经济性贬值额就是机器设备原来具有的额定生产能力或设计能力所需投资成本与实际使用生产能力所需投资成本之间的差额，即机器设备因生产能力闲置而产生的使用价值降低的经济惩罚。造成这种情况的原因很多，如整个行业的额定生产能力过剩、开工不足都会造成整个行业持有的低效率。又如，企业管理不善，产品落后，市场上激烈的竞争，使企业的生产能

力不能充分利用等。这个公式由成本规模指数法公式演变形成，其中指数 x 因设备种类不同而不同，它表明经济性贬值存在时设备的价值不是按线性关系下降而是按指数关系下降。

【例 4-9】 某家电生产厂家，其家电生产线年生产能力为 10 万台，由于市场竞争加剧，该厂家电产品销售量锐减，企业不得不将生产量减至年产 7 万台（销售价格及其他条件未变）。这种局面在今后很长一段时间难以改变，试估测该生产线的经济性贬值率。

$$\text{经济性贬值率}=1-\left(\frac{70\,000}{100\,000}\right)^x$$

当 $x=0.7$ 时，经济性贬值率为 19%。

经济性贬值额一般应以设备的重置成本扣除实体性贬值和功能性贬值后的余额为基数，乘以经济性贬值率获得。

【例 4-10】 某生产线额定生产能力为 1 000 个/月，已使用 3 年，目前状态良好，观察估计其实体性贬值率为 15%，在生产技术方面，此生产线为目前国内先进水平。但是由于市场竞争激烈，目前只能运行在 750 个/月的水平上。假设已知其更新重置成本为 1 000 000 元，这类设备的成本规模指数 $x=0.7$。估算此生产线运行于 750 个/月的经济性贬值和继续使用条件下的公平市场价值。

更新重置成本＝1 000 000（元）

实体性贬值＝1 000 000×15%＝150 000（元）

功能性贬值＝0

$$\text{经济性贬值率}=1-\left(\frac{750}{1\,000}\right)^x$$

当 $x=0.7$ 时：

经济性贬值率≈18.24%

经济性贬值＝（1 000 000－150 000）×18.24%＝155 040（元）

资产评估价值＝1 000 000－150 000－155 040＝694 960（元）

应该看到，采用这种估算方法得到的贬值额有可能包含不同种类的贬值。如果设备生产能力闲置的原因是外部因素引起的，那么估算出的就是经济性贬值；如果因为企业机器设备生产能力匹配不合理，造成某些设备生产能力不足，这样估算出的可能会是功能性贬值；甚至可用于估算机器设备因物理或化学磨损，造成原有生产能力降低，这时估算出的就可能是实体性贬值的一部分。因此，评估人员可以在不同场合，根据不同实际情况应用这种方法。此处讨论的是用这种方法估算为设备（更确切地说是企业）外部因素引起的生产能力闲置带来的设备价值贬值，故称经济性贬值率。

2. 因收益减少而产生的经济性贬值

由于企业外部的原因，虽然设备生产负荷并未降低，但出现原材料涨价带来的生产成本提高得不到补偿，或是竞争必须使产品降价出售等情况时，可能使设备创造的收益减少，使用价值降低，进而引起经济性贬值。

如果设备由于外界因素变化，造成的收益减少额能够直接测算出来的话，可直接按设备持续使用期间每年的收益损失额折现累加得到设备的经济性贬值额。

$$经济性贬值额=设备年收益损失额\times(1-所得税税率)\times(P/A,i,n)$$

【例 4-11】 某家电生产厂家面临市场疲软状况，它如果不降低彩电生产量，就必须降价销售家电产品。假定原产品销价为 2 000 元/台，要使 10 万台产品都能卖掉，产品需降价到 1 900 元/台，每台产品损失毛利 100 元。经测算该厂生产线尚可使用 3 年，假定行业投资报酬率为 8%，所得税税率为 25%。则

$$\begin{aligned}该生产线经济性贬值&=100\times100\,000\times(1-25\%)\times(P/A,8\%,3)\\&=7\,500\,000\times2.577=19\,327\,500(元)\end{aligned}$$

3. 受环境保护限制而产生的经济性贬值

随着环境保护法规越来越严格，有些机器设备在运行中会产生污染环境的有害气体、液体、固体等，于是会受到环境保护法的约束和管制，使机器设备的使用价值受到影响。因此在被评估设备产生环境保护法管制的污染时，必须考虑法规对被评设备价值的影响，否则评估结果不能全面反映被评资产的价值。

环境保护法规存在国别、地区和城乡差别，评估时首先要根据被评设备所在的具体环境判断它是否受环境法规的限制和惩罚。其次是从专业的角度确定造成污染的种类、程度或数量，以便估算处理污染物所需费用，不处理时所受惩罚，或根除污染所需成本等。最后把这些影响计入评估结果。环境保护法规管制和惩罚的方式主要有下列三种。

（1）限制产生污染的设备使用期限。例如规定只能使用到某年某月，这种强制性规定缩短了设备的尚可使用年限，从而造成了经济性贬值。

（2）产生污染的设备可以继续使用，但要交罚金。这种处罚增加了运营资本，从而造成了经济性贬值。

（3）必须立刻纠正和治理污染，否则不准使用。这种情况下必须花费一笔设备改造成本，于是该设备的续用市场价值变成必须付出改造成本条件下的续用市场价值。

在实际评估工作中，机器设备的经济性贬值和功能性贬值有时可以单独估测，有时不能单独估测。这主要取决于在设备的重置成本和成新率的测算中考虑了哪些因素。所以，在具体运用重置成本法评估机器设备时，应时刻注意这一点，避免重复扣减贬值因素以及漏评贬值因素。

对于那些今后肯定要继续使用，但近期内仍将闲置的设备，可按其闲置时间和资金成本估算其经济性贬值。

【例 4-12】 某企业有一套自制生产设备，原值为 100 万元，其中原料费 70 万元、安装费 22 万元、其他费用 8 万元，该设备截止到 2019 年 1 月 1 日已使用 6 年，预计尚可使用 9 年。该设备设计生产能力为年生产量 1 000 吨。从 2013 年到 2019 年的 6 年时间中，材料费上涨指数分别为 10%、11%、12%、15%、20%、25%；安装费和其他费用平均上涨指数分别为 9%、10%、12%、14%、18%、20%；预计 2019 年 1 月 1 日自制同样设备的生产能力将达到 1 200 吨，正常开工率为 80%，调整系数为 0.6。

该设备 2019 年 1 月 1 日的评估价格为

$$\begin{aligned}材料费=&70\times(1+10\%)\times(1+11\%)\times(1+12\%)\times(1+15\%)\times(1+20\%)\\&\times(1+25\%)\approx165.13(万元)\end{aligned}$$

$$安装及其他费用=30\times(1+9\%)\times(1+10\%)\times(1+12\%)\times(1+14\%)$$

$$\times(1+18\%)(1+20\%)\approx 65.03\text{（万元）}$$

$$\text{重置成本}=165.13+65.03=230.16\text{（万元）}$$

$$\text{实体性贬值率}=\frac{6}{6+9}=40\%$$

$$\text{功能性贬值率}=\frac{1\,200-1\,000}{1\,200}\approx 16.67\%$$

$$\text{经济性贬值率}=1-0.8^{0.6}\approx 2.53\%$$

$$\text{设备评估值}=230.16\times(1-40\%)\times(1-16.67\%)\times(1-6\%)\approx 100.67\text{（万元）}$$

第三节　机器设备评估的市场法

一、市场法的适用范围

市场法主要适用于有成熟的市场、交易比较活跃的单项机器设备市场价格的估测，如汽车、飞机、计算机等。

市场法的运用必须以市场为前提，它是借助于参照物的市场成交价或变现价运作的（该参照物与被评估设备相同或相似）。因此，一个发达活跃的设备交易市场是市场法得以广泛运用的前提。这个发达的设备交易市场包括一个正常的设备交易市场以及一个设备拍卖市场。

此外，市场法的运用还必须以可比为前提，运用该方法评估机器设备市场价值的合理性与公允性，在很大程度上取决于选取的参照物的可比性如何。可比性包括两方面内容：第一，被评估机器设备与参照物之间的规格、型号、用途、性能、新旧程度等方面应具有可比性；第二，参照物的交易情况（诸如交易目的、交易条件、交易数量、时间、结算方式等）与被评估设备将要发生的情况具有可比性。

以上所述的市场前提和可比前提，既是运用市场法评估机器设备的前提条件，同时也是对运用市场法评估机器设备的一种范围界定。

二、市场法的评估步骤

（一）考察鉴定被评估机器设备

考察被评机器设备，另对其性能结构、新旧程度等做必要的技术鉴定，以获得该设备的基本经济技术参数，为市场数据资料的收集及参照物的选择提供依据。

（二）选择参照物

根据评估的特定目的、被评设备的有关经济技术参数，按照可比性原则选取参照物。参照物的选择一般应在两个以上。从从优选择考虑，首先应考虑选择市场上已成交的交易案例中的机器设备作为参照物。若市场上没有与被评设备相同或类似的成交设备，也可考虑有标价或报价相同或相似的设备作为参照物（需剔除标价和报价中的不实部分）。

（三）对被评估设备和参照物之间的差异进行比较量化与调整

被评估设备和参照物之间的差异主要有几方面：销售时间的差异，结构、性能的差异，付款方式及供求状况的差异等。找出主要差异后，对其作用程度要加以确定且予以量化，并做出调整。

1. 销售时间差异的量化

在选择参照物时应尽可能选择评估基准日的成交案例以免去销售时间差异的量化。若参照物的交易时间在评估基准日之前，可采用指数调整法将销售时间差异量化并调整。

2. 结构、性能等差异的量化

机器设备型号间及结构上的差异都会集中反映到设备间的功能和性能差异上，具体表现为生产能力、生产效率、运营成本等方面的差异。我们可以运用功能价值法或超额运营成本测算法将被评估机器设备与参照物在结构、型号、性能等方面的差异量化。

3. 新旧程度差异的量化

被评估设备与参照物在新旧程度上不一定完全一致，参照物也未必是全新设备，这就要求评估人员对被评估设备与参照物的新旧程度做出基本判断，取得被评估设备和参照物成新率后，以参照物的价格乘以被评估设备与参照物成新率之差即可得到两个设备新旧程度的差异量。

$$差异量=参照物价格\times(被评估设备成新率-参照物成新率)$$

4. 销售数量、付款方式差异的量化

销售量的大小、采用何种付款方式均会对设备成交单价产生影响。这两个因素在被评估设备与参照物之间的差别，应先了解清楚，然后根据具体情况做出必要的调整。

一般来说，卖主充分考虑货币的时间价值，他会以较低的单价吸引购买者多买机器设备，尽管价格比零售价低，但他可提前收得货款，以便投入新的运转周期获取利润，当被评估机器设备是成批数量的资产时，以单个设备作为参照物是不恰当的，而当被评估设备是单个资产时，以成批设备做参照物也是不合适的，因为其中出现了因销售数量不同所造成的金额差异，必须对此差异进行计算，并通过加减调整再确定被评估设备的价值。

同样，对付款方式差异调整，被评估设备通常是以一次性付款方式为假定前提，若参照物采用分期付款方式，则可按当期银行利率将各期付款额折现累加即可得到一次性付款总额。

（四）汇总各因素差异量化值，求出评估值

对上述各差异因素量化进行汇总，给出评估结果。

【例 4-13】 某被评估资产是 6 年前购进的生产 A 产品的成套设备，评估人员通过对该设备考察及对市场上同类设备交易情况的了解，决定采用市场法进行评估。他们选

择了两个近期成交的、与被评估设备类似的设备作为参照物，参照物与被评估设备的一些具体经济技术参数可见表 4-3。

表 4-3 参照物与被评估资产的经济技术参数

序号	经济技术参数	计量单位	参照物 1	参照物 2	被评估设备
1	资产交易价格	元	1 000 000	2 500 000	
2	销售条件		公开市场	公开市场	公开市场
3	交易时间		12 个月前	2 个月前	
4	生产能力	台/年	40 000	60 000	50 000
5	生产人员定员数	人	125	150	140
6	已使用年限	年	7	5	5
7	尚可使用年限	年	12	15	15
8	新旧程度	%	60	75	75

1. 因素对比分析

（1）交易时间因素影响，价格每月上升 1%。

（2）功能因素影响，可通过功能成本系数回归分析法求得。若回归系数为 40，即年生产能力每提高 1 万台购建成本需增加 40 万元。

（3）自动化程度因素的影响，表现为人员定员的不同。根据资料，人员人均年薪为 8 000 元，投资回报率为 10%。参照物 1 人员劳动生产率定额为 320 台/（人·年），参照物 2 人员劳动生产率定额为 400 台/（人·年），被评估设备人员劳动生产率定额为 357 台/（人·年）。

2. 调整差额

1）年生产能力的差额

与参照物 1 相比：$(5-4)\times40\times75\%=30$（万元）

与参照物 2 相比：$(5-6)\times40\times75\%=-30$（万元）

2）自动化程度的差额

与参照物 1 相比节约人工：$\dfrac{50\,000}{320}-140=16$（人）

与参照物 2 相比增加人工：$\dfrac{50\,000}{400}-140=-15$（人）

与参照物 1 相比：$16\times0.8\times(1-25\%)=9.6$（万元）

在尚可使用的年限内节约的人工费：$9.6\times(P/A，10\%，16)=73.02$（万元）

与参照物 2 相比：$15\times0.8\times(1-25\%)=9$（万元）

在尚可使用的年限内节约的人工费：$9\times(P/A，10\%，15)=68.45$（万元）

3）价格变动因素的差额

与参照物 1 相比：$100\times1\%\times12=12$（万元）

与参照物 2 相比：$250\times1\%\times2=5$（万元）

4）确定评估值

与参照物 1 相比：$100+30+73.02+12=215.02$（万元）

与参照物 2 相比：250－30－68.45＋5＝156.55（万元）

由于参照物 2 交易时间离评估基准日较接近，且已使用年限、尚可使用年限、成新率与被评估设备相同，故决定以参照物 2 的结果的 80%和参照物 1 的结果的 20%作为评估依据。

评估值 156.55×80%＋215.02×20%＝168.24（万元）

第四节　机器设备评估的收益法

一、收益法的适用范围

运用收益法评估资产的价值，其前提是该资产应具备独立的生产能力和获利能力，就单项机器设备而言，大部分不具有独立获利能力。因此，单项设备评估通常不采用收益法评估。对于自成体系的成套设备、生产线以及可以单独作业的车辆等设备，特别是租赁的设备则可以采用收益法评估。

二、收益法的评估步骤

收益法是指把一个特定期间内的固定或固定变化的经济收益流量进行折现，以其收益折现值作为评估价值的方法。

由于机器设备通常都只能在有限年限内获得收益，所以，运用收益法评估其价值时，应合理估测其尚可使用的年限。该方法需要预测收益和收益年限，并确定合理的折现率。

对于租赁的设备，其租金就是收益，而且租金通常是不变的。为估测租金多少可以进行市场调查，分析比较可比的租赁设备的租金，经调整后得到被估设备的预期收益。调整的因素可包括时间、地点、规格和役龄等。同时，根据可比的机器设备，估计被评机器设备的尚可使用年限。为了求得折现率（或资产收益率），必须调查和分析类似租赁资产的价格，并用下式进行估算：

$$\text{折现率}=\frac{\text{预期收益（租金）}}{\text{价格}}$$

把市场调查得到的折现率调整到适用于被评设备的水平，然后代入下式得出评估值：

$$P=\frac{A}{i}\left[1-\frac{1}{(1+i)^n}\right]$$

式中，P 为机器设备评估值；A 为被评机器设备的预测收益；i 为折现率；n 为机器设备的收益年限。

【例 4-14】　试用收益法估测某租赁设备的公平市场价值，评估基准日为 2017 年 5 月，收益期限 10 年，无残值。

评估人员由租赁市场了解到被评设备的 3 个参照物的年租金信息，如表 4-4 所示。

表 4-4　3 个参照物的年租金

参照物	日期	租金/（元/年）	参照物	日期	租金/（元/年）
1	2017 年 1 月	80 000	3	2016 年 1 月	75 000
2	2017 年 1 月	80 000			

3个参照物和被评资产是相同的设备，前两个和被评设备是同期租赁的，第三个是前一年同期租赁的，由于物价上涨3%，第三个参照物租金应调整。

第三个参照物租金＝75 000×（1＋3%）＝77 250（元/年）

因此预期年收益为80 000元是合理的。

根据该机器设备的当前状况，估测其尚可使用年限为10年，10年后残值为零。

又查到两个类似于被评设备的参照物的销售和租金信息，如表4-5所示。

表4-5 两个参照物的销售和租金

参照物	日期	销售价格/元	年收益/元	本金化率
4	2017年1月	424 000	64 000	11.7%
5	2017年1月	584 000	96 000	12.5%

本金化率平均值＝(11.7%＋12.5%)÷2＝12.1%

该本金化率是根据出售的机器设备估计的，其包含的风险要高于租赁的机器设备的收益风险，因此要适当调低后作为被评机器设备的本金化率，在本例中取12%。

$$\text{机器设备评估值}P=\frac{80\ 000}{12\%}\left[1-\frac{1}{(1+12\%)^{10}}\right]\approx 1\ 403\ 896\text{（元）}$$

复习思考题

一、简答题

1. 机器设备评估的基本程序是什么？
2. 机器设备评估中应用重置成本法时，其思路和基本步骤是什么？
3. 运用重置核算法确定机器设备的重置成本的具体方法有哪些？
4. 估算机器设备的实体性贬值主要有哪些方法？如何掌握这些方法？
5. 如何理解和估算机器设备的功能性贬值与经济性贬值？
6. 如何计算机器设备的加权投资年限及其成新率？
7. 运用市场法进行机器设备评估时，被评估设备和参照物之间的差异主要有哪些？如何调整这些差异？

二、单项选择题

1. 机器设备可以分为通用设备、专用机器设备和非标准机器设备的分类标准是（　　）。

A. 机器设备在再生产中的地位　　B. 机器设备的来源

C. 机器设备的自动化程度　　D. 机器设备适用范围

2. 机器设备可以分为自动化设备、半自动化设备和手动设备，其分类标准为（　　）。

A. 机器设备在再生产中的作用　　B. 机器设备的技术性特点

C. 机器设备的自动化程度　　D. 机器设备的价值高低

3. 机器设备类资产一般不具备独立的获利能力，所以在进行机器设备评估时，评估方法的使用受到很大限制的是（　　）。

A. 市场法　　B. 收益法　　C. 成本法　　D. 以上答案均不对

4.评估人员在评估机器设备时，要根据评估目的的要求对被评估的机器设备进行必要的核查，以确定机器设备的（　　）。

A. 主观价值　　B. 客观价值　　C. 存在状态　　D. 客观存在

5. 适用于继续使用前提下的机器设备评估的方法是（　　）。

A. 市场法　　B. 收益法　　C. 成本法　　D. 清算价值法

6. 下列物品属于生产工艺类设备的是（　　）。

A. 动力部门的发电机

B. 厂内研究所的微机

C. 设备部门新订购的一台即将到货的车床

D. 某车间一台正在进行技术改造的铣床

7. 在机器设备评估中应优先选择的物价指数为（　　）。

A. 综合物价指数　　B. 零售物价指数

C. 行业协会物价指数　　D. 消费品物价指数

8. 下列的贬值属于功能性贬值的是（　　）。

A. 由于大量产品的积压，某车间由三班改成两班造成的设备开工不足

B. 由于设备生产厂家采用新技术，使某厂使用的车床相对物耗上升了 10%

C. 由于市场疲软，某车间的 20 台机床，只有 16 台使用，造成 4 台闲置

D. 由于原材料紧俏，某厂处于半停产状态，造成设备空闲

9. 下列属于机器设备原始成本的是（　　）。

A. 某厂购入一台设备共花费 200 万元，其中技术培训费、专家指导费 3 万元

B. 某化工厂购入一台设备花费 100 万元，还未安装使用

C. 某厂自制一台专用车床，共花费 35 万元

D. 某厂支出 80 万元订做了一台设备，尚未交货

10. 机器设备的经济寿命是指（　　）。

A. 机器设备从使用到报废为止的时间

B. 机器设备从开始使用到因经济上不合算而停止使用所经历的时间

C. 机器设备从使用到先进的同类设备出现而最终被淘汰的时间

D. 机器设备从评估基准日到因经济上不合算而被淘汰的时间

11. 确定合理的机器设备使用寿命的依据是（　　）。

A. 经济寿命　　B. 技术寿命

C. 自然寿命　　D. 经济寿命、自然寿命、技术寿命三者综合考虑

12. 对于某厂一台经过技术改造的机床确定其重置全价，正确的做法是（　　）。

A. 用原始成本乘上相应的物价指数

B. 原始成本与技术改造费用相加求和

C. 用物价指数调整后的原始成本加上技术改造费用

D. 分别用相应的物价指数调整原始成本和技术改造费用，然后求和

13. 计算重置全价时，不应计入的费用是（　　）。

A. 购置费　　B. 安装调试费　　C. 维修费用　　D. 技术改造费用

14. 下列计算公式中错误的是（　　）。

A. 重置成本＝过去某一时点原始成本×$\dfrac{\text{基准日定基物价指数}}{\text{过去某一时点定基物价指数}}$

B. 重置成本＝过去某一时点原始成本×购买日至基准日环比物价指数

C. 被评估设备的重置成本＝参照物重置成本×$\left(\dfrac{\text{被评估设备的能力}}{\text{参照物的能力}}\right)^x$

D. 贬值率＝已使用年限÷（已使用年限＋尚可使用年限）

15. 某设备的原始价值为 50 000 元，修理后才能正常使用，并且修理后所带来的收益足以弥补修理费用。若修理费用为 10 000 元，重置成本为 40 000 元，则成新率为（　　）。

A. 25%　　B. 33.3%

C. 65%　　D. 75%

三、多项选择题

1. 机器设备按其组合方式和程度划分，可分为（　　）。

A. 单台设备　　B. 机组

C. 成套设备　　D. 全自动化设备

E. 半自动化设备

2. 通过对机器设备的一般情况了解，从其自身特征以及评估需要，可以看出机器设备的特点有（　　）。

A. 机器设备作为主要劳动手段，属于会计学中所称固定资产，具有单位价值高、使用期限长的特点，要求评估者充分认识其功能的适用性和可能的风险性

B. 机器设备属于动产类资产，评估值高低与其所处地域不具有直接关系

C. 机器设备中有一部分属于不动产或介于动产与不动产之间的固置物，移动这些资产将可能导致机器设备的部分损失或完全失效

D. 机器设备属于有形资产，但同时要考虑附着于机器设备中的无形资产

E. 机器设备更新换代比较快，对于政策规定的高能耗、低效能、污染大的机器设备，尽管实体成新程度高，但仍应按低值甚至报废处理

3. 将机器设备按在生产经营中的地位的标准分类的话，可以分为（　　）。

A. 生产工艺类设备　　B. 通用机器设备

C. 办公用设备　　D. 库存设备

E. 在用设备

4. 机器设备的原始成本应包括（　　）。

A. 购置费用　　B. 大修费用

C. 日常维修费用　　D. 安装调试费用

E. 设备运输费

5. 机器设备的重置全价应包括（　　）。

A. 机器设备的购置费用　　B. 操作人员培训费用

C. 大修费用　　D. 日常维修费用

E. 技术改造费用

6. 下列方法可用于机器设备评估的有（　　）。

A. 重置成本法　B. 物价指数法
C. 现行市价法　D. 收益现值法
E. 规模经济效益指数法

7. 影响机器设备自然寿命的因素有（　　）。

A. 该类设备的技术更新速度　B. 该机器设备的经济寿命
C. 该机器设备的自身质量　D. 该机器设备的使用状况
E. 该机器设备的维修保养状况

8. 机器设备评估中，常用的重置全价的测定方法有（　　）。

A. 重置核算法　B. 点面推算法
C. 物价指数法　D. 成新率法
E. 规模经济效益指数法

9. 下列说法中正确的有（　　）。

A. 重置成本即为变现价格
B. 清算价格一般要低于其变现价格
C. 资产的重置成本一般要高于其变现价格
D. 在重置成本、变现价格、清算价格中，一般来说重置成本最高
E. 变现价格包括运杂费等费用

10. 影响机器设备重置净价的因素有（　　）。

A. 原始成本　B. 物价指数
C. 技术改造费用　D. 功能性贬值及经济性贬值
E. 机器设备的成新率

11. 下列属于经济性贬值的因素有（　　）。

A. 由于技术进步，某设备的市价降低了3万元
B. 由于原材料紧俏，某车间半数设备闲置
C. 由于市场疲软，某厂被迫由一日三班改成一日两班，造成设备开工不足
D. 由于新技术的采用，同类设备的使用寿命延长
E. 由于机器设备的超期服役，物耗变大

12. 进行机器设备评估时，其程序一般包括下列选项中的（　　）。

A. 接受委托
B. 收集整理有关资料和数据
C. 设计评估方案
D. 现场勘察并核定待评估设备数量，进行技术鉴定
E. 确定评估价格标准和方法，计算评估值，编制评估报表

13. 机器设备的贬值有三种类型，实体性贬值是其中的一种。确定设备实体性贬值通常使用的方法有（　　）。

A. 观察分析法　B. 修复费用法
C. 规模经济效益指数法　D. 物价指数法

E. 比率法

14. 运用市场法评估机器设备的基本步骤包括（　　）。

A. 考察鉴定被评估机器设备

B. 选择参照物

C. 对被评估设备和参照物之间的差异进行比较量化与调整

D. 汇总各因素差异量化值

E. 计算评估值

四、计算题

1. 某台机床需重估。企业提供的购建成本资料如下：该设备采购价 50 万元，运费 1 000 元，安装费 3 000 元，调试费 1 000 元，该机床已使用 2 年。经调查该机床市价已上升 10%，铁路运费已提高 40%，安装费上涨 20%，调试费上涨 20%。

要求：计算该机床的复原重置成本。

2. 某企业一台自制设备，账面原值 20 万元，市场无可替代产品。评估人员核查企业资料得知该设备账面原值构成如下：

（1）制造费用中钢材消耗 20 吨，每吨 1 250 元；铸铁消耗 15 吨，每吨 400 元，工时消耗 5 000 小时，每小时 10 元；管理费用 1 万元。

（2）安装调试费中水泥消耗 5 吨，每吨 300 元，钢材消耗 4 吨，每吨 1 250 元；工时消耗 500 小时，每小时 10 元；管理费用 1 000 元。

经市场调查和测算，现行单价：钢材 1 600 元，铸铁 500 元，水泥 350 元，每定额工时成本 12 元，每定额工时分摊管理费 2 元。

要求：计算该自制设备复原重置成本。

3. 某企业一台自制设备需评估。资料如下：

自制设备成本 100 万元（其中，钢材占 40%，铸铁占 20%，人工费占 30%，管理费占 10%），按现行技术条件更新自制设备，钢材和铸铁均可节约 20%，人工费节约 10%，但钢材价格上涨 20%，铸铁价格上涨 150%，人工成本上涨 25%，管理费按工时分摊的额度上涨 40%。

要求：计算该自制设备的重置成本。

4. 某台设备于 2014 年购建，其账面原值 120 万元，当时该类设备定基物价指数为 120%。2016 年对该设备进行评估，当年定基物价指数为 125%。

要求：运用指数调整法计算该设备的重置成本。

5. 某台重置全新设备价格为 60 万元，年产量为 4 万件。现知被评估资产年产量预计为 4.5 万件。

要求：运用生产能力比较法计算该设备的重置成本。

6. 某厂以一台设备对外投资，其年生产量 120 万台，该设备已使用 5 年，预计投资 10 年后报废。同类该种设备市价为 150 万元，其设计生产能力每年为 125 万台，使用期限为 15 年。假设规模效益指数为 0.8。

要求：运用规模经济效益指数法计算该设备的重置成本。

7. 某企业2007年购入一台设备，账面原值为50万元。2012年和2015年进行两次更新改造，当年投资分别为25 000元和20 000元，2017年对该设备进行评估。假定：从2007年至2017年每年通货膨胀率为8%，该设备的尚可使用年限经检验和鉴定为6年。

要求：计算设备的实体性贬值率和成新率。

8. 某生产线额定生产能力为50台/月，已使用3年，目前状态良好，观察估计其实体性贬值为15%，在生产技术方面，此生产线为目前国内先进水平。但是由于市场竞争激烈，目前只能运行在40台/月的水平上。假设已知其更新重置成本为200万元，这类设备的成本规模指数为0.8。

要求：计算该生产线的经济性贬值和继续使用条件下的公平市场价值。

9. 某生产控制装置，正常运行需10名员工。目前同类新式控制装置所需人员为8人。假定被评估控制装置与参照物在运行成本等支出方面大致相同。员工人均年收入为3万元，被评估控制装置尚可使用5年，所得税税率假定为25%，适用的折现率为8%。

要求：计算被评估控制装置的功能性贬值。

10. 某家电生产厂家面临市场疲软状况，如果不降低彩电生产量，就必须降价销售家电产品。假定原产品销价为2 000元/台，要使10万台产品都能卖掉，产品需降价到1 800元/台，每台产品损失毛利200元。经测算该厂生产线尚可使用5年，假定行业投资报酬率为8%，所得税税率为25%。

要求：计算被评估生产线的经济性贬值。

11. 某企业有一套自制生产设备，原值为150万元，其中原料费100万元，安装费30万元，其他费用20万元，该设备截止到2017年12月31日已使用5年，预计尚可使用10年。该设备设计能力为年生产量3 000吨。从2013年到2017年的5年时间中，材料费上涨指数分别为5%、6%、7%、8%、9%；安装费和其他费用平均上涨指数分别为9%、10%、11%、12%、14%；预计2018年1月1日自制同样设备的生产能力将达到3 200吨，正常开工率为80%，调整系数为0.6。

要求：计算该自制生产设备的评估值。

12. 某被评估资产是6年前购进的生产甲产品的成套设备，评估人员通过对该设备考察及市场上同类设备交易情况的了解，决定采用现行市价法进行评估。他们选择了两个近期成交的、与被评估设备类似的设备作为参照物，参照物与被评估设备的一些具体经济技术参数可见表4-6。

表4-6　经济技术参数表

序号	经济技术参数	计量单位	参照物A	参照物B	被评估设备
1	资产交易价格	万元	200	250	
2	销售条件		公开市场	公开市场	公开市场
3	交易时间		10个月前	2个月前	
4	生产能力	台/年	200	360	275
5	生产人员定员数	人	100	150	125
6	已使用年限	年	6	4	4
7	尚可使用年限	年	10	16	16
8	新旧程度	%	60	80	80

其他资料:

（1）交易时间因素影响，价格每月上升1%。

（2）功能因素影响，可通过功能成本系数回归分析法求得。若回归系数为20，即年生产能力每提高1万台购建成本需增加20万元。

（3）自动化程度因素的影响，表现为人员定员的不同，根据资料，人员人均年薪为8 000元，投资回报率为10%。参照物A人员劳动生产率定额为2台/（人•年），参照B人员劳动生产率定额为2.4台/（人•年），被评估设备人员劳动生产率定额为2.2台/（人•年）。

要求：采用现行市价法计算该生产设备的评估值。

房地产评估

本章主要介绍房地产评估及房地产评估的主要方法。

房地产是房屋建筑物与土地的总称，房地产的特性决定着房地产的价格特征、市场特征以及房地产评估的特殊规律性。房地产评估比较复杂，涉及的资产业务量较大，价值量也较大。

房地产评估原则是灵活、有效地选择和运用评估方法并得出适当评估结论的前提。在遵循房地产估价原则的前提下，要考虑影响房地产价格的因素。房地产价格的影响因素多且复杂，包括一般因素、区域因素和个别因素三个层次。对土地使用权价格评估主要采用市场法、收益法、成本法、剩余法和路线价法。而房屋建筑物评估的方法主要有成本法、残余估价法和市场法。

【重要概念】 房地产评估　最有效使用原则　基准地价　剩余法　路线价法　残余估价法

第一节　房地产评估概述

房地产是房屋建筑物与土地的总称，包括房产和地产。因此，房地产价格评估的对象往往是房产和地产结合体，当然房产、地产也可以作为独立的评估对象。

所谓房地产价格评估，是指评估人员根据评估目的，遵循评估原则，按照评估程序，采用科学方法，并结合评估经验与对影响房地产价格因素的分析，对房地产现实的合理价格所做出的推测与判断。

房地产自身的特性，使房地产价格评估成为资产评估中一个相对独立的评估专业。同时，房地产价格评估也是资产评估的重要组成部分，因为在各类资产评估中房地产评估比较复杂，价值量较大，其所涉及的资产业务量也较大。

一、房地产及其特性

房地产的特性是指房地产有别于其他经济物品的特殊性质，房地产的特性既源于土地的特性，又与建于其上的房屋建筑物有关。房地产的特性决定着房地产的价格特征、市场特征以及房地产价格评估的特殊规律性。

（一）土地的特性

土地的特性可分为自然特性和人文特性两个方面。土地的自然特性是指土地作为一种自然资源，其本身所具有的不以人的意志为转移的特殊性质。土地的人文特性是指土地作为一种社会资源，人类社会赖以存在的基础，其与人类发生联系所表现出来的性质，即土地的社会特性、经济特性。

1. 土地的自然特性

（1）数量的稳定性。土地不是劳动产品，而是一种自然资源，并且是非再生性自然资源。就其整体而言，既不会增加也不能再生。因而土地具有独占性与有限性。

（2）位置的不可移动性。土地作为不可移动的物质，常被称为不动产。特定的土地都有其特定的位置，不能搬迁和转移，这一特性使土地的利用状态严格地受到位置的限制。

（3）效用的持久性。同其他种类的资产相比，土地的使用价值或称效用具有持久性特点，只要一般地注意加以利用，土地会持续地发挥作用，其生产力或利用价值永远不会消失，故又称为不可灭性或恒久性，而其他资产经长久或一定年限的使用后，不管如何慎重管理，最终均会损耗。

2. 土地的人文特性

（1）土地用途的广泛性。土地是人类社会赖以生存的基础，人类社会的衣、食、住、行等基本社会活动都离不开土地，土地具有极其广泛的用途。一块土地可以有各种不同的用途，如可作为农业用地、林业用地、工业用地、住宅用地、商业用地、办公用地、道路用地等。而各种不同用途的土地又可选择不同的利用方式，如住宅用地，既可建多层住宅，也可建高层住宅，还可建别墅等。正是土地用途的广泛性，使人们对土地的利用具有选择性、计划性，从而产生如何高效率地利用土地的问题。

（2）土地数量的稀缺性。由于人口的增长、经济的发展包括工业的发展和城市化等，人们对土地的需求越来越大，而土地数量的稳定性、位置的不可移动性等自然特性又限制了土地的供给，使土地特别是城市土地变成了一种稀缺性资源，并且其稀缺性越来越明显。

（3）土地社会经济位置的可变性。土地的自然地理位置虽然固定，不能转换，但其社会经济位置却是可以变动的。人类活动会改变一块土地的社会经济位置，对于城市土地来说，城市土地区位会随着城市的发展及基础设施的建设，特别是交通、通信的发展而变化。因此，好的市政规划能促进房地产业的发展，从而创造更多更优的区位。

（4）土地的可垄断性。一块土地一旦为某单位所使用，其他单位或个人就不能再使用，也就是说，通过一定的社会关系和法律关系可以把土地作为社会和个人财富，或作为谋取财富的手段而加以垄断。为了协调人与土地的关系，消除由于垄断带来的副作用，有必要从社会角度对土地进行规划，合理配置土地资源。

（二）房屋建筑物的特点

房地产的特性还与建造于土地之上的房屋建筑物有关。与土地不同，土地上的房屋建筑物是劳动产品，是一种社会性资源，具有不同于土地的自身特点，表现为以下三方面。

1. 房屋建筑物不能脱离土地而独立存在

土地是可以独立存在的一种自然资源和社会资源，而房屋建筑物必须建立在土地之上，与土地具有不可分割的特点。离开土地的空中楼阁是不存在的。

2. 房屋建筑物的使用价值是有年限的

尽管房屋建筑物的使用寿命很长，但相对于土地来说，房屋建筑物的使用价值是有时间限制的，不可能永久地使用下去。随着不断地使用和自然力的作用，房屋建筑物的实体和功能都会不断地发生损耗，一定年限后房屋建筑物会失去其使用价值。

3. 房屋建筑物属于可再生性社会资源

房屋建筑物的使用寿命虽然是有限的，但是房屋建筑物可以通过重建恢复其使用价值、扩展其使用价值，或通过局部翻修改造等手段延长其使用寿命。

（三）房地产的特性

1. 房地产位置的固定性、区域性和个别性

土地的位置具有不可移动性，建筑物由于建于土地之上，故一般也是不可移动的，这就使房地产的位置具有固定性。房地产位置的固定性，派生出了房地产的区域性和个别性，即没有两宗房地产是完全相同的，即使两处的房屋建筑物一模一样，也会因其坐落的区域和位置不同，周围环境不同，而形成两宗实质上不同的房地产。因此，大量供应同一种房地产是不可能的，从而房地产价格也是千差万别的。在进行房地产交易时，一般要到实地察看，无法采用样品交易方式，房地产的交易是特定地的交易。

2. 房地产可供使用的长期性

土地效用具有持久性，是不可毁灭的，房屋建筑物的寿命期限一般可达数十年甚至上百年，因此，房地产一般具有较长的使用年限。值得注意的是，在我国，房地产自然方面的长期使用性要受到有限期的土地使用权的制约。根据现行的土地制度，公司、企业、其他组织和个人通过政府出让方式取得的土地使用权，是有限期的土地使用权，其土地使用权在使用年限内可转让、出租、抵押或用于其他经济活动，土地使用权期满，土地使用权及其地上房屋建筑物及其他附着物所有权由国家无偿取得。国家对于土地使用权出让最高年限有如下规定：居住用地 70 年；工业用地 50 年；教育、科技、文化、卫生、体育用地 50 年；商业、旅游、娱乐用地 40 年；综合或其他用地 50 年。了解这一点，对房地产价格的评估很重要。

3. 房地产投资数额的巨大性

房地产投资所需的资金数额往往很大。1 平方米土地的价格少则数千元，多则数万元，在土地上兴建房屋建筑物的工程造价也很高。房地产生产和经营管理要经过一系列过程：取得土地使用权、土地开发和再开发、建筑设计和施工、房地产销售等环节，且都要投入大量的资金。如大城市地价和房屋的建筑成本都相当高，无论开发者还是消费者，一般都难以依靠自身的资金进行房地产投资，因此，金融业的支持和介入，是发展房地产必不可少的条件。

4. 房地产的易受政策限制性

任何国家对房地产的使用、支配多少都有些限制。房地产受政府法令和政策的影响较重要的有两项：一是警察权的行使，政府基于公共利益，可运用警察权限制某些房地产的使用，如城市规划对土地用途、建筑容积率、建筑覆盖率、建筑高度和绿地率的规定。二是行政征用权，政府为满足社会公共利益的需要，可以对任何房地产实行强制征用或收买。房地产易受政策限制性还表现在，由于房地产不可搬动，也不可隐藏，所以无法逃避未来有关政策制度变化的影响。

5. 房地产的相互影响性

房地产的价格与其本身的用途有直接关系，但同时也受其相邻房地产用途的影响。例如，在住宅楼旁兴建工厂，可导致住宅楼的价值下降。

6. 房地产的保值性和增值性

一般物品在使用过程中由于老化、变旧、损耗、毁坏等原因，其价值会逐渐减少。与此相反，在正常的市场条件下，从长期来看，房地产的价值呈上升走势。虽然房屋会变旧，但土地资源的有限性和固定性，制约了人们对房地产不断膨胀的需求，特别是对良好地段物业的需求，导致价格上涨。同时，对房地产的改良和城市基础设施的不断完善，使土地原有的区位条件改善，也会导致房地产增值。

7. 房地产投资的风险性和难以变现性

房地产使用的长期性和保值增值性使房地产行业成为投资回报率较高的行业，同时房地产投资风险也比较大。房地产投资的风险主要来自三个方面：其一，房地产无法移动，建成后又不易改变用途，如果市场销售不对路，很易造成长期的空置、积压。其二，房地产的生产周期较长，从取得土地到房屋建成销售，通常要 3～5 年的时间，在此期间影响房地产发展的各种因素发生变化，都会对房地产的投资效果产生影响。其三，自然灾害、战争、社会动荡等，都会对房地产投资产生无法预见的影响。由于房地产位置固定性、用途不易改变等，房地产不像股票和外汇那样可以迅速变现，变现性较差。

二、房地产市场的特征

（一）房地产市场的地区性和不完善性

房地产位置的固定性和个别性，决定了房地产交易通常不具备一个统一的大市场，而地产不会像一般商品那样可以在地区间流动，因此房地产市场呈现出明显的地区性特征。并且即使在地方市场里，由于每宗房地产都有其个性，在交易中要充分了解有关信息往往也较困难；再加上房地产的出售或出租往往带有某种程度的垄断性，这就决定了房地产市场只能是一种信息不充分、竞争不充分的不完善市场。

（二）房地产市场交易的复杂性

大多数物品的市场交易可以在数天内，甚至更短的时间内完成，而房地产交易是一项复杂的交易。一方面，因为房地产市场交易的对象，不仅金额大、技术性强，而且会涉及许多法律问题和专业知识，这样无论是买方还是卖方都需要聘请各种专家进行咨询，需要有关方面提供各种专业服务等，这就使房地产交易成本格外高，而且特别费时。另一方面，房地产市场的交易活动不仅仅是一种经济行为，更是一种法律行为。房地产交易对象不能移动，往往需要运用法律手段，通过规定的法律程序来完成产权的转移。

（三）房地产供给市场对于需求市场变化的反应具有缓慢性

虽然土地开垦可以对土地总供应产生边际增长效应，但所有土地供应都有意向性和目的的确定性。此外，城市规划部门对于某块土地的用途一般有较严格的规定，加上土地开发和建筑过程不是一蹴而就的，即房地产的生产周期较长，所以对某种特定类型的房地产的供应增长一般要在很长一段时间内才能形成。为了在短期内增加某种特定类型的房地产的供应，可以把已有某种用途的房地产改为他用，但这种改变一般来说要在获得政府规划部门许可的前提下进行，并且也需一定的时间。由此可见，房地产供应市场对于需求市场的变化所产生的反应是较为缓慢的。

三、房地产评估的基本原则

房地产价格是由其效用、相对稀缺和有效需求三者相互作用、相互影响所形成的，而这些因素又经常处于变动之中。房地产估价需要在了解其价格组成的各因素及各因素之间相互作用的情况下，在分析判断的基础上才能进行。房地产评估原则是灵活、有效地选择和运用评估方法并得出适当评估结论。根据经济学原理，房地产估价原则可依其主要作用方面，构成由主要原则及其相关原则组成的体系。

（一）供给与需求原则及其相关原则

1. 供给与需求原则

经济学中一般商品价格的形成，取决于市场上该商品供给与需求的程度。如需求超过供给，价格随之提高；反之，供给超过需求，价格就随之下降，这就是供求均衡法则。其成立条件如下。

（1）供给者与需求者各为同质的商品而进行竞争。

（2）同质的商品随价格变动而自由调节其供给量。

土地也是一样，其价格也由需求与供给的相互关系决定。但土地有别于一般商品，因为土地具有位置固定性、面积不增性、区位个别性，以及另外一些自然与人文特性。总体而言，土地的自然供给量是没有弹性的，使得它不完全遵循上述供求均衡法则，而形成其特有的供求原则，即土地供给的稀缺性。稀缺性是影响房地产价格的一个因素。由于：①土地供给量有限，竞争主要在需求方面进行；②土地的需求和供给方都不容易了解何处有供给和需求信息；③替代性有限。由于成交对象的土地具有个别性，各个地块均有各自不同的作用性质。所以，土地不能仅根据供求均衡法则来决定价格。另外，我国城市土地归国家所有，使国家得以控制供给。同时供求关系的考虑应建立在动态基础上。

2. 竞争原则

一般商品的竞争是在供给与需求双方发生的，价格正是在供需关系的均衡点上的竞争结果，所以竞争原则是供给与需求原则的前提，二者有密切关系。竞争原则的含义是超额利润引起竞争。竞争使超额利润减少以致消失，即不能期待非正常收入能无限期获得。

土地具有位置固定性、面积不增性、区位个别性等特点，尤其在我国，土地的供给量由国家控制，所以在供给方面不容易引起竞争，竞争主要是在需求者之间进行。需求者之间的竞争，又是在该块土地价格明显低于其收益的情形下发生的，即利用土地能获取平均利润之上的超额利润时，该土地的需求将增加，竞争加剧，超额利润又会随土地需求提高、地价上涨而消除。这种竞争对替代性较小的土地来讲，使价格更有提高的倾向。竞争原则也是收益还原估价的理论基础。因为该方法中的纯收益是对将来一定时期土地市场的竞争关系和供求关系做出正确判断的基础上预测出来的。

3. 变化原则

变化原则要求房地产评估随影响房地产价格各种因果关系的变化而调整变化。因为现在的供求状况，常常是通过考虑将来发展状况而形成的，即以现在思考将来。

（二）最有效使用原则及其相关原则

1. 最有效使用原则

由于房地产具有用途的多样性，不同的利用方式为权利人带来的收益量是不同的，而且房地产权利人都期望从其所占有的房地产上获得更多的收益，并以能满足这一目的为确定房地产利用方式的依据。所以，房地产价格是以该房地产做最有效使用为前提的。既然评估房地产价格时要以其最有效使用为前提，进行评估时，就不能受现实的使用状况所限制，而应对何种情况下才能最有效使用做出正确的判断。

所谓最有效使用包含两方面的意义：一是在法律许可的范围内的最理想和持续的用途；二是最佳地利用集约度，即各种条件要素或其他因素配合得当。最有效使用原则的延伸，可以引出均衡原则和适合原则。均衡原则是以房地产内部构成要素的组合是否保持均衡来判定其最有效使用。适合原则是以对环境等外部情况是否保持均衡来判定最有效使用。均衡原则加上适合原则，即内部构成要素为最适当的组合，加上对外部环境也为最协调的状态时，则为真正的最有效使用状态。

最有效使用原则的相关原则还有贡献原则、收益递减递增原则、收益分配原则等。

2. 贡献原则

房地产总是处于一定的自然与社会环境之中，因而必须与周围环境相协调。如果房地产能适应周围环境，则该房地产的收益或效用能最大限度地发挥。所以分析房地产是否与所处环境协调，即可判定该房地产是否为最有效使用。从另一个角度说，额外的投资必定有适当的报酬，无此前提该项投资则不该发生。房地产的一部分改良对整宗房地产所产生的贡献程度，即其价格增长程度。

3. 收益递减递增原则

经济学中的边际效益递减原则是指增加各生产要素的单位投入量时，纯收益随之增加，但达到某一数值后，如继续增加投资，其纯收益不再会与追加的投资成比例增加。房地产价格形成受收益递增递减原理的限制，在一定的生产技术水平下，投入劳动力或资本在固定的土地上，其产量随投入量的增加而提高，当投入量超过某一点后，其边际产量将出现递减现象。实际上在任何给定的条件下，土地、劳动力、资金和管理水平之间都存在一定的最优组合，超过一定限度，每一要素的继续增加，其收益都不会相应成比例增加。这一原则说明成本的增加并不一定会使土地价格增加，同时也说明可以找到房地产的边际使用点，即最大收益点，或最有效使用点。

4. 收益分配原则

收益分配原则是指总收益由土地、资金、劳动力和经营四个生产要素共同创造，按其所起的作用，分配到各自不同的收益中。作为土地这项生产要素的报酬，要等收益满足其他生产要素索取的报酬后，才以地租形式体现。即在总收益中，扣除劳动力工资、资本利息、正常利润等，所剩余的即为土地地租。

（三）替代原则

根据经济替代的原理，同一市场上同质的物品应有相同的价格，若有两个以上互有替代性的商品或服务同时存在，商品或服务的价格是经过相互影响与比较之后才决定的。相近使用价值的土地，其价格也应相近，即土地价格受同类土地或其他可替代满足效用的土地财产的影响，彼此相互竞争，价格趋于一致。因此可用相关替代的方法评估土地价格。替代原则的要点有如下几个。

（1）土地价格水平由具有相同性质的替代性土地的价格所决定。

（2）土地价格水平是由最了解市场行情的买卖者，按市场的交易案例相互比较后所决定。

（3）土地价格可通过比较地块的条件及使用价值来确定。

根据上述原则，就可以通过对土地使用价值的比较来评估土地价格。如在同一市场供需圈内，可以通过调查近期发生交易的、与待评估地块有替代可能的地块的地价和条件，并与待估地块进行比较来确定待估地块价格。

在我国目前的土地估价工作中，基准地价评估是先评定土地的使用价值，进行土地定级，把各项条件基本一致的地块归为同一等级，在此基础上再测算出其级别平均价格；然后再根据土地使用年限和地块条件进行比较修正，得出具体地块价格，这实际上就是替代原则在估价实践中的具体应用。

与替代原则直接相关的原则不多，但一般认为替代原则是房地产估价的基础，实践运用得较为广泛。如在市场法中，以各项条件相近、价值相当的土地做替代比较；在成本法中，以各项成本相似，或产生相近效用的土地做替代比较；在收益法中，以各项投资或报酬量相当的土地做替代比较等。

（四）预期收益原则及其相关原则

1. 预期收益原则

房地产具有长期使用的特性，现在投资于房地产是期望未来获得收益。房地产投资者是在预测了该项房地产将来所能带来的收益或效用后进行投资的，这就要求评估人员必须了解其过去的收益状况，并对房地产市场现状、发展趋势、国家政治经济形势、政策规定等对房地产市场的影响进行细致的分析和预测，以准确预测该项房地产未来能给权利人带来的利润总和，即收益价格。预期收益越大，房地产价格越高。

预期收益原则，对房地产估价中的地区分析、交易实例价格的检查、纯收益及还原利率的确定非常重要。房地产估价实践中，剩余法及收益法中房地产收益的确定，都是预期收益原则的具体应用。

2. 评估时日原则

预期收益原则的相关原则是评估时日原则。房地产价格总是处于不断变化之中，在评估某一房地产价格时，必须假定市场情况停止在某一时日，这一时日即评估时日。评估时日又称评估基准日。一般选择现场查勘日期为评估时日，或因特殊需要将其他日期指定为评估时日。确定评估时日原则的意义在于，评估时日是责任交代的界限和评估房地产时值的界限。例如，政府有关房地产方面的法规、标准、税收政策等的发布、变更、实施日期等，均有可能影响被评估房地产的时值。

用市场法评估房地产，需要选用比较实例。这些比较分析的成交实例都是发生在评估时日以前的。由于时间差异，其时值也不相同。因此，评估人员需要把不同时间成交的实例的价格修正到某个标准时间价值，即房地产评估时日价值，这样才能进行价值比较。

（五）土地与建筑物分离估价原则

土地的价格形成与建筑物的价格形成不同。建筑物是劳动产品，建筑物的价格是其价值的体现，可以采用与其他商品价格相似的计算方法求得。但土地的价格却不同，土地的价格要通过一定的估价制度，通过评估来获得。因此，需要对土地与建筑物分别估价，然后再把两种价格综合起来。分离估价的主要原因有如下几方面。

（1）土地与建筑物的课税基础不同。

（2）土地与建筑物合并估价容易造成误差。

（3）土地和建筑物性质各异，土地具有永续性，而建筑物均有一定的使用年限。

四、房地产评估程序

（一）明确评估基本事项

在房地产评估时，必须了解评估对象的基本情况，这是拟订房地产评估方案、选择评估方法的前提。

1. 明确评估目的

不同的评估目的，其所评估的价格的内涵也不完全相同，如土地使用权出让评估、房地产转让评估、房地产租赁评估、房地产抵押评估、房地产保险评估、房地产课税评估、征地和房屋拆迁补偿评估等。在受理评估业务时，通常由委托方提出评估目的，并将评估目的明确地写在评估委托书上。

2. 了解评估对象

了解评估对象即对被估房地产的实体和权益状态进行了解。

对房地产的实体了解包括：土地面积、土地形状、临路状态、土地开发程度、地质、地形及水文状况；建筑物的类型、结构、面积、层数、朝向、平面布置、工程质量、新旧程度、装修和室内外的设施，等等。

对房地产的权益状态了解包括：土地权利性质、权属，土地使用权的年限；建筑物的权属；评估对象设定的其他权利状况，等等。

3. 确定评估时点

确定评估时点就是确定评估对象的基准日期，通常以年、月、日表示。由于房地产价格经常处于变化之中，而且房地产价格随其价格影响因素的变化而变动，所以，必须事先确定某一具体时点的价格。

4. 签订评估合同

在明确评估基本事项的基础上，双方可签订评估合同，用法律形式保护各自的权益。评估合同是委托方和受理方就评估过程中双方的权利和义务达成的协议，包括对评估对象、评估目的、评估时点、评估收费、双方责任、评估报告等事宜的约定。评估日期一般也要写入评估合同中，一旦确定，评估人员必须按期保质完成。评估合同的内容要明确规定对违反合同的处理办法。一旦合同签订后，任何一方未经对方同意不得随意更改合同内容，如有未尽事宜，需通过双方协商解决。

（二）制订工作计划

制订工作计划，就是对评估工作日程、人员组织等做出安排。在对被评估对象有基本了解之后，就可以对资料的收集、分析和价格的测算等工作程序与组织做出科学的安排。工作计划的合理制订，有助于提高工作效率和评估质量。

（三）实地勘察与收集资料

虽然受理评估业务时评估人员已通过对方提供的资料大体了解到评估对象的基本状况，但如果此时评估人员不亲临现场勘察，那将是一种很不科学、极不负责的评估方式。因为评估需要的资料和数据十分广泛，而委托方提供的资料有限，并不能完全满足评估工作的需要。房地产市场是地域性很强的市场，房地产交易都是个别交易，非经实地勘察难以对房地产进行评估。实地勘察就是评估人员亲临房地产所在地，对被估房地产实地调查，以充分了解房地产的特性和所处区域环境。实地勘察要做好记录。

评估资料的收集在评估过程中是一项耗时较长、艰苦细致的工作。除了委托方提供外，主要依靠现场勘测和必要的调查访问来获取。其内容涉及选用评估方法和撰写评估报告所需的资料数据，包括以下几方面。

（1）评估对象的基本情况。

（2）有关评估对象所在地段的环境和区域因素资料。

（3）与评估对象有关的房地产市场资料，如市场供需状况、建造成本、租售价格等。

（4）国家和地方涉及房地产评估的政策、法规和定额指标。

（四）测算被估房地产价格

在调查研究和资料分析的基础上，便可根据选定的评估方法进行价格测算。评估的基本方法有成本法、市场法和收益法。由这三种基本评估方法所派生的其他评估方法，如剩余法、路线价法、长期趋势法等，也是目前常用的评估方法。由于被估房地产的性质差异和资料取得的难易不同，并非每一种评估方法都适用于各类房地产。为求得一个公平合理的价格，一般以一种评估方法为主，同时以另一种或几种评估方法为辅，以求互相对照和检验修正。

无论采用何种方法，评估人员都应对收集到的数据、参数进行认真的分析检验，特别是对一些有变化幅度的参数，如市场法中的修正系数、收益法中的资本化率、成本法中的土地开发成本和房屋新旧程度等，虽然都有一些经验参数可供参考，但最终确定还要依靠评估人员的正确判断和选择。此时评估人员的经验对计算结果具有重要的影响。

（五）综合分析确定评估结果

同一宗房地产运用不同评估方法评估出来的价格往往不一致，需要进行综合分析。综合分析是对所选用的评估方法、资料及评估程序的各阶段，做客观的分析和检查。此时应特别注意以下几点：所选用的资料是否适当；评估原则的运用是否适当；对资料分析是否准确，特别是对影响权重的赋值是否恰当。对于采用不同评估方法得到的评估值，可以采用简单算术平均值，也可以采用加权平均值作为最后评估值。

（六）撰写房地产评估报告

评估报告是评估过程和评估成果的综合反映，通过评估报告，不仅可以得到房地产评估的最后结果，还能了解整个评估过程的技术思路、评估方法和评估依据。

第二节　房地产价格

一、房地产评估的理论基础

（一）地租理论

1. 地租的概念

地租的概念有狭义和广义两种说法。狭义地租是指为利用一切土地所需支付的超额利润；广义地租是指利用一切生产要素，如土地、工资、劳动力等取得的所有超额利润。

地租的概念可以从质和量两方面加以理解。地租说到底是土地所有者凭借土地所有权得到的收入，是土地所有权借以实现的经济形式。就其本质而言，地租是一种收益权，是土地所有者从土地上获得收益的权利。土地收益权与土地所有权有关，而与土地利用方式无关。地租从量上来说却与土地的利用方式直接相关，并直接影响土地用途的转换。

2. 地租的表现形态

古典经济学派曾对地租理论进行过深入研究，认为地租是地主享有土地所有权的不劳所获，并将区位因素引进对地租的分析过程中。古典学派将地租概念延展到都市土地中，将都市土地地租分为房屋地租和基地地租。房屋地租是投资于房屋的资本应当获得的正常利润；基地地租则是在总租金中扣除房屋地租，以及维护房屋所需一切费用后的净剩余。这种净剩余实质上是仅指土地所带来的租金，即真正的地租——狭义地租，从而直接构成了土地价格评估中剩余法的理论基础。

马克思主义认为，地租所反映的是一种社会关系，是土地所有者凭借其所有权对直接生产者所创造的超额利润的占有，是土地所有权在经济上得以实现的形式。土地所有权的存在和垄断是产生地租的根本原因。马克思主义基于对地租质与量两个方面的分析，将地租分为质的方面的绝对地租和量的方面的级差地租两种形式。绝对地租是土地所有者凭借土地所有权的垄断所取得的地租，即无论土地本身的状况如何，只要有土地所有权的存在，只要利用该土地，就必然有地租的存在。城市土地的绝对地租从量上讲，是经济单位为了取得一定的土地空间进行一定的经营活动而必须付出的最低代价，其最终根源应是工业部门总利润的扣除。级差地租是由于所利用土地本身的状况差异，以及利用者投资等方面的差异而造成的地租量上的差异。城市级差地租形成的条件是土地区位的优劣——土地的质量等级；城市级差地租产生的原因是土地的有限性引起的土地经营垄断；城市级差地租的来源是城市土地经营所获得的超额收益。产生级差地租的自然基础是地理位置的差异。城市土地空间位置的差异主要取决于城市土地所处位置的商业繁华程度、商业网点密度、城市基础设施状况、交通便利程度、人口密度以及自然环境状况等。归纳起来这些因素大体上从三个方面对城市土地的级差收益产生影响。

（1）外在环境效益的差别，包括自然环境和社会环境的差别。

（2）运距和运费的节约。

（3）销售量的规模效益。

3. 地租理论与地价

地租理论从质和量两个方面揭示了地租产生的根源。地价只不过是地租在土地交易中的价格反映，它不但反映狭义上的地租，更多地反映广义上的地租。

狭义地租，即纯粹地租，是超额利润的一部分，仅仅是由土地单一因素而产生。它并不是超额利润的全部，其是通过其他生产要素的组合而在直接生产过程中产生的。土地价格评估的方法，实质上是通过分析造成地租差异的各种因素，寻求地租量的多寡，并将其资本化。

（二）地价理论

地价理论是建立在地租理论基础上的，地价理论和地租理论相互补充、密不可分。两者的区别是：地租理论对房地产评估的过程起着定性化的指导作用，而地价理论则是使房地产评估工作更接近模型化与定量化的基础。

1. 西方主要地价理论流派

（1）土地利用学派。土地利用学派强调土地利用状况，以及不同土地利用形式之间的竞争，认为地价高低是由上述因素决定的，由此决定的地价更能促进土地的最优利用。

（2）土地经济学派。土地经济学派强调运输成本与地价的关系，认为地价是运输费用节省的反映。

（3）生态学派。生态学派以社会观点观察地价，强调人的活动对地价的影响，认为在人类社会中占优势的地区，其地价更高。而且此学派指出，一定的活动必须足以适合一定的经济利益，否则将让位于其他更高经济利益的活动。

（4）行为学派。行为学派强调人类的主观意识对土地利用结构等的有意重组和调节对地价的影响，主要指政府对土地利用的管制计划，其次是对地价的空间分配和重新组合。此学派认为这是较市场等因素对地价更为有影响力的方面。

（5）现代西方地价理论。现代西方地价理论主要采用边际分析、供求分析等数量分析的方法，其理论基础是效用价值论、生产费用论和供求关系论。此学派认为地价和地租一样，其存在的基础是土地的效用，即土地具有能满足人类的需要，进行各种生产和消费活动的能力。因此从需求角度讲，地租越来越被认为是地价的基础。在此基础上，地价的决定最终还取决于土地市场的供求状况。其具体理论可以分为如下三种。

① 土地收益理论。此理论认为决定地价高低的根本原因在于该土地能提供收益的多少，地价是土地纯收益的资本化，即

$$V=\frac{R-C}{r}$$

式中，V 为地价；R 为预期总收益，指在正常管理水平、正常市场状况、最佳土地利用形态时的收益；C 为预期总成本，包括各种税收、营运成本、建筑物折旧等；r 为资本还原率。

② 影子价格理论。此理论认为地价是土地资源得到合理配置的“预测价格”。这一理论从土地有限性出发，在一定的资源约束条件下，求出每增加一个单位土地资源可得到的最大经济效益。这种方法主要是分析土地的机会成本，选择最大效益的机会成本来确定土地价格。它一方面反映土地的劳动消耗，另一方面反映土地的稀缺程度。

③ 土地供求理论。此理论认为土地供给与需求是决定地价高低的主要因素。地价与土地的供给量成反比，与需求量成正比。当然，这种理论实现的前提是必须有正常的竞争条件。

2. 马克思主义的地价理论

马克思主义认为，价格和价值是商品经济的概念范畴，交换价值是价值的表现形态，土地价格的实质是地租的资本化。马克思主义认为土地虽然不是劳动产品，没有价值，但却有使用价值。土地能为人类永续提供产品和服务。在土地所有权垄断的条件下，地租的占有是土地所有权借以实现的经济形式。正因为有地租，才会产生土地价格。但这里的土地价格不是土地的购买价格，而是土地所提供的地租的购买价格，即土地价格的实质不过是按一定利率还原的地租。用公式可以表示为

$$地价=\frac{地租}{利息率}$$

这里的地租是广义的地租，即包括真正的地租（为使用土地本身而支付的货币额）、土地资本折旧和利息等部分在内的租金。因此，只有理解了马克思主义的价值理论和生产价格理论，才能理解地租的本质、来源和存在条件；只有理解了生息资本和利息，才能理解地价。可以说，马克思的地租、地价理论是以科学的劳动价值论、剩余价值论和生产价格论为基础的。

二、房地产价格体系

由于各种房地产业务的性质不同，所涉及的权利不同，加之房地产的用途不同，所以形成了较为复杂的价格体系。

（一）土地价格体系

根据我国的法律规定，土地所有权是不能买卖的。因此我国的土地资产交易市场实际上是土地使用权让渡市场，土地资产的价格实际上是土地使用权价格。所以土地资产价格体系就是土地使用权的价格体系，它是由若干种类地价所构成的，主要有以下几种地价。

1. 基准地价

基准地价是城镇国有土地使用权的基本标准价格，它是一定时期、一定区域内不同用途土地使用权的级别平均价格。它包括以下含义：一是一定时期（如 1 年内）的平均地价，二是一定区域内的级别平均地价，三是按不同用途分别测定的平均地价。

2. 标定地价

在城市基准地价评定以后，还需进一步评定宗地标定地价。宗地标定地价是以基准地价为依据，根据土地使用年限、地块大小、形状、容积率、微观区位、市场供求等条件评估确定的具体地块在某一时期的价格。根据城市房地产管理法规的规定，标定地价应定期确定公布，以适应不同时期市场行情变化的需要。

3. 出让底价

出让底价是政府出让土地使用权（尤其是拍卖）时所确定的最低价格，亦称起叫价格，若低于这个价格则不出让。出让底价是政府根据土地出让年限、用途、地产市场行情等确定的待出让宗地或成片土地的时点价格。

4. 转让价格

转让价格是指土地使用者在使用期内将已取得的土地使用权再转让出去的价格，土地经改良、开发，使用权价格增加，这是有别于土地出让价格的量的标志。转让价格具体包括以下三种。

（1）买卖价格，是以买卖方式让渡土地使用权所形成的土地使用权价格。

（2）租赁价格，是以租赁方式让渡土地使用权所形成的土地使用权价格，以租金的形式来表现。

（3）征用价格，是为政府利用地产对被征用地产的产权主体进行补偿而评定的价格。

5. 其他价格

（1）抵押价格，是为融资而将土地使用权抵押所形成的价格。抵押价格由于要考虑抵押贷款清偿的安全性，故比一般市价要低。

（2）课税价格，是指按现行税法规定，构成地产课税基础的价格。

我国的地产市场可分为一级市场和二级市场，一级市场是由国家垄断的出让市场，是地产市场的基础，地价体系中的基准地价、标定地价和出让底价属于一级市场的价格范畴，其价格主要由政府决定。二级市场是具有竞争性的市场，是一个开放的土地使用权转让市场，地价体系中的转让价格和抵押价格等属于二级市场的价格范畴，其价格主要由市场决定和形成。房地产评估机构所进行的土地使用权评估基本上是为二级市场中地产交易服务的，评估的价格实质是地产的公平市场价值。

（二）房产价格体系

在房地产业务中，房价不仅是房屋建筑物价格，而且还隐含地价。所以，通常所说的房价即房地产价格。但是，房地产的两个部分——房产与地产的价格运动却具有不同的规律，土地随社会经济的发展而增值，而房产却因使用而贬值。因此，有必要界定单纯的房产，即房屋建筑物的价格，尽管它在很多情况下必须同地价一并考虑。房价的种类有以下几种。

1. 生产用房产价格

生产用房产价格是指工业、交通运输业、建筑业等生产部门所拥有的房屋建筑物的价格。在企业资产评估中，它是单项生产要素，不具有整体生产和盈利能力，通常只能按成本法估价。

2. 居住用房产价格

居住用房产价格大体上有如下形式：福利价格，它只是参考房产的现行成本，定价完全由国家政策决定，大大低于成本水平；成本价格，是房产开发实际耗费价格，不同于生产用房产的成本价格含义；标准价格，即房产开发价格，相当于生产用房产的成本价格概念；商品价格，它包括地价在内的全部价格要素。居住用房产价格中含有地价，但在房价的多种形式中考虑的范围各有区别。

3. 营业用房产价格

营业用房产价格有两种价格：一是成本价格，二是收益现值价格。在成本价格方面它与生产用房产的成本价格在本质上是一致的；作为收益现值价格，它由营业用房地产带来的收益所决定，这其中包含地价。

4. 行政事业用房产价格

行政事业用房产价格所涉及的是单纯的房产使用价值，并且用于公用、公益目的，通常只能按重置成本或原始成本计价，但是，如果这类房产转作他用，就应按其他相应用途的价格来评估。

三、房地产价格及其特征

房地产包括土地和房屋建筑物，但房地产价格的特征主要是由地价的特殊性所决定的，故首先需了解土地的价格特性。

（一）土地价格的特殊性

1. 价格构成的特殊性

土地价格与一般商品价格的构成不同。一般商品价格是商品价值的货币表现，商品价值由生产该商品所耗费的社会必要劳动时间决定。土地不是人类劳动的产物，没有价值，但有使用价值，因此不是一般的商品，而是一种特殊的商品。所以土地价格不是什么土地商品价值的货币表现，而只是土地所有权或使用权转让时获得这种所有权或使用权的人所支付的代价，其实质是地租的资本化价格。即土地价格就是指能带来同地租等量利益的货币额。此外，现实经济生活中，土地价格还包括另外一部分，即人们在开发利用土地过程中投入的物化劳动和活劳动所创造的价值，这部分的价值及价格与一般商品的价值和价格构成是一样的。

2. 价格决定机制的特殊性

一般商品的价格要受市场供求关系的影响，围绕价值上下波动，而且一般商品有较完善的市场，形成的价格较客观。土地价格的决定则不同，土地价格主要是由地租或其收益所决定的，即由土地的使用价值决定。影响土地使用价值的因素很多。从城市土地价格的形成看，一是取决于地理位置即区位是否优越；二是取决于周围社会、经济环境状况，交通状况，以及其他城市基础设施完善状况；三是取决于土地的使用方向即用途。此外，由于土地缺乏完善的市场，地价的形成受主观因素的影响较大，并且一系列偶然因素对土地价格的形成也有重大影响。

3. 市场供求关系的特殊性

土地市场的供求关系与一般商品的供求关系不同，土地的供给弹性较小，所以土地价格主要受需求方面的影响。从全社会的角度看，土地数量是固定的，人们不能增加土地的供给，也就是说土地供给几乎是没有弹性的，其供给曲线是一条垂直线，因此说土地供给不会因土地价格的变化而增减，相反，土地的需求因为人口的增加、城市的扩展和经济的增长而处于不断扩张之中。所以，在市场供求关系中，土地价格基本上由人们对土地的需求状况所决定，这是一种特殊的市场供求关系。但是，对于某种特定用途的土地来说，情况又有所不同，因为土地往往可以有多种用途选择，分配于各个不同的产业部门，对于某一个产业部门来说，土地的供给是有弹性的，也就是说就局部而言，土地的价格要受到供求方面的影响，但这并不否定从总体上讲土地供求关系的特殊性。

4. 价格呈不断增值趋势性

一般商品，只要生产该商品的社会必要劳动时间不变，则价值不变，在币值不变的条件下，该商品的价格也不变。但是，在技术不断进步、劳动生产率不断提高的条件下，单位商品的价值及其价格会不断下降，同时，一般商品因自然损耗和使用损耗，随着时间的推移会丧失使用价值，其价格最终变成零。但是土地价格，特别是城市土地价格则不同，它会呈现出不断提高的趋势，一是在技术进步的条件下，只要合理使用土地，其生产力会不断提高，土地收益也会随之增加，从而使地租也不断增加；二是随着城市经济的发展，其周围的社会经济环境质量会不断提高、不断改善，交通及其他基础设施也会更加完备，土地收益也会不断提高，从而使地租随之提高；三是在城市建设中，对土地不断投入大量的开发资金，也会提高土地价值；四是随着社会经济的发展、人口的不断增长，对城市土地的需求不断扩张，土地市场供求关系的特殊性，会推动土地价格不断上扬。

（二）房地产价格的特征

由于房地产价格是以土地价格为基础，而土地价格有其特殊性，所以房地产价格也不同于一般商品的价格。房地产价格除了具有土地价格的特殊性质之外，还具有以下特征。

1. 房地产价格构成具有特别复杂性

房地产价格与一般产品价格相比，其价格构成具有特别复杂性，它包含地价和房价两部分，两者的形成机制不同。地价是土地使用权价格，包括土地作为自然资源的价格和对土地开发所投入的资金。房价是所有权价格，房屋建筑物是劳动产品，因此房价的形成机制与一般商品价格相似。此外，影响房地产价格形成的因素特别复杂，从而影响到房地产的价格构成。

2. 房地产价格具有明显的区域性、个别性

房地产不能流动，属不动产，人们无法把甲地生产的房地产运往乙地销售，通过竞争来形成一个全国性的市场价格，因此房地产价格基本上是由房地产所在区域的需求决定，其他区域的需求一般不会对其产生影响，从而使房地产价格具有明显的区域性。此外，由于房地产具有个别性，不具有完善的市场，其现实价格一般随着交易的需要而起伏，再加上交易主体之间的个别因素，从而使房地产价格带有明显的个别性，一般很少有两宗价格完全相同的房地产交易。

3. 房地产价格具有较强的政策性

土地和房地产的特性，以及房地产在国民经济和人民生活中的特殊作用，决定了政府必须对土地合理开发和利用，对房地产的生产和交易给予比较多的直接或间接干预，由此而产生了政府关于房地产的一系列政策和法规以及对土地利用的规划。这些政策、法规、规划必然会对房地产的价格产生重要的影响，有时甚至是决定性的影响。

四、土地及房地产价格的构成

（一）土地价格的构成

土地价格由资本化地租和因开发改造土地而投入于土地的资金构成。我国宪法规定，我国城市土地属国家所有，农村和城市郊区土地属农村集体所有。城市建设需要使用集体土地时，实行有偿征用，最好征用国有土地。城市土地使用权可以依法转让。因

此，城镇土地价格是指土地使用权价格，其构成因素有以下几方面。

1. 土地征用费

土地征用费是国家建设单位为了用土地并取得土地所有权，而向被征地的农村集体经济组织所支付的各种费用的总和，也称征用补偿费。目前，在我国城市建设征用土地过程中，土地征用费是按《中华人民共和国土地管理法》和各省市相应的实施细则计算的。

（1）土地补偿费。在我国，农村土地为集体所有，土地收益也为农业集体经济组织所有。土地收益是农村集体经济组织拥有土地所有权在经济上的表现。国家因城市建设的需要而征用农村集体经济组织所有的土地时，首先必须对原来的土地收益给予补偿，因此土地补偿费取决于土地收益和投资收益率两个因素。

（2）土地投资补偿费。农村集体经济组织在转让土地所有权的同时，也失去了土地的经营使用权，原来农村集体经济组织对土地的投资就损失掉了，城市建设征用农村土地时，必须对农村集体经济组织的土地投资损失给予合理补偿。土地投资可以是有形的，如房屋建筑物、构筑物、青苗、树木等；也可以是无形的，如土壤的人工肥力和其他土壤改良措施。

（3）安置补偿费。土地不仅是农村集体经济组织的生活条件之一，而且也是农民必要的就业手段，随着农村土地的被征用，农村中必然会游离出一批剩余劳动力。妥善安置这批农村剩余劳动力也是城市建设征用农村土地时必须考虑的。

2. 拆迁安置费

拆迁安置费是城市建设需要拆除被拆迁人所有房屋及土地上附属物，而向被拆迁人支付的安置、补偿费用的总和。拆迁补偿的方式一般可以采取作价补偿和产权调换的方式，也可以两者结合的方式。

3. 土地开发费

（1）“三通一平”费或“七通一平”费。“三通一平”费是指临时施工道路、施工用电、施工用水的安装和修建以及平整场地的费用，“七通一平”比“三通一平”要求更高，其费用还包括施工排水、通煤气、通热力、通邮电的费用。

（2）市政基础设施工程费。市政基础设施工程费主要指工程投资中用于平整土地、修筑道路、桥涵、地下管道、园林绿化等基础设施兴建部分的费用，是土地开发费用的一部分，应在土地转让中得到补偿，计入地价中。而用于通水、通电、通气、电讯等投资形成的基础设施，由于它们本身具有经营性，应通过自身的营运收回投资，不应计入地价中。

（3）利息和税金。利息是指土地开发投资的利息，税金是土地开发企业上缴国家财政的各种税收。

（4）利润。利润是土地开发企业对土地进行开发利用而应获得的报酬，在土地使用权转让中，利润应计入地价。

4. 获取土地使用权而支付的费用

国家是土地的所有者，国家把土地使用权让渡于土地开发企业时，要收取一定的费用，这笔费用是土地开发企业的成本，应计入土地开发后有偿转让的价格中。

（二）房地产价格的构成

房地产价格是房地产作为商品的销售价，因此房地产商品价格应该与一般商品价格一样，由生产成本、税金、利润及销售费用等因素构成，只是各因素的具体内容不同。具体来说房地产价格构成如下。

1. 房地产生产成本

房地产生产成本也就是房地产开发成本，其包含的内容很多，主要有下列几项因素。

（1）土地价格。土地价格是指生地经过开发平整以后能直接用于建造房屋的熟地的价格。如果该建筑地块是向农村集体经济组织征地所获得的，那么土地价格应包括土地征用费、土地开发费等；如果该建筑地块是通过城市土地批租获得的，那么土地价格就包括获取土地使用权支付的费用、拆迁安置费及土地开发费等。

（2）勘察设计费。如规划费、建筑设计费、地质勘察费及施工执照费等。

（3）房屋建筑安装工程费。房屋建筑安装工程费是指在建筑地块上建成房屋而在建设过程中支付的各种建筑安装工程费用，是按建筑安装工程预算定额计算的工程造价。

（4）街坊配套费。街坊配套费是指建筑基本街坊范围内按有关住宅建设市政公用设施配套标准支付的供水、供电、供气、通信、排污、排水、道路、绿化等工程费用。

（5）其他附加费。其他附加费包括人防费、小区级非营业性公共设施配套费等。非营业性公共配套设施包括居委会、派出所、托儿所、小学、卫生站等。它们理应由当地政府投资进行配套建设，但目前国家财政困难，当地政府无能力投资建设，所以把这笔费用计入住宅建设的成本，摊进房价中。

（6）管理费。管理费是指房屋建设过程中所支付的各项管理费用，其中包括房地产开发公司职工的工资等。收费标准一般由市、县人民政府确定。

（7）贷款利息。计入成本的贷款利息，按向银行贷款应支付的利息计算。

（8）土地使用税。按照使用国家城镇土地所必须缴纳的税金计算。

2. 流通费用

流通费用是房地产从生产领域转移到消费领域的过程中，所消耗的物化劳动和活劳动的货币表现，流通费用是经营销售房地产所必须发生的费用，应计入房价中。房地产流通费用，按其经济性质不同可以分为两种：一种是生产性流通费用，是房地产使用价值在由生产领域转向流通领域的过程中所引起的，如空房看管费、包修期内的维修费等；另一种是纯粹流通费用，是在房地产买卖活动中所引起的，如广告费、展销费、代售代销费等。

3. 税金

房地产开发企业在开发经营房地产过程中必须按照规定缴纳增值税、城市维护建设税和教育费附加等。其中，城建税和教育费附加也是房地产价格的组成部分。

4. 利润

在社会主义市场经济条件下，房地产开发企业与其他商品生产经营企业一样，其经营目标也是追求利润。商品生产经营企业的利润是商品价格的组成部分，同样，房地产开发企业的利润也应是房地产价格的构成部分。

五、影响房地产价格的因素

影响房地价格的因素很多，可以说是错综复杂，这些因素相互影响作用于房地产价格。有的因素有利于提高房地产价格，有的因素则起相反的作用，同时，不同的因素对房地产价格的影响程度也不尽相同，有的影响力较大，有的影响力则较小，甚至没有影响。即使同一因素，也会由于房地产类型的不同而产生不同的影响。此外，随着时间的变化、地区的不同，或者房地产类型的不同，影响房地产价格的因素也会发生变化。正是因为这样，在进行房地产价格评估时，应明确把握各种影响因素，充分调查和分析过去的变化、现在的状态及将来的趋势，并研究分析各因素之间的相互关系，才能正确地评估出房地产的价格。

（一）一般因素

一般因素是指影响房地产价格的普通、共同的因素。它通常会对整个房地产市场产生全面影响，从而成为影响房地产价格的基本因素。

1. 社会因素

社会因素包括人口数量、人口素质、家庭规模、政治安定状况、社会治安状况、城市化状况及公共设施的建设状态等。人口数量与房地产价格的需求成正比，在供给相对匮乏的情况下，房价水平趋高。人口素质包括人民的受教育水平、文明程度等，也有可能引起房地产价格的变化，如地区中居民素质低、组成复杂、社会秩序欠佳，该地区房地产价格必然低落。家庭规模是指社会或某一地区家庭平均人口数。家庭人口数有所变化，即使人口总数不变，也将影响居住单位数的变动，从而影响需用住宅使用面积数的变动，导致房地产需求的变化，最终影响到房地产价格。政治安定状况是指现有政权的稳固程度、不同政治观点的党派和团体的冲突情况、民族的团结情况等。一般来说，政局稳定，民族团结，人民安居乐业，房地产价格就会呈上升趋势。社会治安状况对房价的影响主要指不同区域的治安状况对该地域房价的影响。城市化意味着人口向城市地区集中，造成城市房地产需求不断增大，带动城市房地产价格上涨。另外，公共设施的建设又从成本方面推动房地产价格，从而致使房地产价格上扬。

2. 经济因素

经济因素包括经济发展状况、储蓄及投资水平、财政收支及金融状况、物价、工资及就业水平、利率等。经济发展状况对房地产价格影响巨大，经济发展速度快，各行业对房地产的需求也就相应增大，房地产价格看涨；在经济发展速度放慢甚至萧条时，房地产价格就会出现徘徊甚至回落的状况，因此从房地产价格的变化也可以反映经济发展的状况。储蓄及投资水平对房地产价格的影响较为复杂，房地产是消费资料和生产资料的结合体，一般来说，随着储蓄及投资水平的提高，人们对房地产的需求就会增长。财政收支及金融状况对房地产价格的影响表现为财政、金融状况恶化会导致银根紧缩，从而造成一方面对房地产的需求减退，另一方面因开发资金不足，使房地产的供给量也急剧下降。物价波动对房地产价格的影响较为明显，通常来说，当通货膨胀严重时，人们为减少货币贬值带来的损失，往往转向房地产投资，以求保值、增值，从而刺激房地产价格猛涨。在工资及就业水平较高时期，由于人们的购买力较强，就可能推动房地产价格；反之，失业率上升，问津房地产的人就会减少。利率水平对房地产价格的影响也较复杂，但一般讲，利率提高，一方面增加房地产的开发成本，另一方面会减少人们对房地产的投资需求；反之，则相反。

3. 政策因素

政策因素是指影响房地产价格的制度、政策、法规、行政措施等方面的因素，主要有土地制度、住房制度、城市规划、土地利用规划、房地产价格政策、房地产税收政策等。土地制度对土地价格的影响也许是最大的。例如，在我国传统的土地无偿使用制度下，地租、地价根本不存在；在市场经济条件下，制定科学合理的土地制度和政策，不仅使国家作为土地所有者的利益得到了体现，而且通过市场形成合理的土地使用价格，大大促进了土地的有效使用。住房制度与土地制度一样，对房地产价格的影响也是很大的，实行福利型的住房制度，必然造成住宅房地产价格的低水平，无法促进供给量的增加，很难形成真正的房地产市场。城市规划、土地利用规划等，对房地产价格都有很大的影响，特别是城市规划中规定用途、容积率、覆盖率、建筑高度等指标。就规定用途来说，城市规划把土地规划为住宅区、商业区、工业区等，这就相当于大体上规定了某地区的土地价格。房地产价格政策对房地产价格的影响是通过具体的政策措施来实施的，如果政府试图抑制过高的房价，就会采用一系列有助于降低房价的措施，如降低税收、降低贷款利率、规定收费标准等。房地产税收政策对房地产价格的影响是比较明确的，税收的变化必然直接影响房地产的价格。

影响房地产价格的一般因素除了上面所讲的三个方面外，还有一些自然的因素，如日照、气候、温度、湿度、降雨量等。一般因素影响到所有房地产，在所有房地产的价格上体现出来，因而对具体的被评估对象而言，一般因素并不是评估所重点考虑的因素。

（二）区域因素

区域因素是指房地产所在地区的自然、社会、经济、政策等因素相结合所产生的地区特性，对房地产价格水平的影响因素。它是对相同区域的房地产价格共同作用的因素，对房地产价格的影响程度较大，在评估中需特别予以重视。当然，不同性质的区域，如住宅区、商业区、工业区等，其影响房地产价格的区域因素是不同的。

1. 住宅区

（1）日照、风向等气候条件。

（2）当地居民的职业、教育水平、社会阶层等居住环境的状况。

（3）街道的宽度、构造等状况。

（4）离市中心的距离及交通设施状况。

（5）商业街及商业网点的配置状况。

（6）上下水道、煤气等供给处理设施状况。

（7）学校、公园、医院等的配置状况。

（8）变电所、污水处理场等危险设施或污染源的状况。

（9）噪声、空气污染的程度。
（10）各宗土地的面积、配置及利用状况。
（11）景观环境状况。
（12）土地利用的管理制度，如容积率、覆盖率、建筑密度、建筑高度等规定。

2. 商业区

（1）腹地大小及其商业群落状况。
（2）客户的来源及其购买力状况。
（3）客户的交通使用手段及交通状况。
（4）营业类别及竞争状况。
（5）该地区经营者的创造力与资信状况。
（6）繁荣的程度及盛衰状况。
（7）土地利用的管理制度。

3. 工业区

（1）道路、港口、铁路等运输设施的便利程度及建设状况。
（2）动力供应和供水排水状况。
（3）劳动力市场的供求状况。
（4）与关联产业的位置关系。
（5）与生产紧密相关的气候、地质、文化条件等。
（6）政府行政上的指导与管制制度，如政府对工业区内排污的限制。

（三）个别因素

个别因素是指房地产的个别特性对房地产个别价格的影响因素。它是决定相同区域房地产出现差异价格的依据，包括土地个别因素和房屋建筑物个别因素两个方面。

1. 土地个别因素

不同用途的土地的个别因素并不完全一致，其中影响力较大的主要有以下因素。

（1）位置、面积、地势、地质。位置的差异可带来收益上的不同、生活环境的不同。要获得位置好的地段土地，必然支付较高的代价。土地面积大小对土地利用有一定制约作用。土地面积对地价的影响主要是通过它与土地利用性质是否匹配发挥作用。如果土地面积过小，其可利用的范围就会缩小，从而影响售价。地势即该地块与相邻地块的高低关系，一般来说，地势高的房地产的价格要高于地势低的房地产价格。地质条件与地价是正比的关系，即地质条件优越，地价较高；地质条件低劣，地价则低。

（2）形状、宽度、深度。土地的形状可能是矩形、三角形或不规则形，对建筑物的特性与规模产生不同影响，一般来说，地块的形状使用效用大，其价格也较高。临街宽度与深度对商业地块的影响很大，在宽度一定的条件下，深度过深，超过需要，超过部分土地效用难以发挥。在深度一定的条件下，一般来说，宽度增大，土地价格也增加。如宽度与深度适当，则可使地块充分发挥其全面积的效用。

（3）临街状况。地块临街状况对地价影响很大，街角地处于两条街道交叉或拐角处，具有两面正面的长度，对于营业性房产最能发挥作用，从而使土地价格提高，但是街角地必须有一定的范围。

(4)交通状况。距离车站较近、交通方便的地块，对客户具有较大的吸引力。道路状况，如是否是干线道路、道路的铺设情况如何、路幅的宽窄等对宗地价格影响也很大。

2. 房屋建筑个别因素

从房屋建筑物个别性看，影响房地产价格的因素主要有如下几方面。

（1）面积、构造、材料。房屋建筑物的高度、面积不同，建筑物建造成本就有差异，其构造及使用材料的品质不同也影响到建造成本。

（2）设计、设备。建筑物的设计是否合理，设备质量高低对建筑物的价格有重大的影响。一般来说，房屋的布局、造型及使用功能质量高，房价就高，设备的性能状况好，房价也高。

（3）施工质量。施工质量是指房屋在抗震、防渗漏、隔音、抗变形、抗磨损等方面的质量。在其他条件相同的前提下，房屋的施工质量将直接影响房地产的价格。

（4）楼层、朝向。楼层的高低影响房屋的使用功能和使用的方便性、舒适性，进而影响房价。房屋的朝向影响房间的通风、采光及眺望环境等。楼层、朝向一般共同影响房屋使用的舒适性，如处于楼房低层的尽管朝南，但由于前面有高楼而影响到采风和通风，会降低舒适性。

（5）环境质量。环境质量是指由房屋之外的因素所决定的，并与房屋地理位置相联系的居住质量和生活条件，其主要因素有景观环境、交通环境、人文环境、社区环境。

（6）各种政府法规对房屋建筑物的管制。例如对住宅区绿地面积的规定、对房屋建筑物之间间距的规定以及消防对建筑的要求等。

第三节　土地使用权评估

一、土地使用权评估的市场法

（一）市场法的原理

1. 市场法

市场法是指在求取被估地产的价格时，将被估地产与近期内市场上已经发生交易的类似地产加以比较对照，对已发生交易的类似地产的已知价格，进行调整修正得出被估地产最可能实现的合理价格的一种估价方法。这里所谓类似地产，是指在用途、所处地区等方面与被估地产相同或相似的地产。类似地产在市场法中通常被称为交易实例地产，简称交易实例，或称为参照物地产。这里讲的最可能实现的合理价格是指在一定评估目的下，被评估地产最可能实现的合理价格。

与其他估价方法相比，市场法更直接依赖于现实的市价资料和地产的品质资料，更符合当事人的经济行为，因而在房地产市场比较发达、交易活跃、存在大量的地产交易实例的国家和地区，市场法被认为是说服力强、可靠性好、适用范围广的基本估价方法。随着我国房地产市场日趋活跃，地产交易正日渐增多，采用市场法对地产进行估价的条件也正日趋成熟。

2. 市场法的理论依据

市场法是运用商品交易的替代原理来评估地产价格，在房地产市场上，某宗地产交易价格，必然受到与它具有同等效用的替代地产价格的影响，在相互竞争的条件下，会使价格水平趋于一致，所以运用已发生交易的地产价格来推测、估算具有相同效用或相近效用的被估地产价格是可行的。尽管现实中由于个人爱好、知识和交易情况的不同，个别的交易时常偏离市场的常态，但只要有足够的交易数量则通常可以形成市场行情作为市场价格的最佳指标。

3. 市场法的一般公式

市场法通过对被估地产与交易实例之间的差异因素调整，来估算地产的价格。

地产评估价格＝交易实例地产单价×（1±交易实例地产差异因素调整率）
×（1＋期间地价上涨率）×被估地产面积

在评估中，需逐一列出被估地产与交易实例之间的差异，分别算出差异因素调整率，再测得实例成交日与评估基准日之间的房地产价格上涨率，才可求得被估地产的价格。实际评估操作中一般将差异因素进行归类，主要有交易情况差异、区域因素差异、个别因素差异和交易时间差异四类，因此在评估中只要测得四种差异因素调整率或修正系数就可求出评估值。

地产评估价格＝交易实例地产单价×交易情况修正系数×区域因素修正系数
×个别因素修正系数×交易时间修正系数×被估地产面积

（二）市场法的操作程序

1. 踏勘被估地产

运用市场法的第一步是对被估地产的状况进行实地踏勘，了解地产所处的地理位置、环境、交通、配套设施等状况，为下一步有目的地收集类似的可供比较的交易实例提供基础。

2. 收集较充分的地产交易实例资料

运用市场法，应尽可能多地收集地产交易实例资料。当然对于评估人员来说必须留意积累交易实例，而不是等到需要用时才去收集。收集的资料包括交易价格、交易日期、交易双方情况、土地状况、环境状况等，可制成统一的表格，将收集内容按表填写，这样可以保证收集资料的全面和充分。值得注意的是，对于收集到的每一交易实例，其每一项内容都要进行验证，做到准确无误，剔除虚假的内容。

3. 选取供比较参照的交易实例

评估人员收集和积累的交易实例较多，但针对要估价的某一宗地产来说，其中有些交易实例并不适用，因此在对某一宗地产进行估价时，还需选取其中符合一定条件的交易实例作为比较参照物。

可供比较参照的交易实例应符合下述条件。

（1）与被估地产的用途相同。这种用途主要指大类用途，如果能做到小类用途相同则更好。大类用途分为工业用地、商业用地、住宅用地等。

（2）与被估地产所处的地区应相同，或在同一供求范围内的类似地区。

（3）与被估地产的价格类型相同，或者说评估目的应基本相同。不同评估目的下的价格类型有：①买卖价格；②租赁价格；③抵押价格；④征用价格；⑤课税价格；⑥投保价格；⑦典当价格；⑧入股价格。

（4）与被估地产的估价期日应接近。一般来说，交易实例发生的期日与被估地产的估价基准期越接近越好，因为价格受市场变化影响越小，说明价格越可靠。当然如果房地产市场相对稳定，则交易实例的交易发生期日到估价基准期时间可以长一些，但一般应尽可能地采用与估价基准期接近的交易实例。

（5）交易实例必须为正常交易或可修正为正常交易。所谓正常交易是指交易应是公开、平等、自愿的，其所形成的交易价格可以看成市价。

（6）与被估地产的筹资条件相似。筹资条件（包括贷款利率、期限、偿还方式等）对地产成交价格影响甚大。卖方可能会对买主提供分期付款、承担部分利息等融资的优惠条件，不同的融资条件对应于不同的成交价格。

4. 被估地产与交易实例之间差异因素的修正

1）交易情况修正

交易情况修正是排除掉交易行为中的一些特殊因素（非正常因素）所造成的交易价格偏差。由于地产的固定性和个别性特征，其交易价格往往容易受当时的一些特殊行为的影响，如亲朋好友之间的交易及有利害关系人之间的交易、特殊需要及特殊动机的交易、因缺少市场信息而盲目进行的交易等。这些交易往往造成交易价格偏高或偏低。所以，必须将个别的特殊情况排除，把交易实例的成交价格修正为正常价格。具体修正时，由评估人员根据具体情况凭经验判断特殊因素的影响。

2）交易时间修正

交易实例的交易时间与被估地产的估价基准日两者之间有时间差异。在此期间，房地产价格若发生了较大变化，则必须进行适当的修正，以符合估价时的实际市场情况。交易时间的修正方法，一般是用地产价格指数将交易实例当时的交易价格修正为估价基准日的价格。

$$\text{交易时间修正系数}=\frac{\text{估价基准日的价格指数}}{\text{交易实例发生日的价格指数}}$$

所适用的地产价格指数，一般应是与被估地产相类似地产的价格指数。由于这种价格指数往往缺乏，在实际评估中可采用另一种可行的方法进行交易时间修正，即调查过去不同时间的数宗类似地产的成交价格，计算出这类地产价格的月平均上涨幅度，由此再对供比较参照的交易实例进行时间修正。

3）区域因素修正

交易实例与被估地产不是处于同一区域，则应做区域因素修正，即对交易实例地产所处的区位、环境等状况与被估地产进行比较，找出由于区域因素优劣所造成的交易实例价格的高低，从而进行修正，使其成为被估地产所处地区的区域因素下的价格。区域因素修正的内容因地产用途的不同而有所区别，因此，不同用途的地产具体比较的内容也不尽相同。在实际比较中，应将比较的内容列表，使其一目了然，便于比较。修正的方法是根据交易实例地产与被估地产之间比较的指标，采用专家评分法或经验确定各比较指标在整个区域因素中的权重，然后依次根据比较指标对交易实例和被估价地产进行打分，根据总分可测得。

$$交易实例地产的区域因素修正系数=\frac{被估地产总得分}{交易实例地产总得分}$$

4）个别因素修正

个别因素修正是指交易实例地产的面积、容积率、土地使用年限等影响地产价格的个别因素不同于被估地产，找出这些个别因素的差异造成的交易实例地产价格高低状况，从而进行修正，使其成为处于被估地产状态下的价格。

修正的方法是，比较交易实例与被估地产之间的差别，确定个别因素修正的内容，然后对每一项造成的交易实例价格差异的个别因素进行分析，求出修正值，最后可得个别因素修正后的被估房地产价格。

$$被估房地产价格=交易实例价格\times K_1\cdot K_2\cdot\cdots\cdot K_t$$

式中，K_t 为第 t 个个别因素修正系数；t 为个别因素个数。

$$K=[1-(1+R)^{-M}]\div[1-(1+R)^{-N}]$$

式中，K 为年限修正系数；N 为交易实例地产的使用权剩余年限；M 为被估地产使用权剩余年限；R 为折现率。

容积率修正，在正常情况下应首先收集城市关于容积率标准的规定，测定容积率与地价的相关系数，然后用交易实例容积率的相关系数与被估地产容积率的相关系数进行对比，求得容积率修正系数。

5）决定最可能实现的价格

由上可见，以市场法求取被估地产的价格时，通常需进行交易情况修正、交易时间修正、区域因素修正、个别因素修正。通过这几个方面的修正就把交易实例地产的价格转化成了被估地产的价格。由于选取用来比较参照的交易实例有多个（一般应在 3 个以上），通过上述修正后每个交易实例都得出一个价格，而且都不一样，最后需要综合求出一个估价额，作为被估地产的估价额。

常用的综合方法有以下三种。

（1）简单算术平均。

（2）加权算术平均。赋予每个价格不同的权重，然后综合出一个价格，通常对与被估资产类似程度高的交易实例，赋予的权重较大，反之赋予的权重小。

（3）以某一个交易实例经修正后的价格为主，其他经修正后的交易实例价格仅供参考，一般选择与被估地产可比较性最好的交易实例为主。

【例 5-1】 待评地块为一商业用途的空地，面积为 600 平方米，要求评估其 2017 年 5 月的公平市场价格。评估人员通过收集有关数据资料（过程略），选出 3 个交易实例作为比较参照，交易实例有关情况如表 5-1 所示。

表 5-1　交易实例有关情况

项目		A	B	C	待估对象
坐落		略	略	略	略
所处地区		繁华区	非繁华区	非繁华区	繁华区
地用性质		商业	商业	商业	商业
土地类型		空地	空地	空地	空地
价格	价格/万元	25.2	49	43.5	
	单价/（元/平方米）	1 500	1 400	1 450	
交易日期		2016 年 10 月	2016 年 12 月	2017 年 1 月	2017 年 5 月
面积/平方米		168	350	300	600
形状		长方形	长方形	长方形	长方形
地势		平坦	平坦	平坦	平坦
地质		普通	普通	普通	普通
基础设施		完备	完备	完备	完备
交通通信状况		较好	较好	较好	很好
剩余使用年限/年		35	30	35	30

1）进行交易情况修正

从评估人员的调查中未发现交易实例的交易有什么特殊情况，均作为正常交易看待，故无须修正。

2）进行交易时间修正

根据调查，2016 年 10 月以来，土地价格平均每月上涨 1%。

$$\text{交易实例 A 交易时间修正系数}=\frac{107}{100}=1.07$$

$$\text{交易实例 B 交易时间修正系数}=\frac{105}{100}=1.05$$

$$\text{交易实例 C 交易时间修正系数}=\frac{104}{100}=1.04$$

3）进行区域因素修正

交易实例 A 与待估对象处于同一地区，无须做区域因素修正。B、C 的区域因素修正情况可参照表 5-2 有关数据判断。

表 5-2　区域因素修正情况

影响因素	B	分值	C	分值
自然条件	相同	10	相同	10
社会环境	相同	10	相同	10
街道条件	稍差	8	相同	10
繁华程度	稍差	7	稍差	7
交通便捷度	稍差	8	稍差	8
规划限制	相同	10	相同	10
交通管制	相同	10	相同	10
离公交车站点距离	稍远	7	相同	10
交通流量	稍少	8	稍少	8
周围环境	较差	8	相同	10

注：比较标准以待估地块的各区域因素为标准，即待估地块的区域因素分值为 100。

$$交易实例B区域因素修正系数=\frac{100}{86}\approx1.163$$

$$交易实例C区域因素修正系数=\frac{100}{93}\approx1.075$$

4）进行个别因素修正

（1）关于面积因素修正，由于待估对象的面积大于3个交易实例地块面积，对商业用地而言，面积大便于充分利用，故判定待估地块面积因素对价格的影响较各交易实例高3%。

（2）土地使用权年限因素修正，除交易实例B与待评地块的剩余年限相同外，交易实例A与C均需做使用年限因素修正（假定折现率8%）。

交易实例A及C使用年限修正系数＝$[1-(1+8\%)^{-30}]\div[1-(1+8\%)^{-35}]\approx0.965\ 9$

交易实例A个别修正系数＝1.03×0.965 9≈0.995

交易实例B个别修正系数＝1.03

交易实例C个别修正系数＝1.03×0.965 9≈0.995

5）待估土地初步价格

A：1 500×1×1.07×1×0.995≈1 597（元/平方米）

B：1 400×1×1.05×1.163×1.03≈1 761（元/平方米）

C：1 450×1×1.04×1.075×0.995≈1 613（元/平方米）

6）评估结论

单位评估值＝(1 597＋1 761＋1 613)÷3＝1 657（元/平方米）

总评估值＝1 657×600＝994 200（元）

二、土地使用权评估的收益法

土地价格评估的收益现值法，亦称收益还原法，是指在求取被评土地价格时，通过预测土地未来所能产生的预期收益，以一定的还原利率（资本化率）将预期收益折算为现值之和，作为被估土地价格的方法。

收益法是评估土地价格的主要方法之一，被广泛地应用于收益性房地产的估价。这种方法涉及三大基本要素：收益额、还原利率和收益年限。

（一）收益额及其测算

地产的收益可分为实际收益和客观收益。实际收益是指在现状下土地实际取得的收益，一般来说它不能用于评估。因为个人的经营能力等个别因素对实际收益影响很大，实际收益并不能完全客观地反映地产本身的获利能力。例如，城市中一块空地，目前未做任何使用，其实际收益为零，如以该地块的实际收益作为收益折现的依据，那么此地块的评估值为零，这是不切实际的。客观收益是指排除了实际收益中属于特殊的、偶然的因素后所得到的一般正常收益，它才能作为收益折现或还原的依据，或者说收益法中的地产收益额应是土地的客观收益。

土地的收益是通过土地的具体使用而获得的，土地的具体使用往往与建筑物及附属设施、劳动力、经营等要素相结合，以房地合一的形式来取得收益。因此，地产客观收益的求取，通常有下列几个步骤。

1. 求取总收入

房地合一状态下，房地产在做最有效使用前提下可获取的总收入，不排除以直接出租土地而直接得到地产的租赁收入的情况。但不论是房地产收入还是地产收入，都应该是客观收入。

2. 求取总费用

该费用是为取得房地产收入所必须支付的必要费用，应是客观费用。总费用主要包括房地产税费、折旧费、租金损失准备费、维修费、管理费、保险费、利息等费用。

3. 求取总收益

用求取的总收入减去求取的总费用即可得总收益。这个总收益是房地产的经营总收益。

4. 求取土地纯收益

上面求得的总收益是房地产通过经营所得到的总收益，其中包括属于土地的收益、房屋的收益以及可能投入的经营资金的收益，因此土地的纯收益应是从总收益中扣除房屋纯收益与投入的经营资金所应取得的收益之后的余额。房屋的纯收益可用房屋现价乘以房屋的还原利率来求得，投入的经营资金收益可用经营资金数额乘以社会一般的资金收益率来求得。

（二）还原利率及其测算

土地的还原利率是指较能客观地反映土地收益和风险的投资报酬率，应该等同于具有相同风险的投资的资本收益率。在实际操作过程中，可以运用下列方法来求取。

1. 租价比法（土地租金与土地价格的比）

租价比法是通过利用房地产市场上与被估地产类似地产的收益（包括租金或其他收益形式）与价格的比率作为被估土地还原利率的一种方法。

【例 5-2】 通过市场调查，选择了 3 个最近发生的与被估地产相似的交易实例，其相关资料如表 5-3 所示。

表 5-3 相关资料

交易实例	年净租金/万元	价格/万元	还原利率/%
A	18	178	10.11
B	50	520	9.61
C	90	880	10.23

$$被估土地还原利率=(10.11\%+9.61\%+10.23\%)\div 3\approx 9.98\%$$

2. 无风险报酬率加风险调整值法

无风险报酬率加风险调整值法即通过无风险报酬率加风险调整值法来求取土地的还原利率。在我国可选择国债利率或银行一年期的定期存款利率作为无风险利率。风险调整值应根据评估时社会经济环境对地产投资的影响是正向还是负向作用而定，风险调整值可以是正值，也可以是负值。

还原利率＝无风险利率＋风险调整值

3. 排序插入法

排序插入法的基本思路是将社会上各种类型的投资及其收益率找出，按收益率的大小从低到高顺序排列，制成图表，评估人员再根据经验判断所需评估的地产的还原利率应落在哪个范围之内，从而确定出所要求取的土地还原利率。

4. 综合资金成本法

综合资金成本法是将房地产中的负债资金成本和权益资金成本按其在房地产投资中所占的比重，采用加权平均的方法计算土地还原利率的一种方法。

$$K=K_1W_1+K_2W_2$$

式中，K 为土地还原利率；K_1 为负债资金成本；W_1 为负债资金占房地产投资中的比重；K_2 为权益资金成本；W_2 为权益资金占房地产投资中的比重。

（三）收益年限及其测算

土地的收益年限是指被评地块从评估基准日开始，其收益能力延续的时间长度，通常以年为单位，土地的收益年限一般是以其出让年限减掉已使用年限来求得。

土地收益年限＝土地出让年限－已使用年限

（四）土地价格评估的收益现值法计算公式

运用收益法，只要被估对象具有连续的、可预测的纯收益，就可以评估单独的土地价格、单独的地上建筑物价格、房地合在一起的房地产价格。在评估实务中计算公式如下。

1. 评估房地合一的房地产价格

$$\text{房地产价格}=\frac{\text{房地产纯收益}}{\text{综合资本化率}}$$

房地产纯收益＝房地产总收益－房地产总费用

房地产总费用＝管理费＋维修费＋保险费＋税金＋空房损失费

2. 单独评估土地的价格

（1）由土地收益评估土地价格。这一般适用于空地出租的情况。

$$\text{土地价格}=\frac{\text{土地纯收益}}{\text{土地资本化率}}$$

土地纯收益＝土地总收益－土地总费用

土地总费用＝管理费＋维护费＋税金

（2）由房地产收益评估土地价格。

土地价格＝房地产价格－建筑物现值

建筑物现值＝建筑物重置价－年折旧费×已使用年数

$$\text{年折旧费}=\frac{\text{建筑物重置价值}-\text{残值}}{\text{折旧年限}}=\frac{\text{建筑物重置价值}\times(1-\text{残值率})}{\text{折旧年限}}$$

$$土地价格=\frac{房地产纯收益-建筑物纯收益}{土地资本化率}$$

$$建筑物纯收益=建筑物现值\times建筑物资本化率$$

房地产价格和房地产纯收益的求法同前。

3. 单独评估建筑物的价格

$$建筑物价格=房地产价格-土地价格$$

$$建筑物价格=\frac{房地产纯收益-土地纯收益}{建筑物资本化率}$$

在运用以上公式求取房地产纯收益时，都是通过房地产总收益减去房地产总费用而得到的。这里需要特别说明的是，用来求取房地产纯收益的房地产总费用并不包含折旧费。

【例5-3】 某房地产公司于2015年3月以有偿出让方式取得一块土地50年使用权，并于2017年3月在此地块上建成一座砖混结构的写字楼，当时造价为2 000元/平方米，经济耐用年限为55年，残值率为2%。目前，该类建筑重置价格为2 500元/平方米。该建筑物占地面积500平方米，建筑面积为900平方米，现用于出租，每月平均实收租金为3万元。另据调查，当地同类写字楼出租租金一般为每月每建筑平方米50元，空置率为10%，每年需支付的管理费为年租金的3.5%，维修费为重置价的1.5%，土地使用税及房产税为每建筑平方米20元，保险费为重置价的0.2%，土地资本化率7%，建筑物资本化率8%。

要求：试根据以上资料评估该宗地2017年3月的土地使用权价格。

（1）选定评估方法。该宗房地产有经济收益，适宜采用收益法。

（2）计算总收益。总收益应该为客观收益而不是实际收益。

年总收益＝50×12×900×（1－10%）＝486 000（元）

（3）计算总费用。

年管理费＝486 000×3.5%＝17 010（元）

年维修费＝2 500×900×1.5%＝33 750（元）

年税金＝20×900＝18 000（元）

年保险费＝2 500×900×0.2%＝4 500（元）

年总费用＝年管理费＋年维修费＋年税金＋年保险费
＝17 010＋33 750＋18 000＋4 500＝73 260（元）

（4）计算房地产纯收益。

年房地产纯收益＝年总收益－年总费用＝486 000－73 260＝412 740（元）

（5）计算房屋纯收益。

① 计算年折旧费。年折旧费本来应该根据房屋的耐用年限来确定，但是，在本例中，土地使用年限小于房屋耐用年限，根据《中华人民共和国城市房地产管理法》第二十二条规定，土地使用权出让年限届满，土地使用权由国家无偿收回。这样，房屋的重置价必须在可使用期限内全部收回。本例中，房地产使用者可使用的年期为 50－2＝48（年），并且不计残值，视为土地使用权年期届满，地上建筑物一并由政府无偿收回（注：如计算残值，也可以）。

$$年折旧率=\frac{2\,500\times 900}{48}=46\,875（元）$$

② 计算房屋现值。

房屋现值＝房屋重置价－年折旧费×已使用年数

＝2 500×900－46 875×2＝2 156 250（元）

③ 计算房屋纯收益。

房屋年纯收益＝房屋现值×房屋资本化率

＝2 156 250×8%

＝172 500（元）

（6）计算土地纯收益。

土地年纯收益＝年房地产纯收益－房屋年纯收益

＝412 740－172 500

＝240 240（元）

（7）计算土地使用权价格。

土地使用权价格＝240 240÷7%＝3 432 000（元）

土地单价＝3 432 000÷500＝6 864（元）

【例 5-4】 某市某区有层面为三层的砖混结构办公楼，土地总面积为 720 平方米，房屋建筑总面积为 1 000 平方米，月租收入 6 万元，定约日 2015 年 1 月，建筑物已经使用 10 年，假设建筑物的还原利率为 10%，耐用年限为 60 年，土地还原利率为 8%。

其他资料：附近类似房屋的出租价格水平，2017 年定约的类似房屋的年租金水平为 820 元/平方米，据此资料分析，本例的租金由于是在 2015 年 1 月定约后，属于偏低，需根据附近类似房屋租金水平进行调整，通过分析比较，该被评估房地产的租金应为每 800 元/平方米。

要求：试评估房屋基地在 2017 年 1 月的非有限期土地价格及有限期为 50 年的土地价格。

1）计算总收入

年租金总收入＝800×1 000＝800 000（元）

2）计算年总费用

（1）房产税率为 12%。

房产税＝800 000×12%＝96 000（元）

（2）管理费为年租的 3%。

管理费＝800 000×3%＝24 000（元）

（3）修缮费为房屋现值的 2%。

通过实地勘察，该房屋重置价格为每平方米 800 元，年折旧率为 2%，已使用 10 年。

房屋现值＝800×1 000－800×1 000×2%×10＝800 000－160 000＝640 000（元）

修缮费＝640 000×2%＝12 800（元）

（4）保险费为房屋现值的 1%。

保险费＝640 000×1%＝6 400（元）

（5）房屋折旧费＝800×1 000×2%＝16 000（元）

（6）租金损失为年租金收入的 0.5%。

租金损失＝800 000×0.5%＝4 000（元）

（7）土地使用税每年每平方米为 2 元。

土地使用税＝720×2＝1 440（元）

年总费用＝96 000＋24 000＋12 800＋16 000＋4 000＋1 440＝154 240（元）

3）计算总收益

总收益＝800 000－154 240＝645 760（元）

4）求取土地纯收益

房屋纯收益＝640 000×10%＝64 000（元）

土地纯收益＝645 760－64 000＝581 760（元）

5）求得非有限期土地价格

土地总价＝581 760÷8%＝7 272 000（元）

每平方米地价＝7 272 000÷720＝10 100（元）

6）求得 50 年使用权土地价格

土地总价＝581 760×[P/A，8%，50]＝581 760×12.233≈7 116 670（元）

每平方米地价＝7 116 670÷720≈9 884.26（元）

三、土地使用权评估的成本法

土地价格评估的成本法是以取得和开发土地所耗费的各项费用之和为基础，再加上一定的利润和应纳税金来确定土地价格的估价方法。这种方法的理论基础和依据为生产费用价格论。

（一）成本法的应用范围

根据土地情况的不同，公式有两种。

1. 若为新开发土地，土地评估值为其重置成本

重置成本＝土地取得费用＋土地开发费＋利润＋税费

2. 若为非新开发土地，土地评估值为其重置成本扣除各种贬值

成本法在土地价格评估的各种方法中有其特殊的用途，尤其适用于无法应用市场法和收益法的场合，如对独一无二的地产，难以在市场上找到合适的交易实例，就无法采用市场法来评估，一般就适用成本法。对于既没有收益又很少出现买卖情况的学校、公园、医院、图书馆等公共建筑、公益设施用地的估价就无法采用市场法及收益法，只能采用成本法。

（二）成本法估价步骤

1. 估测土地取得费用

土地取得费用的项目构成取决于土地是如何取得的，如果土地是通过向农村集体所有的土地实行征用取得的，那么土地取得费用包括耕地或其他土地补偿费、土地附着物

补偿费、青苗补偿费、新菜地开发建设基金（征用城市近郊菜地）、征地安置费等。如果土地是通过国家城镇土地使用权出让所取得的，那么土地取费标准全国各地不尽统一，取费项目也有差异，因此，评估时应因地而异，按当地政府和有关部门规定及标准来测算。

2. 估测土地开发费用

土地开发费用主要包括建筑基地“七通一平”费用、公共事业配套费、小区配套费、税费等。

（1）“七通一平”费用，是被估地块做到路通、排水通、自来水通、电通、电讯通、热力通、煤气通、场地平整所花的费用，可根据预决算资料来测算。

（2）公共事业配套费，可根据当地有关部门规定的标准来计算。

（3）小区配套费，应以小区内各种设施和网点配置情况及水平估测，或按当地有关规定估测。

（4）税费，可根据国家有关税收政策和法规来定。

3. 计算投资利息

为取得土地使用权，投资者需要支付土地取得费和土地开发费，所需资金如果向银行贷款取得还需要偿还利息；如果利用自有资金投入，损失的利息可以看作机会成本，这些利息都应该计入成本。由于两部分资金的投入时间和占用时间不同，投资利息的计算也不同。土地取得费在土地开发动工时即要全部付清，在开发完成销售后方能收回，因此计息期为整个开发期和销售期。土地开发费在开发过程中逐步投入，销售后收回，若土地开发费是均匀投入，则计息期为开发期的一半。

4. 计算投资利润

投资利润是房地产开发商获取的合理利润，是开发商投资的目的。在成本法中，开发利润一般以土地取得费、土地开发费为基础计算。为了计算方便，成本法中往往采用以整个项目为单位的利润率表示方式，即以利润率的单位为项目，表示整个项目完成后可获得的利润率。

投资利润=(土地取得费＋土地开发费)×利润率

5. 计算土地增值收益

土地增值收益是指政府在出让土地使用权时除收回成本外，还应使国家土地所有权取得的增值收益。主要是由于土地的用途改变或土地功能变化而引起的。由于农地转变为建设用地，新用途的土地收益将远高于原用途土地，或者土地的性能发生变化了，提高了土地的经济价值，这都必然带来土地增值收益。这种增值是土地所有者允许改变用途或性能带来的，因此应归土地所有者所有。土地增值收益率一般为20%～25%。

土地增值收益＝（土地取得费＋土地开发费＋税费＋投资利息
＋投资利润）×土地增值收益率

6. 估算土地使用权评估值

将土地取得费、土地开发费、税费、利润、利息和土地增值收益相加即可得到土地所有权的价值。

【例 5-5】 某企业占用一块土地，面积 15 000 平方米，土地使用权年限为 50 年，已达到“三通一平”（通水、通路、通电和平整土地），由于该地区土地交易较少，难以取得交易实例，并且，该土地收益难以预测，所以采用成本法估价。

相关资料如下:

(1)土地取得费包括征地补偿费和土地管理费在内为 300 元/平方米，其中土地补偿费已包括地上附着物补偿费、青苗补偿费、安置补偿费等。

(2）土地开发费为 50 元/平方米，土地开发期 2 年，开发费均匀投入。

(3）税费主要为耕地占用税，按 5 元/平方米计征，其他税费不计。

(4）二年期贷款利息率为 10%。

(5）利润率为 20%（整个项目）。

(6）土地所有权的增值收益为土地取得费、土地开发费、税费、利息、利润之和的 25%。

要求：估算以下两种情况下的土地单价和宗地总价。

(1）无限年期土地使用价值（所有权价格）。

(2）50 年使用权的价格（假设折现率为 10%）。

评估过程如下:

(1）土地取得费＝300（元/平方米）。

(2）土地开发费＝50（元/平方米）。

(3）税费＝5（元/平方米）。

(4）投资利息计算。

该宗土地开发期 2 年。土地取得费和耕地占用税一次投入，故计息期为 2 年；土地开发费为均匀投入，故计息期只有 2 年的一半，即

$$
\begin{aligned}
\text{利息} &= (\text{土地取得费}+\text{税费})\times 10\%\times 2+\text{土地开发费}\times 10\%\times 2\times 1/2 \\
&= (300+5)\times 10\%\times 2+50\times 10\%\times 2\times 1/2 \\
&= 66\ (\text{元/平方米})
\end{aligned}
$$

(5）投资利润的计算。

$$
\begin{aligned}
\text{利润} &= (\text{土地取得费}+\text{土地开发费}+\text{税费})\times 20\% \\
&= (300+50+5)\times 20\% \\
&= 71\ (\text{元/平方米})
\end{aligned}
$$

(6）土地所有权增值收益＝(300＋50＋5＋66＋71)×25%

＝123（元/平方米）

(7）估算土地价格。

① 无限年期土地使用价值（所有权价格）。

$$
\begin{aligned}
\text{土地单价} &= \text{土地取得费}+\text{土地开发费}+\text{税费}+\text{利息}+\text{利润} \\
&\quad +\text{土地所有权的增值收益}=300+50+5+66+71+123 \\
&= 615\ (\text{元/平方米})
\end{aligned}
$$

$$\text{土地总价}=615\times 15\,000=9\,225\,000\ (\text{元})$$

② 50 年使用权的价格。

$$土地单价=无限年期土地使用权价格\times\left[1-\frac{1}{(1+10\%)^{50}}\right]$$
$$=615\times\left[1-\frac{1}{(1+10\%)^{50}}\right]$$
$$\approx615\times0.991\,5$$
$$\approx609.77（元/平方米）$$
$$土地总价=609.77\times15\,000=9\,146\,550（元）$$

四、土地使用权评估的剩余法

（一）基本思路

剩余法又称假设开发法、倒算法或预期开发法。剩余法是将被估地产的预期开发价值，扣除正常投入费用、正常税金及合理利润后，依据该剩余值测算被估地产价格的方法。在评估待开发土地价值时，剩余法运用得较为广泛。

运用该方法评估地价时，首先估算开发完成后房地产正常交易的价格，然后扣除建筑物建造费用和与建筑物建造、买卖有关的专业费、利息、利润、税收等费用，以价格余额来确定被估土地价格。具体来说，作为一个房地产开发商，购买这块土地进行开发的目的是将其出售赚取利润。开发商买地，进行土地投入，必须有收益，而且这个收益越高越好。因此，开发商就会根据规划部门对该地块的限制条件，如用途、容积率、绿地覆盖度、最高层数、朝向等，以及有关法律法规的限制，来确定该块土地的最佳使用状况。然后根据目前的房地产市场状况，预测建筑完成后房地产售价，以及为完成这一开发所需花费的建筑费、设计费、相关税费、各类预付资本的利息和开发商应得的正常利润，开发商就知道了他可能为取得这块土地所支付的最高价格是多少。也就是说，这个最高价等于开发完成后的房地产价值扣除开发成本和相应利息、利润等之后的余额。

（二）适用范围

剩余法主要适用于下列房地产的估价。

（1）待开发土地的估价。用开发完成后的房地产价值减去建造费、专业费等。

（2）将生地开发成熟地的土地估价。用开发完成后的熟地价减去土地开发费用，就得到生地地价。

（3）待拆迁改造的再开发地产的估价。这时的建筑费还应包括拆迁费用。

（三）计算公式

剩余法的计算公式表现形式较多，但根据剩余法的基本思路，其基本公式为

$$V=A-(B+C+D+E)$$

式中，V 为购置土地的价格；A 为开发完成后的房地产价值；B 为整个开发项目的开发成本；C 为投资利息；D 为开发商合理利润；E 为正常税费。

在香港地区剩余法的计算公式为

$$地价=楼价-建筑费用-专业费用-利息-发展商利润$$

或

地价＝总开发价值－开发费用－开发者的收益－取得土地所需费用

其中，开发费包含拆迁费和对现有承租者的补偿、基建费、业务费、财务费、应急费、代理及法律事务费用等。

目前，现实估价中剩余法的一个较具体的计算公式为

地价＝预期楼价－建筑费－专业费用－销售费用－利息－税费－利润

式中

利息＝(地价＋建筑费用＋专业费用)×利息率

利润＝(地价＋建筑费用＋专业费用)×利润率

（四）操作步骤

根据剩余法估价的基本思路，剩余法估价的程序为：调查被估房地产的基本情况，确定被估房地产最佳的开发利用方式，预测房地产开发完成后的收益，估算各项成本费用投资，确定开发商的合理利润，估算被评估房地产价格。

1. 调查被估房地产的基本情况

（1）调查土地的限制条件，如土地政策的限制、城市规划、土地利用规划的制约等。

（2）调查土地位置，掌握土地所在城市的性质及其在城市中的具体坐落，以及周围土地条件和利用现状。

（3）调查土地面积大小、土地形状、地质状况、地形地貌、基础设施状况和生活设施状况以及公用设施状况等。

（4）调查房地产利用要求，掌握城市规划对此宗地的规划用途、容积率、覆盖率、建筑物高度限制等。

（5）调查此地块的权利状况，包括弄清权利性质、使用年限、可否续期、是否已设定抵押权等。这些权利状况对确定开发完成后的房地产价值、售价及租金水平有着非常密切的关系。

2. 确定被估房地产最佳的开发利用方式

根据调查的土地状况和房地产市场条件等，在城市规划及法律法规等限制所允许的范围内，确定地块的最佳利用方式，包括确定用途、建筑容积率、土地覆盖率、建筑高度、建筑装修档次等。在选择最佳的开发利用方式中，最重要的是选择最佳的土地用途。土地用途的选择，要与房地产市场的需求相结合，并且需要进行合理的预测。最佳的开发利用方式决定开发完成后销售时能获得最高的收益。

3. 预测房地产开发完成后的收益

根据所开发房地产的类型，对开发完成后的房地产收益，可通过两个途径获得。

（1）对于出售的房地产，如居住用商品房、工业厂房等，可采用市场比较法确定开发完成后的房地产总价。

（2）对于出租的房地产，如写字楼和商业楼宇等，其开发完成后房地产总价的确定，首先采用市场法确定所开发房地产出租的纯收益，再采用收益还原法将出租纯收益

转化为房地产总价。具体确定时需要估计以下几个要点。

① 单位建筑面积月租金或年租金。

② 房地产出租费用水平。

③ 房地产还原利率。

④ 可出租的净面积。

其中，租金水平可依据类似房地产而确定。

【例5-6】 根据当前房地产市场的租金水平，与所开发房地产类似的房地产未来月租金纯收益为每建筑平方米300元，该类房地产的还原率为8%，总建筑面积5 000平方米，出租率为80%。

$$\text{则所开发房地产的总价}=300\times12\times5\ 000\times80\%\times\frac{1}{8\%}=18\ 000\text{（万元）}$$

4. 估算各项成本费用

（1）估算开发建筑成本费用。开发建筑成本费用（包括直接工程费、间接工程费、建筑承包商利润及由发包商负担的建筑附带费用等）可采用比较法来测算，即通过当地同类建筑物当前平均的或一般建造费用来测算，也可通过建筑工程概预算的方法来估算。

（2）估算专业费用。专业费用包括建筑设计费、工程概预算费用等，一般采用建造费用的一定比率估算。

（3）确定开发建设工期，估算预付资本利息。开发建设工期是指从取得土地使用权一直到房地产全部销售或出租完毕的这一段时期。根据等量资本要获取等量利润的原理，利息应为开发全部预付资本的融资成本，不仅是建造工程费用的利息，还应包括土地资本的利息。房地产开发的预付资本包括地价款、开发建造费、专业费和不可预见费等，即使这些费用是自有资金，也要计算利息。这些费用在房地产开发建设过程中投入的时间是不同的，在确定利息额时，必须根据地价款、开发费用、专业费用等的投入额、各自在开发过程中所占用的时间长短和当时的贷款利率高低进行计算。例如，预付地价款的利息额应以全部预付的价款按整个开发建设工期计算，开发费、专业费假设在建造期内均匀投入，则利息以全部开发费和专业费为基数，按建造期的一半计算。若有分年度投入数据，则可进一步细化。如建造期两年，第一年投入部分计息期为1年，第二年投入部分计息期为半年等。开发费、专业费在建筑竣工后的空置及销售期内应按全额全期计息。

（4）估算税金。税金主要指建成后房地产销售的增值税、印花税、契税等，应根据当前国家的税收政策估算，一般以建成后房地产总价的一定比例计算。

（5）估算开发完成后的房地产租售费用。租售费用主要指用于建成后房地产销售或出租的中介代理费、市场营销广告费用、买卖手续费等，一般以房地产总价或租金的一定比例计算。

5. 确定开发商的合理利润

开发商的合理利润一般以房地产总价或预付总资本的一定比例计算。投资回报利润的计算基数一般为地价、开发费和专业费三项，销售利润的计算基数一般为房地产售价。

6. 估算被评估房地产价格

【例 5-7】 有一宗“七通一平”的待开发建筑用地，土地面积为 2 000 平方米，建筑容积率为 2.5，拟开发建设写字楼，建设期为 2 年，建筑费为 3 000 元/平方米，专业费为建筑费的 10%，建筑费和专业费在建设期内均匀投入。该写字楼建成后即出售，预计售价为 9 000 元/平方米，销售费用为楼价的 2.5%，销售税费为楼价的 6.5%，当地银行年贷款利率为 6%，开发商要求的投资利润率为 10%。试估算该宗土地目前的单位地价和楼面地价。

（1）确定评估方法。

现已知楼价的预测值和各项开发成本及费用，可用剩余法评估。计算公式为

$$地价=楼价-建筑费-专业费-利息-销售税费-利润$$

（2）计算楼价。

$$楼价=2\ 000\times2.5\times9\ 000=45\ 000\ 000（元）$$

（3）计算建筑费和专业费。

$$建筑费=3\ 000\times2\ 000\times2.5=15\ 000\ 000（元）$$

$$专业费=建筑费\times10\%=15\ 000\ 000\times10\%=1\ 500\ 000（元）$$

（4）计算销售费用和税费。

$$销售费用=45\ 000\ 000\times2.5\%=1\ 125\ 000（元）$$

$$销售税费=45\ 000\ 000\times6.5\%=2\ 925\ 000（元）$$

（5）计算利润。

$$利润=(地价+建筑费+专业费)\times10\%=(地价+16\ 500\ 000)\times10\%$$

（6）计算利息。

$$利息=地价\times[(1+6\%)^2-1]+(15\ 000\ 000+1\ 500\ 000)\times[(1+6\%)^1-1]$$
$$\approx0.123\ 6\times地价+990\ 000$$

（7）计算地价。

$$地价=45\ 000\ 000-16\ 500\ 000-1\ 125\ 000-2\ 925\ 000-0.1\times地价-1\ 650\ 000$$
$$-0.123\ 6\times地价-990\ 000$$

$$地价=21\ 810\ 000\div1.223\ 6\approx17\ 824\ 452（元）$$

（8）评估结果。

$$单位地价=17\ 824\ 452\div2\ 000\approx8\ 912（元）$$

$$楼面地价=8\ 912\div2.5\approx3\ 565（元）$$

五、土地使用权评估的路线价法

（一）路线价法的含义和理论依据

1. 路线价法的含义

路线价法是指根据土地价值随距街道距离增大而递减的原理，在特定街道上设定单价，并依此单价配合深度百分率表及其他修正率表，用数学方法来计算临接同一街道的其他宗地地价的一种估价方法。与市场法、收益法等估价方法相比，这种方法能对大量

土地迅速估价，是评估大量土地的一种常用方法。所谓路线价，是指对面临特定街道而接近距离相等的市街土地，设定标准深度，求取得该标准深度的若干宗地的平均地价。

路线价法，在英美早已施行，并应用于课税标准的评定。尤其在美国，这种估价方法在技术上相当完善。日本在 1923 年关东大地震后为复兴城市办理市地重划事业，首次采用此法来确定科学的补偿金额标准，以后在课税方面也采用这种方法估价，在技术上有其独到之处。

2. 路线价法的理论依据

路线价法认为市区内各宗土地的价值与其临街深度大小关系很大，土地价值随临街深度而递减，一宗地越接近道路部分价值越高，距离街道越远价值越低。临接同一街道的宗地根据其地价的相似性，可划分为不同的地价区段。在同一路线价区段内的宗地，虽然地价基本接近，但由于宗地的深度、宽度、形状、面积、位置等仍有差异，地价也会出现差异，所以需制定各种修正率，对路线价进行调整。路线价法实质上也是市场法的一种，路线价是标准宗地的单位地价，可看作比较实例，对路线价进行的各种修正可视为因素修正。因此，路线价法的理论基础是替代原理。

路线价法的计算公式有不同的表现形式，下面是常用的一种表达方式：

$$宗地总价=路线价\times深度百分率\times临街宽度$$

如果宗地条件特殊，如宗地属街角地、两面临街地、三角形地、梯形地、不规则形地、袋地等，则需依下列公式计算：

$$宗地总价=路线价\times深度百分率\times临街宽度\times其他条件修正率$$

或

$$宗地总价=路线价\times深度百分率\times临街宽度\pm其他条件修正额$$

（二）路线价法的适用范围

一般的土地估价方法如收益法、市场法仅适宜于对单个宗地进行估价，路线价法则适宜于同时对大量土地进行估价，特别适宜于土地课税、土地重划、征地拆迁等需要在大范围内对大量土地进行估价的场合。路线价法要运用得当，还依赖于较为完整的道路系统和排列整齐的宗地以及完善合理的深度修正率表与其他条件修正率。

（三）路线价法的程序

1. 路线价区段划分

地价相等、地段相连的地段一般划分为同一路线价区段，路线价区段为带状地段。街道两侧接近性基本相等的地段长度称为路线段长度。路线价区段一般以路线价显著增减的地点为界。原则上街道不同的路段，路线价也不相同，如果街道一侧的繁华状况与对侧有显著差异，同一路段也可划分为两种不同的路线价。繁华街道有时需要附设不同的路线价，住宅区用地区位差异较小，所以住宅区的路线段较长，甚至几个街道路线段都相同。

路线价区段划分完毕，对每一路线段求取该路线段内标准宗地的平均地价，附设于该路线段上。

2. 标准深度的确定

路线价是标准宗地的单位价格，路线价的设定必须先确定标准宗地面积，标准宗地是指从城市一定区域中沿主要街道的宗地中选定的深度、宽度和形状标准的宗地。标准深度是指标准宗地的临街深度。临街深度是指宗地离开街道的垂直距离。标准宗地的面积大小随各国而异。美国为使城市土地的面积单位计算容易，把位于街区中间宽 1 英尺、深 100 英尺（1 英尺=0.3048 米）的细长形地块作为标准宗地。日本运用路线价法之初，正是旧东京市时代，依其土地交易行情，普通是以正街深度 5 间的平均单价为衡量标准，因此为了便于计算，日本旧复兴局规定原则上采取宽 1 间、深 5 间作为标准宗地。现在日本的标准宗地则改为宽 3.63 米、深 16.36 米的长方形土地。实际估价中的标准深度，通常是路线价区段内临街各宗土地深度的众数。

3. 路线价的评估

路线价的决定，主要采取两种方法：第一种是由熟练的评估人员依买卖实例用市场法等基本估价方法确定；第二种是采用评分方式，将形成土地价格的各种因素分成几种项目加以评分，然后合计，换算成附设于路线价上的点数。

第一种方法也是各国通用的方法。根据选定的标准宗地的形状、大小，然后评估标准宗地价格，根据标准宗地价格水平及街道状况、公共设施的接近情况、土地利用状况划分地价区段，附设路线价。标准宗地价格计算适用宗地地价计算方法，如收益法、市场法等方法，或依市场买卖实例评定其价格。因此，对评价区域调查的买卖实例宗地，进行地价影响因素分析，实例宗地条件如果与标准宗地条件不同，应对不同条件部分进行因素修正，由此求得标准宗地的正常买卖价格。不同地段标准宗地价格应能反映区位差异，互相均衡。

4. 深度百分率表的制作

深度百分率又称深度指数，深度百分率表又称深度指数表。深度百分率，是指地价随临街深度长短变化的比率。深度百分率表的制作是路线价法的难点和关键所在。路线价法在美国由来已久，长久以来根据丰富的实际资料，制定了各种路线价法则，著名的有“四三二一”法则、苏慕斯法则（克利夫兰法则）、霍夫曼法则等；英国有哈柏法则、爱迪生法则等。

5. 计算宗地价格

依据路线价和深度百分率及其他修正率表，运用路线价法计算公式，则可以计算得到宗地价格。

（四）深度百分率表

临接同一街道的土地，路线价虽然相同，但由于宗地的宽度、深度、形状、面积不同，单位面积的价格也不同。在影响地价的因素当中，深度对地价影响较大。现在假设有一临街宽度 m 米、深度 n 米的长方形宗地，每平方米平均单价为 A 元。则

$$该宗地的总价格 = m \times n \times A$$

对宗地沿道路的平行方向，将深度以某单位（在此设为 1 米）区分成 n 个细片土地，

从临街方向起每片土地的单位面积价格依次为 a_1，a_2，…，a_{n-1}，a_n，因为地块越接近道路，利用价值越高。虽然深度同为 1 米之差，但其地价不一样，即 a_1 与 a_2 之差最大，a_2 与 a_3 之差次之，依次缩小。由此

$$土地总价值=m\times n\times A=ma_1+ma_2+\cdots+ma_{n-1}+ma_n$$

从而

$$A=(a_1+a_2+\cdots+a_{n-1}+a_n)\div n$$

即土地单位面积价格等于各地块单位面积价格的面积加权平均值。如将各小地块单位面积价格以百分率表示，即为单独深度百分率。

深度百分率的表现形式有三种，分别为单独深度百分率、累计深度百分率和平均深度百分率。单独深度百分率呈递减现象，累计深度百分率呈递增现象，平均深度百分率呈递减现象。

单独深度百分率表现为

$$a_1>a_2>a_3>\cdots>a_{n-1}>a_n$$

累计深度百分率表现为

$$a_1<(a_1+a_2)<(a_1+a_2+a_3)<\cdots<(a_1+a_2+\cdots+a_n)$$

一般来说，将标准深度的平均深度百分率设为 100%，平均深度百分率与累计深度百分率之间的关系就表现为

$$平均深度百分率=累计深度百分率\times标准深度\div宗地深度$$

制作深度百分率表，要考虑以下几个方面。

（1）确定标准深度。

（2）确定级距。

（3）确定单独深度百分率。

（4）根据需要采用累计或平均深度百分率。

根据深度百分率表制作要求，以标准宗地的平均深度百分率（平均单价）作为100%，将单独深度百分率、平均深度百分率、累计深度百分率综合制成一表，即得到深度百分率表。

（五）几个路线价法则介绍

1. “四三二一”法则

“四三二一”法则（4-3-2-1rule）是将标准深度 100 英尺的普通临街地，与街道平行区分为四等份，即由临街面算起，第一个 25 英尺的价值占路线价的 40%，第二个 25 英尺的价值占路线价的 30%，第三个 25 英尺的价值占 20%，第四个 25 英尺的价值为 10%。如果超过 100 英尺，则需“九八七六”法则来补充。即超过 100 英尺的第一个 25 英尺价值为路线价的 9%，第二个 25 英尺为 8%，第三个 25 英尺为 7%，第四个 25 英尺为 6%。

应用“四三二一”法则估价，简明易记，但因深度划分过分粗略，可能出现评估不够精细的问题。

2. 苏慕斯法则

苏慕斯法则（Somers rule）是由苏慕斯（Willam A.Somers）根据其多年实践经验并

经对众多的买卖实例价格调查比较后创立的。

苏慕斯经过调查证明100英尺深的土地价值，前半临街50英尺部分占全宗地总价72.5%，后半50英尺部分占27.5%，若再深50英尺，则该宗地所增的价值仅为15%。其深度百分率即在这种价值分配原则下所拟定，由于苏慕斯法则在俄亥俄州克利夫兰市应用最著名，因此一般将其称为克利夫兰法则（Cleveland rule）。

3. 霍夫曼法则

霍夫曼法则（Hoffman rule）是1866年纽约市法官霍夫曼（Hoffman）所创造的，它是最先被承认对于各种深度的宗地估价的法则。

霍夫曼法则认为：深度100英尺的宗地，最初50英尺的价值应占全宗地价值的2/3。在此基础上，则深度100英尺的宗地，最初的25英尺等于37.5%，最初的一半，即50英尺等于67%，75英尺等于87.7%，全体的100英尺等于100%。

在霍夫曼之后，尼尔（Neil）修正了霍夫曼法则，由此创造所谓霍夫曼-尼尔法则（Hoffman Neil rule）。

4. 哈柏法则

哈柏法则（Harper rule）创设于英国，该法则认为一宗土地的价值与其深度的平方根成正比。即深度百分率为其深度平方根的10倍，用公式表示为

$$深度百分率=10\times\sqrt{深度}$$

例如一宗50英尺深土地价值，相当于100英尺深土地价值的70%。即

$$深度百分率=10\times\sqrt{50}=70\%$$

但标准深度不一定为100英尺，所以经修订的哈柏法则认为

$$深度百分率=\left(\sqrt{所给深度}\div\sqrt{标准深度}\right)\times100\%$$

【例5-8】 现有临街宗地A、B、C、D、E，深度分别为25英尺、50英尺、75英尺、100英尺和125英尺，宽度分别为10英尺、10英尺、20英尺、20英尺和30英尺。路线价为2 000元/英尺，设标准深度为100英尺，试运用“四三二一”法则，计算各宗土地的价格。

路线价每英尺2 000元，有

$$A=2\,000\times0.4\times10=8\,000（元）$$

$$B=2\,000\times0.7\times10=14\,000（元）$$

$$C=2\,000\times0.9\times20=36\,000（元）$$

$$D=2\,000\times1.0\times20=40\,000（元）$$

$$E=2\,000\times(1.0+0.09)\times30=65\,400（元）$$

第四节　房屋建筑物评估

房地产评估中要求贯彻房地合一的原则，并非是说一定要把房产与地产合在一起评估，而是要求在地产评估中考虑到房产，因为地产的价格要靠房产来表现，而房产离了土地是无法单独存在的。房地产评估可以单独评估地产价格，再单独评估房产价格来求得房地产价格。从资产评估的角度，通常要把单纯的房产即房屋建筑物与其所占用的

土地分开，分别评估房屋建筑物的价格和土地资产的价格，以便准确合理地评价地产价值和房屋建筑物价值，避免出现由于用地性质不合理，以及占地面积不合理造成的地产价值估价失实和房屋建筑物估价失真的情况出现。例如，对市中心商业繁华区内的非商业性房屋进行评估，如果不采用房地分估的方式，极易导致低评该房屋所占地块的价值。

有些资产评估业务也确实需要单独评估房屋建筑物的价值。例如，企业生产用房屋是作为固定资产核算的，为了准确核算其成本，需单独评估房屋的重置成本。又如，房产的保险业务也往往需单独评估房屋建筑物的价格。单独评估房屋建筑物一般宜采用成本法，其理由有以下两点。

（1）房屋建筑物是劳动产品，从构建房屋建筑物所花费用角度来评价房屋建筑物的价值，在理论上是说得通的，在实际中也是可行的。

（2）房屋建筑物不能脱离土地而单独存在，但在房与地分估的情况下，影响房和地的价值的一些共同因素在地产估价时大都已经考虑了，如地理位置、用途、环境等，那么在房屋建筑物评估时就不必重复考虑。这样就为采用成本法评估房屋建筑物创造了条件。

一、房屋建筑物评估的成本法

成本法是基于房屋建筑物的再建造费用来考虑，通过估算出房屋建筑物在全新状态下的重置成本，再扣除由各种损耗因素造成的贬值，最后得出房屋建筑物价格评估值的方法。

（一）房屋建筑物重置成本的估测

1. 房屋建筑物价格构成（重置成本构成）

运用成本法评估房屋建筑价格，首先必须弄清楚房屋建筑物价格的组成或重置成本构成。需要注意的是在房地分估时关于土地部分不要重复计算，当然也不可漏评。

2. 房屋建筑物重置成本的测算方法

（1）重编预算法。此法是按工程预算的编制法，对被估房屋建筑物成本构成项目重新估算其重置成本。具体地说，就是根据被估房屋建筑物工程竣工图纸，按照编制工程预算方法，在计算工程量基础上按现行工程预算价格和费率，编制工程预算，再加上按现行标准计算的间接成本，从而得到房屋建筑物重置成本。

重编预算法是对房屋建筑物投入价值的重新核算，因此所估算的房屋建筑物重置成本的准确性较高。但是，此法所需的经济技术资料较多，且工作量大，因此，此法主要适用于：一是测算房屋建筑物更新重置成本，因为此法的评估思路及所用经济技术参数较符合更新重置成本的要求，且更新重置成本很难用其他方法来测算；二是适用于构造比较简单的房屋建筑物，这样，采用此法的工作量不会太大。

（2）预决算调整法。此法是以被估房屋建筑物决算中的工程量为基础，按现行（或者说评估基准日）工程预算价格、费率将其调整为按现行价格和费用标准计算的建筑工程造价，再加上按评估基准日现行标准计算的间接成本，即可得到房屋建筑物的重置成本。此法是以房屋建筑物工程量计算合理为假设前提的，不需对工程量进行重新计算。

预决算调整法相对于重编预算法而言，工作量要小，效率要更高一些。但是此法要求委托方必须能够提供比较完整的房屋建筑物工程预决算资料，因此，该法主要适用于：不宜采用价格指数调整法，以及因缺乏参照物而无法适用类比法的房屋建筑物评估；用途结构大致相同相似，且数量较多的房屋建筑物评估。这样可以通过选择若干有代表性的典型房屋建筑物按此法评估得出其重置成本，然后以估测出的典型房屋建筑物的重置成本与其原决算价格比较，求出一个调整系数，来推算其他相同、相似房屋建筑物的重置成本。

（3）价格指数调整法。价格指数调整法是指根据被估房屋建筑物的账面成本，运用建筑业产值价格指数或其他相关价格指数推算出被估房屋建筑物重置成本的一种方法。

价格指数调整法由于方法本身的缘故，在推算待估房屋建筑物重置成本的准确性方面略显不足。因此，应尽量控制此法的使用范围。一般此法只限用于价值较小、结构简单，以及运用其他方法有困难的房屋建筑物的评估。

价格指数调整法能否运用好，除了委托方要提供可靠的待估房屋建筑物账面成本外，关键还在于价格指数的选择和价格变动指数的计算上。价格指数的选择应慎重，应选择最能反映建筑产品价格变化趋势的价格指数。而价格变动指数的计算则要注意所选择的价格指数在所选期间每年公布的是定基价格指数，还是环比价格指数。不同性质的价格指数，在计算价格变动指数时方法有所不同。

对于定基价格指数：

$$\text{价格变动指数}=\frac{\text{评估基准日价格指数}}{\text{购建日价格指数}}$$

对于环比价格指数：

$$\text{价格变动指数}=(1+\alpha_1)(1+\alpha_2)\cdots(1+\alpha_n)$$

式中，α 为从竣工后第一年到评估基准日年度各年度环比价格指数。

$$\text{重置成本}=\text{房屋建筑物账面原值}\times\text{价格变动指数}$$

建筑物评估时用的物价指数一般用建筑业产值价格指数。建筑业产值价格指数的本质是各种建筑材料、费用价格变化指数的加权平均数，因此用于某项建筑物评估时不可避免地有一定的误差。所以，需要强调指出的是：此法一般只限使用于账面成本真实、可靠，单位价值小、结构简单，以及运用其他方法有困难的建筑物的重置成本估算。

【例 5-9】 某建筑物账面价值为 200 万元，竣工于 2013 年。经查询得知 2014～2016 年 3 年的环比物价指数分别为 15%、10%和 20%。

2016 年该建筑物的重置成本＝200×(1＋15%)×(1＋10%)×(1＋20%)＝303.6（万元）

或经查询得知 2013 年的定基物价指数为 95，2016 年的定基物价指数为 144。则

$$\text{重置成本}=200\times\frac{144}{95}\approx 303.16\text{（万元）}$$

（二）房屋建筑物贬值的计算

建筑物贬值，可分为实体性贬值和无形损耗两种。前者是由于使用和受物理、化学变化影响而引起的价值损失，后者是由于技术进步、消费观念更新等原因而引起的价值损失。

1. 建筑物实体性贬值率及成新率的计算

建筑物实体性贬值率或成新率的计算主要可采用使用年限法和打分法。

（1）使用年限法。使用年限法是指利用建筑物的实际已使用年限占建筑物全部使用寿命的比率作为建筑物的实体性贬值率，或以估算出的建筑物尚可使用年限占建筑物全部使用寿命的比率作为建筑的成新率。

$$\text{实体性贬值率}=\frac{\text{实际已使用年限}}{\text{实际已使用年限}+\text{尚可使用年限}}$$

运用使用年限法的关键在于，估算出一个较为合理的建筑物尚可使用年限，这需要评估人员根据经验，结合国家制定的固定资产折旧年限等为依据，再根据被估建筑物的实际状态和维修保养状况来估算。

（2）打分法。打分法是指评估人员借助于建筑物成新率的评分标准，包括建筑物整体成新率评分标准以及按不同构成部分的评分标准，根据建筑物的实际状况进行对照打分，得出建筑物的成新率。

建筑物成新率打分标准可考虑和借鉴建设部颁发的《房屋完损等级评定标准》。它根据房屋的结构、装修、设备等组成部分的完好和损坏程度将房屋划分为五个等级。

① 完好房，包括成新率在 80%以上的房屋，房屋的结构、装修、设备齐全完好，成色新，使用良好。

② 基本完好房，包括成新率为 60%～79%的房屋，房屋的结构、装修、设备基本完好，成色略旧并有少量或轻微损坏，基本能正常使用。

③ 一般损坏房，包括成新率为 40%～59%的房屋，房屋的结构、装修、设备有部分损坏或变形老化，需进行中、大修理。

④ 严重损坏房，成新率在 39%以下的房屋，房屋的结构、装修、设备有明显的损坏和变形，并且不齐全，需进行大修理或翻建。

⑤ 危房，房屋的结构已处于危险状态，随时有倒塌的可能。

其评定的部位包括以下部分。

① 结构部分：地基基础、承重部件、非承重构件、屋顶、楼地面。

② 装修部分：门窗、外抹灰、内抹灰、顶棚、细木装修。

③ 设备部分：水卫、电照、暖气、特种设备等。

各个地区可参照这个标准，根据各地区的客观实际规定等级量化的具体指标，使房屋完损等级的评定更趋于科学化、系统化、规范化。同时评估人员及评估机构要在统一打分标准的基础上，根据实际情况，制定不同类型建筑物成新率评分修正系数，作为按统一打分标准评分后的进一步修正。如表 5-4 所示。

表 5-4 不同结构类型房屋成新率评分修正系数表

项目	钢混结构			混合结构			砖木结构			其他结构		
	结构部分 G	装修部分 S	设备部分 B	结构部分 G	装修部分 S	设备部分 B	结构部分 G	装修部分 S	设备部分 B	结构部分 G	装修部分 S	设备部分 B
单层	0.85	0.05	0.1	0.7	0.2	0.1	0.8	0.15	0.05	0.87	0.1	0.03
二至三层	0.8	0.1	0.1	0.6	0.2	0.2	0.7	0.2	0.1			
四至五层	0.75	0.12	0.13	0.5	0.1	0.3						
六层	0.8	0.1	0.1	0.5	0.5							

$$\text{成新率}=\text{结构部分合计得分}\times G+\text{装修部分合计得分}\times S+\text{设备部分合计得分}\times B$$

式中，G 为结构部分评分修正系数；S 为装修部分评分修正系数；B 为设备部分评分修正系数。

2. 建筑物功能性贬值及经济性贬值的分析和估算

建筑物的功能性贬值是指由于建筑物用途、使用强度、设计、结构、装修、设备配备等不合理造成的建筑物功能不足或浪费所形成的价值损失。

建筑物用途与使用强度不合理是相对于其所占用的土地的最佳使用而言的。在实行房地产经营市场化或在有计划地最优开发利用土地的机制下，房地产是按最优利用的原则来形成价格的。如果出现建筑物用途及使用强度与其占用土地的最佳使用不一致，土地的最佳效用没有发挥出来，土地的价值就没有得到充分实现，或者说是土地的现实用途制约了土地最佳效用的发挥，从而使房地产贬值，这实质上是土地的贬值。从理论上讲建筑物用途及使用强度与其占用土地最佳使用不一致、不协调形成的功能性贬值，相当于建筑物所占用土地的现实用途与其最佳使用之间的价值差。在资产评估中，由于土地的评估通常按其最佳使用为依据进行，土地与建筑物用途不协调所造成的价值损失一般以建筑物的功能性贬值体现，因此有可能出现功能性贬值超过建筑物本身的价值的情况，即当土地上的建筑物用途与土地的最佳使用严重背离时，不仅建筑物不值钱，而且需为拆除建筑物而支付费用。

建筑物的设计以及结构的缺陷，将导致建筑物不能充分发挥其应有的功能和最大限度发挥其效用，从而使建筑物贬值。

建筑物的装修、设备与其总体功能的不协调，会出现“档次不够”和“档次过高”两种情况，也会造成建筑物的功能性贬值。建筑物装修、设备“档次不够”使建筑物的使用功能不能充分发挥，而建筑物装修和设备的超标准情况，即豪华装修以及与建筑物总体功能不协调的超一流设备，往往在增加建筑物使用价值不明显的前提下，形成建筑物局部功能浪费，其部分价值无法实现。

无论是哪种原因造成的建筑物的功能性贬值，在其具体估算过程中，都应与建筑物重新建造完全价格以及成新率的估算一并统筹考虑，以免出现重复考虑和漏评的现象。

经济性贬值是指由于房地产外界条件变化而影响了房地产效用的发挥，从而造成房地产贬值。例如在某个住宅区中建起了一座产生某种污染源的工厂，又如由于交通改造使某幢住宅距离交通站线更远了，再如由于经济不景气，商业用房的空房率增加，出租面积减少，工业用房大量闲置等。对于纯粹作为生活消费资料的房地产，其经济性贬值主要产生于其原有的某种环境效益的丧失，而对经营性房地产来说，其经济性贬值主要反映为经营收益的减少。

$$\text{经济性贬值}=\sum_{t=1}^{n}\frac{R_t}{(1+i)^t}$$

式中，R_t 为第 t 年收入损失额；i 为折现率；n 为预计损失时间。

【例 5-10】

1）估价对象概况

估价对象为某学校教学楼，坐落在市中心，占地面积为 800 平方米，建筑总面积为 2 400 平方米，该建筑物建于 2007 年 7 月，为钢筋混凝土结构。

2）估价要求

要求评估该宗房地产 2017 年 7 月的市场价格。

3）估价过程

（1）采用房地分估合一的评估思路。由于估价对象是学校教学楼，无直接收益，也很少有买卖实例，建筑物部分拟采用重置成本法进行评估。

（2）土地估测土地资产的市场价格。假定土地 1 280 元/平方米，则土地总价格为 1 024 000 元。

（3）估算建筑物的重置成本。按预决算调整法对待估对象的建筑造价（不包括土地价格）进行测算，得到该建筑物每平方米重置成本为 1 100 元（含合理利润、税费等），建筑物重置成本总额为 2 640 000 元。

（4）估算建筑物成新率。评估人员经现场察勘，并查阅了国家有关部门对钢筋混凝土结构建筑物耐用年限的有关指导性规定和标准，认为该教学楼尚可使用 60 年。

$$\text{成新率}=\frac{60}{10+60}\approx 85.7\%$$

（5）估算建筑物的功能性贬值和经济性贬值。由于被估对象为教学楼，待产权变动后要用于商业用途。而且被估房地产中的土地价格也是按商业用途寻找参照交易实例，采用市场比较法评估得出的。被估建筑物的内部格局在某些方面不适宜直接用于商业用途，需做内部格局的重新布置和装修，估计建筑物内部格局重新布置和装修的费用约 200 元/平方米，总费用为 480 000 元。

该建筑物不存在经济性贬值。

（6）建筑物评估值＝2 640 000×85.7%－480 000＝1 782 480（元）

（7）计算房地产评估值＝1 024 000＋1 782 480＝2 806 480（元）

二、房屋建筑物评估的残余估价法

房屋建筑物评估的残余估价法，是房屋建筑物与其基地合并计算收益，在以收益法以外的方法能求得土地的价格时，从建筑物及其基地所产生的纯收益中，扣除归属于基地的部分，即可得到归属于建筑物的收益，再将此残余的收益以建筑物的还原利率还原，即可求得建筑物的收益价格。在计算属于土地的纯收益时，一般是以市场法或成本法等求得土地价格乘上土地的还原利率来求得。

从资产评估原理的角度来说，建筑物残余估价法属于收益还原法的一种，是在土地或建筑物的价格用其他方法不能明确把握时的有效使用方法。例如，当建筑物的使用用途、使用强度与土地的最佳使用不尽一致，需判断因建筑物的存在而导致土地市值的减值幅度时，用其他方法很难做出准确判断，运用残余估价法可以给出一个比较合理的说明。此外，残余估价法对于检验建筑物的投资额是否过大或过小也很有用处。

残余估价法的运用要求被估对象是可以获得正常收益的资产，即只有有客观收益的房地产才能运用残余估价法。同时，运用残余估价法还要求建筑物的用途、使用强度及使用状态等与土地的最佳使用不能严重背离甚至冲突。例如，建筑物已破旧或容积率过低，造成房地产租金收入或收益极低，以至于租金收入或收益难以满足土地对其纯收益的要求时，采用残余估价法正确估价建筑物将是困难的。

$$B=\frac{a-L\times i_1}{i_2+d}=\frac{a_2}{i_2+d}$$

式中，a 为建筑物及基地所产生的纯收益；L 为土地价格；i_1 为土地还原利率；i_2 为建筑物还原利率；d 为建筑物折旧率；a_2 为建筑物纯收益；B 为建筑物收益价格。

【例 5-11】 某建筑物地基面积为 200 平方米，建筑物面积为 240 平方米，月租金 4 800 元，土地还原利率为 8%，建筑物还原利率为 10%，建筑物评估时的剩余使用年限为 25 年。用残余估价法评估该建筑物价格。

年房租总收入＝4 800×12＝57 600（元）

年总费用＝房屋损失准备费＋房产税＋土地使用税＋管理费＋修缮费＋保险费

其中：

房屋损失准备费（以半月租金计）＝4 800÷2＝2 400（元）

房产税（房租总收入的 12%）＝57 600×12%＝6 912（元）

土地使用税（每平方米每年 2 元）＝200×2＝400（元）

管理费（年租金的 3%）＝57 600×3%＝1 728（元）

修缮费（年租金的 4%）＝57 600×4%＝2 304（元）

保险费（年租金的 1%）＝57 600×1%＝576（元）

年总费用＝2 400＋6 912＋400＋1 728＋2 304＋576＝14 320（元）

年纯收益＝57 600－14 320＝43 280（元）

已知土地单价为 1 200 元，则

土地总价＝1 200×200＝240 000（元）

年土地纯收益＝240 000×8%＝19 200（元）

年建筑物纯收益＝43 280－19 200＝24 080（元）

建筑物折旧率＝1÷25＝4%

建筑物价格＝24 080×（P/A，14%，25）＝24 080×6.872 9≈165 499.43（元）

建筑物每平方米价格＝165 499.43÷240≈689.58（元）

三、房屋建筑物评估的市场法

建筑物评估的市场法，其基本思路是以市场上相同或类似建筑物的交易价格作为参照，经必要调整修正来确定被估建筑物价格。建筑物评估的市场法因参照物选取的不同而有多种情况。

（一）市场房价对照法

市场房价对照法首先要求掌握与被估对象相同或相似的建筑物的市场价格，以已知市场价格的建筑物作为参照物（一般应选取 3 个以上参照物），然后以被估建筑物为标准，对比分析参照建筑物，并将两者的差异量化，在参照物市场价格的基础上做出调整和修正，来得到被估建筑物价格的评估值。

市场房价对照法的关键在于准确获取与被估建筑物相同或相似的建筑物的市场价格。由于房屋价格通常包含地价，需要做必要的技术处理才能得到不含地价的建筑物价格。另外，在选择参照物时，一定要选择与被估对象具可比性的参照物，即参照物建筑在用途和结构方面应与被估建筑物相同或相似。需要调整的主要有装修、设备、朝向、建筑时间、维修保养等方面的差异因素。

（二）单位造价调整法

单位造价调整法是以现行单位建筑面积造价为基础，来调整估算被估建筑物市场价格的一种方法。该方法有两个基本环节。

（1）收集与被估建筑物相同结构、相同用途的建筑物的现行单位建筑面积造价，作为评估被估建筑物价格的基础。

（2）调整被估建筑物在地基处理、室内结构布置、装修标准、附属设施、建造时间、市场行情等方面与现行标准（现行单位造价所依据的标准）之间的差异，将收集到的建筑物现行标准单位造价，调整为被估建筑物单位市价。

第五节 在建工程评估

一、在建工程的含义与特点

在建工程是指在评估时点尚未完工或虽然已经完工，但尚未竣工验收、交付使用的建设项目，以及为建设项目备用的材料、设备等资产。在建工程的评估具有自身的特点，与单独的土地、已建成的房地产以及为工程准备的机器设备评估有一定的区别。

1. 在建工程情况复杂

在建工程的范围很广，情况复杂。以建筑工程为例，它包括建设中的各种房屋建筑物，而且建筑工程又包含各种设备安装，范围涉及各个行业，情况比较复杂，具有较强的专业技术特点。

2. 在建工程之间可比性较差

在建工程的工程进度差异很大，有的是刚刚投资兴建，有的已经完工但尚未交付使用。这些工程进度上的差异就会造成在建工程资产功能上的差异。因此，在建工程之间的可比性较差，评估时直接可比案例较少。

3. 在建工程的投资不能完全体现在建工程的形象进度

由于在建工程的投资方式和会计核算要求，其账面价值往往包括预付材料款和预付设备款，同时也记录在建工程中的应付材料款及应付设备款等，如出包工程的付款方式是由合同规定的，可能有时预付很多而工程进度未跟上，有时预付较少而进度超出。因此，在建工程的投资并不能完全体现在建工程的形象进度。

4. 建设工期长短差别较大

有些在建工程如厂区内的道路、设备基础等，一般工期较短；而有些在建工程如高速公路、港口码头等的建设工期就很长。

5. 在建工程的价格受后续工程的影响

对于建设工期较长的在建工程，建造期间材料、土地价格、设计等都可能发生变化，使在建工程的成本以及建成后发挥的效益都具有很多不确定性。因此，在建工程的价格与后续工程的进度和质量有着非常密切的关系。

二、在建工程评估的资料收集与分析

通过收集与在建工程评估有关的资料，确定被估在建工程的合法性，分析在建工程有关技术和经济指标。在建工程评估的资料一部分由委托方提供，同时，必须到现场实地考察，以获取更详细、直观的资料。在收集有关资料和实地勘察的基础上，要对与被估在建工程有关的宏观经济形势、市场情况和在建工程本身、区位条件、投资计划进度、发展商、施工等有关情况进行综合分析。

（1）收集与被估在建工程有关的政府批准文件和工程其他详细资料。政府批准文件如土地使用权出让合同、用地许可证、施工许可证、开工许可证、预售许可证等。其他资料如工程图纸、工程预算书、施工合同、有关账簿及原始记录等。从上述资料中明确项目名称、建筑面积、工程结构、工程预算、实际用款和完工程度，以及需要安装的设备名称、规格、型号、数量、合同金额、实际付款额、到货和工程安装情况等。

（2）评估人员到工程现场查勘工程进度和工程形象进度，明确工程竣工、达到交付使用的日期以及评估基准日工程形象进度是否与总工程进度计划相符。

（3）了解开发商有关情况，检查工程质量。要了解开发商的资质、财务状况、工程监管等情况。同时检查在建工程质量和建筑材料质量，明确建筑工程各组成部分是否存在缺陷及待修理的因素，在建工程整体布局是否合理。

（4）收集有关法定参数。如有关部门规定或制定的当地建筑工程预算定额、建筑工程间接费用标准、地方建筑材料价差指数、建筑工程预备费用及其他费用标准（如在建工程贷款利率）等。

三、在建工程评估的主要方法

（一）形象进度法

形象进度法是指选择足够的可比销售资料，根据在建工程建造完成后的房地产市场价格，结合工程形象进度评估在建工程价格的方法。

应用形象进度法评估在建工程价格的计算公式为

在建工程价格＝建造完成后的房地产市场单价×工程形象进度百分率×（1－折扣率）

其中在建工程建造完成后的房地产市场价格，一般可采用市场法或收益法评估。

工程形象进度百分率＝[（实际完成建筑工程量＋实际完成安装工程量）÷总工程量］×100%

折扣率的确定应考虑营销支出、广告费和风险收益等因素。

（二）成本法

成本法评估在建工程是按在建工程客观投入的成本评估，即以开发或建造被估在建工程已经耗费的各项必要费用之和，再加上正常的利润和应纳税金来确定被估在建工程的价格的方法。

在建工程价格＝土地取得费用＋专业费用＋建造建筑物费用＋正常利税

其中，取得土地费用可以采用成本法、市场法或基准地价修正系数法等进行评估。

专业费用包括咨询、规划、设计等费用。

建造建筑物费用是指在评估基准日在建工程已经耗费的各项必要建造费用之和。

（三）假设开发法

用假设开发法评估在建工程，是在求取被估在建工程的价格时，将被估在建工程预期开发完成后的价值，扣除后续正常的开发费用、销售费用、销售税金及开发利润，以确定被估在建工程价格的一种评估方法。

应用假设开发法评估在建工程价格的公式为

在建工程价格＝房地产预期售价－（后续工程成本＋后续工程费用＋正常利税）

房地产预期售价可以采用市场法或收益法评估。

四、在建工程评估方法的选择

根据在建工程的上述特点，在建工程评估一般根据工程形象进度，选用适用的方法进行评估。

（1）整个建设工程已经完成或接近完成，只是尚未交付使用的在建工程，可采用工程形象进度法进行评估，按在建工程建成后的房地产的市场价值结合工程形象进度做适当扣减作为其评估值。

（2）对于实际完成工程量较少的在建工程，可采用成本法或假设开发法进行评估。

（3）属于停建的在建工程，要查明停建的原因，确因工程的产、供、销及工程技术等原因而停建的，要考虑在建工程的功能性及经济性贬值，进行风险系数调整。

复习思考题

一、简答题

1. 土地的自然特性和人文特性有哪些？
2. 房屋建筑物有何特点？
3. 房地产的特性主要表现在哪些方面？
4. 房地产市场与一般市场相比有哪些特征？
5. 房地产评估的基本原则有哪些？
6. 房地产评估程序是什么？
7. 土地价格与一般商品价格相比，其特殊性主要表现在哪些方面？
8. 房地产价格具有哪些特征？影响房地产价格的因素有哪些？
9. 土地使用权价格评估的市场法的原理是什么？应用市场法评估土地使用权价格的操作程序是什么？

10. 什么是土地还原利率？测算土地还原利率的方法有哪些？

11. 运用重置成本法测算土地价格的基本程序是什么？

12. 什么是剩余法？运用剩余法测算土地价格的基本思路和基本程序是什么？

13. 路线价法的基本思路是什么？

14. 单独评估房屋建筑物采用重置成本法的理由是什么？

15. 什么是房屋建筑物评估的残余估价法？运用残余估价法测算房屋建筑物价格基本程序是什么？

16. 在建工程评估的主要方法有哪些？

二、单项选择题

1. 我国的土地可以分为国家所有土地和集体所有土地两种。这种分类的标准是（　　）。

A. 土地的社会经济用途　　B. 土地的所有权归属

C. 土地的经济地理位置　　D. 土地的利用程度

2. 土地本身所具有的不以人的意志为转移的特殊性质是土地的（　　）。

A. 自然特性　　B. 固有特性

C. 先天特性　　D. 天然特性

3. 土地一旦为某单位所使用，其他单位或个人就不能使用，也就是说，通过一定的社会关系和法律关系可以把土地作为社会和个人财富，或作为谋取财富的手段而加以垄断。这体现了土地的人文特性中的（　　）。

A. 用途多样性　　B. 不可替代性

C. 经济地理位置的可变性　　D. 可垄断性

4. 一定时期、一定区域内不同用途土地使用权的级别平均价格叫作土地的（　　）。

A. 基准地价　　B. 标定地价

C. 出让底价　　D. 土地交易成交价格

5. 处在不同地域的土地，尽管其地质条件完全相同，但其价格会有很大的差异。这体现了土地资产价格特点中的（　　）。

A. 土地价格不是土地价值的货币表现，其价格不由生产成本决定

B. 土地价格主要由土地的需求决定

C. 土地价格具有明显的区域性

D. 土地价格的上涨性

6. 下列有关房屋建筑物特点的说法错误的是（　　）。

A. 房屋建筑物不能脱离土地而独立存在

B. 房屋建筑物的使用价值是有年限的

C. 房屋建筑物属于可再生性社会资源

D. 房屋建筑物属于不可再生性社会资源

7. 由于房地产具有用途的多样性，不同的利用方式所能为权利人带来的收益量是不同的，而且房地产权利人都期望从其所占有的房地产上获得更多的收益，并以能满足这一目的为确定房地产利用方式的依据。这是房地产评估的（　　）

A. 贡献原则　　B. 替代原则

C. 最有效使用原则　　　　D. 预期收益原则

8. 政府出让土地使用权（尤其是拍卖）时所确定的最低价格是指土地的（　　）。

A. 出让底价　　B. 转让价格　　C. 基准地价　　D. 出租价格

9. 位置因素、地形地质因素、面积因素、地块形状因素、土地利用因素都是影响地产价格的因素，它们均属于（　　）。

A. 个别因素　　B. 一般因素　　C. 区域因素　　D. 普通因素

10. 如果一幢房屋的成新率为50%，房屋的结构、装修、设备有部分损坏或变形老化，需进行中、大修理，则该房屋属于（　　）。

A. 基本完好房　　B. 一般损坏房　　C. 严重损坏房　　D. 危房

11. 某钢筋混凝土6层框架楼房，经评估人员现场打分，结构部分得分75，装修部分得分80，设备部分得分65。结构部分评分修正系数为0.75，装修部分评分修正系数为0.12，设备部分评分修正系数为0.13。则该楼房的成新率为（　　）。

A. 76.2%　　B. 74.3%　　C. 75.4%　　D. 76.0%

12. 某项工业用地最高出让年限为40年，实际转让年限为36年，若还原利率取9%，则年限修正系数为（　　）。

A. 0.986　　B. 0.992　　C. 0.981　　D. 0.930

13. 在估算土地所有权收益时，其中有一种方法为：土地所有权收益＝（土地取得费＋土地开发费＋税费＋利息＋利润）×增值收益率。其中增值收益率一般为（　　）。

A. 15%～20%　　B. 20%～25%　　C. 25%～30%　　D. 30%～35%

三、多项选择题

1. 下列属于土地自然特性的有（　　）。

A. 土地数量的稳定性　　B. 土地位置的不可移动性

C. 土地效用的持久性　　D. 土地用途的广泛性

E. 土地数量的稀缺性

2. 下列属于房屋建筑物特点的有（　　）。

A. 房屋建筑物不能脱离土地而独立存在

B. 房屋建筑物可以脱离土地而独立存在

C. 房屋建筑物的使用价值是有年限的

D. 房屋建筑物属于可再生性社会资源

E. 房屋建筑物属于不可再生性社会资源

3. 基于土地与房屋建筑物的各自特性，房地产的特性主要有（　　）。

A. 房地产位置具有固定性、区域性和个别性

B. 房地产可供使用的长期性

C. 房地产投资数额的巨大性

D. 房地产的保值性和增值性

E. 房地产投资的风险性和难以变现性

4. 房地产评估原则是灵活、有效地选择和运用评估方法并得出适当评估结论的前提。下列属于房地产评估原则的有（　　）。

A. 供给与需求原则　　B. 最有效使用原则

C. 替代原则　　D. 预期收益原则

E. 土地与建筑物分离估价原则

5. 房地产评估的程序有（　　）。

A. 明确评估基本事项　　B. 制订工作计划

C. 实地勘察与收集资料　　D. 测算被估房地产的价格

E. 确定评估结果和撰写评估报告

6. 土地资产价格体系就是土地使用权的价格体系，它是由若干种类地价所构成的，我国的土地资产价格体系包括（　　）。

A. 土地的基准地价　　B. 土地的标定地价

C. 土地的出让底价　　D. 土地的转让价格

E. 土地的租赁价格

7. 土地价格与一般商品价格相比，其特殊性主要表现在（　　）。

A. 土地价格构成的特殊性　　B. 土地价格决定机制的特殊性

C. 土地市场供求关系的特殊性　　D. 土地价格呈不断增值趋势性

E. 土地价格呈不断减值趋势性

8. 影响房地产价格的一般因素是指影响房地产价格的一般、普通、共同的因素。它通常会对整个房地产市场产生全面影响，从而成为影响房地产价格的基本因素。主要包括（　　）。

A. 社会因素　　B. 经济因素　　C. 政策因素

D. 交通状况　　E. 临街状况

9. 土地使用权价格评估的市场法的操作程序有（　　）。

A. 踏勘被估地产

B. 收集地产交易实例资料

C. 选取供比较参照的交易实例

D. 修正被估地产与交易实例之间差异因素

E. 决定最可能实现的价格

10. 被估地产与交易实例之间的差异因素修正主要包括（　　）。

A. 交易情况修正　　B. 交易时间修正　　C. 区域因素修正

D. 个别因素修正　　E. 价格因素修正

11. 地产客观收益的求取，通常包括的步骤有（　　）。

A. 求取总收入　　B. 求取总费用　　C. 求取总收益

D. 求取土地纯收益　　E. 求取还原利率

12. 土地还原利率是指较能客观地反映土地收益和风险的投资报酬率，应该等同于具有相同风险的投资的资本收益率。在实际操作过程中，求取土地还原利率的方法有（　　）。

A. 租价比法　　B. 无风险报酬率加风险调整值法

C. 市盈率法　　D. 排序插入法

E. 综合资金成本法

13. 对土地使用权价格评估的方法主要有（　　）。

A. 市场法　　B. 收益法　　C.成本法

D. 残余估价法　　E. 路线价法

14. 房屋建筑物评估的方法主要有（　　）。

A. 市场法　　B. 收益法　　C.成本法

D. 残余估价法　　E. 剩余法

15. 在建工程评估的方法主要有（　　）。

A. 形象进度法　　B. 收益现值法　　C. 成本法

D. 假设开发法　　E. 剩余法

四、计算题

1. 某市某区有层面为三层的砖混结构办公楼，土地总面积为 600 平方米，房屋建筑总面积为 1 000 平方米，月租收入 18 万元，定约日 2016 年 1 月，建筑物已经使用 10 年，假设建筑物的还原利率为 10%，耐用年限为 60 年，土地还原利率为 8%。

其他资料：附近类似房屋的出租价格水平，2018 年定约的类似房屋的年租金水平为 1 820 元/平方米，据此资料分析，本例的租金由于是在 2016 年 1 月定约，属于偏低，需根据附近类似房屋租金水平进行调整，通过分析比较，该被评估房地产的租金应为每 2 000 元/平方米。

要求：试评估本例房屋基地在 2018 年 1 月的非有限期土地价格及有限期为 50 年的土地价格。

2. 某建筑物地基面积为 2 000 平方米，建筑物面积为 900 平方米，月租金 80 000 元，土地还原利率为 8%，建筑物还原利率为 10%，建筑物评估时的剩余使用年限为 30 年。

其他资料如下：

（1）房屋损失准备费以半月租金计；

（2）房产税为房租总收入的 12%；

（3）土地使用税为每平方米每年 2 元；

（4）管理费为年租金的 6%；

（5）修缮费为年租金的 5%；

（6）保险费为年租金的 1.5%。

要求：用残余估价法评估该建筑物价格。

第六章 无形资产评估

本章主要介绍无形资产评估及无形资产评估的主要方法。

无形资产是知识经济时代企业发展的重要资源，已日益成为企业赢得竞争优势、获取超额利润的源泉。无形资产评估正成为资产评估中日益重要且最具发展空间的部分。由于无形资产的特点，无形资产的功能特性表现为共益性、积累性和替代性，无形资产评估不同于其他有形资产评估。

【重要概念】 无形资产　无形资产评估　超额收益

第一节　无形资产评估概述

一、无形资产的特点、功能特性及分类

（一）无形资产的特点

无形资产是指特定主体所控制的，不具备实物形态、对生产经营长期发挥作用且能带来经济利益的资源。包括专利权、专有技术、商标权、著作权、土地使用权、特许权和商誉等。

无形资产与有形资产相比有其特殊之处，其特点有以下几个。

1. 非实体性

无形资产没有具体的物质实体形态，是隐形存在的资产。但是无形资产也有其一定的有形表现形式，如专利证书、商标标记、技术图纸、工艺文件、软盘等。无形资产与有形资产的根本区别在于有形资产的价值取决于有形要素的贡献，无形资产的价值则取决于无形要素的贡献。

2. 排他性

无形资产往往是由特定主体排他占有，凡不能排他或者不需要任何代价即能获得的，都不是无形资产。无形资产的这种排他性有的是通过企业自身保护得以实现的；有的是以适当公开其内容作为代价来取得广泛而普遍的法律保护；有的则是借助法律的保护并凭借长期生产经营服务中的信誉取得社会的公认。

3. 效益性

并非任何无形的事物都是无形资产，成为无形资产的前提是其必须能够以一定的方

式，直接或间接地为其控制主体（所有者、使用者或投资者）创造效益，而且必须能够在较长时期内持续产生经济效益。

4. 不确定性

无形资产的不确定性较有形资产而言比较大，相对来讲评估风险也比较大。这种不确定性主要表现为无形资产的使用寿命及为所有者或占有者带来的经济效益具有一定的不确定性，受到市场竞争、政策变化、技术发展、产品质量等许多因素的影响。

（二）无形资产的功能特性

1. 共益性

无形资产区别于有形资产的一个重要特点是，它可以作为共同财富，由不同的主体同时共享。通过合法的程序，一项无形资产可以为不同的权利主体共同享用，也可以在其所有者继续使用的前提下，多次转让其使用权。例如，一项先进技术可以使一系列企业提高产品质量、降低产品成本；一项技术专利在一个企业使用的同时，并不影响转让给其他企业使用。但是，无形资产的共益性也受到市场有限性和竞争性的制约，如由于追求自身利益的需要，各主体对无形资产的使用还必须受相关合约的限制。因而，评估无形资产，必须考虑无形资产的保密程度和作用环境。在转让方继续使用该项无形资产的情形下，也要考虑由于无形资产的转让形成竞争对手，从而增加竞争压力的机会成本。

2. 积累性

无形资产的积累性体现在两个方面：一是无形资产的形成基于其他无形资产的发展；二是无形资产自身的发展也是一个不断积累和演进的过程。因此，一方面无形资产总是在生产经营的一定范围内发挥特定的作用，另一方面无形资产的成熟程度、影响范围和获利能力也处在变化之中。

3. 替代性

在承认无形资产具有积累性的同时，还要考虑到它的替代性。例如，一种技术取代另一种技术，一种工艺替代另一种工艺，等等，其特性不是共存或积累，而是替代、更新。一种无形资产总会由更新的无形资产所取代，因而必须在无形资产评估中考虑它的作用期间，尤其是尚可使用年限。这要取决于该领域内技术进步的速度，取决于无形资产带来的竞争。

（三）无形资产的分类

对无形资产进行必要的分类，一方面是便于把握无形资产和识别无形资产；另一方面也便于了解无形资产的属性及作用空间，以便进一步掌握无形资产的价值变化规律。

1. 按无形资产作用的领域分类

（1）促销型无形资产：商标/商号、顾客名单、特许权、许可证、经销网络、包装、广告资料等。

（2）制造型无形资产：专利权、非专利技术、专有技术、合同权利、新产品开发数据资料、经营秘密、配方、图纸等。

（3）金融型无形资产：优惠融资、不竞争合同条款、租赁权、版权、配套员工、数据库、软件、商誉等。

2. 按无形资产的性质分类

（1）知识型无形资产：专利权、非专利技术、计算机软件、著作权（版权）、商标权等。

（2）权利型无形资产：土地使用权、开矿权、租赁经营权、特许经营权、专营专卖权、许可证、优惠融资条款等。

（3）关系型无形资产：顾客名单、销售网络、有组织的员工等。

（4）综合型无形资产：不包括在上述三类无形资产中的无形资产，如商誉。

3. 按无形资产取得的方式划分

（1）自创无形资产：由自己研制创造获得以及由于客观原因形成的无形资产。

（2）外购无形资产：以一定代价从其他单位或个人购入的无形资产。

二、影响无形资产评估价值的因素

（一）创造无形资产的成本

无形资产的形成与有形资产的形成一样，都需要花费一定的成本，只是形成有形资产的成本更清晰，更易于计量，而形成无形资产的成本由于具有不完整性、弱对应性和虚拟性，其成本计量更困难。无形资产产生具有一次性的特点，即无形资产不像有形资产那样批量生产，因此不具有横向可比性，除土地使用权外，一般不用市场法评估。无形资产的形成相对有形资产而言，具有更大的不确定性，其成本的确定存在较大困难，因此成本法的应用也受到一定限制。但是，无形资产的形成毕竟是有成本的，这些成本主要包括创造发明成本（取得成本）、法律保护成本和发行推广成本等。

（二）机会成本

无形资产的机会成本是指无形资产的所有者将无形资产转让、投资、出售出去以后，无形资产应用更加广泛，使竞争加剧，导致市场价格下降、市场份额缩小而损失的收益以及竞争费用等费用的上升而增加的支出。

（三）效益因素

无形资产的价值取决于它能够给企业带来超额收益。一项无形资产，在一定条件下的获利能力越强，其评估值就越高；获利能力越弱，其评估值越低。效益因素是从无形资产的产出角度来评价无形资产的价值的；成本是从无形资产的形成角度来评价无形资产的价值的，两者之间有一定的不确定性。有些无形资产，虽然形成成本很高，但收益能力低微，其评估值就会很低；甚至有些“无形资产”形成成本很高，但是没有获利能力，如可口可乐在20世纪80年代花巨资研制开发的新配方，成本很高，但不为市场接受，最终弃之不用。该配方就不能称为无形资产，因为没有一点儿价值。

（四）使用期限

无形资产都有一定的使用期限。使用期限的长短，一方面取决于无形资产的保护形式，另外一方面取决于它实际具有的获利能力。前者一般由法律、合同等规定；后者一般取决于无形资产的先进程度和损耗大小。评估无形资产的使用期限时，不仅要注意到无形资产的法定保护期限或合同使用期限，更要注意该无形资产实际具有的超额获利能力的期限（收益期限）。如专利权的保护期限为 10 年或者 20 年，当专利技术实际具有的获利期限小于 10 年或者 20 年时，只能以该期限为准。

（五）技术因素

一般的科技成果都有一个发展—成熟—衰退的过程，有一个使用寿命问题。科技成果的成熟度如何，直接影响无形资产评估值的高低。技术成熟度越高，应用风险就越小，评估值就越高；如果技术不够成熟，或其产品尚未打开市场，那么应用该技术的风险就会比较大，评估值就会比较低。因此，在评估时要恰当评估无形资产的技术成熟度。

国内外该种无形资产的发展趋势、更新换代情况和速度等因素也会对无形资产评估值产生影响。无形资产的更新换代越快，其损耗越大，其评估值越低。因此，评估时要注意收集与被评估无形资产同类型的无形资产在国内外的发展趋势及更新换代的情况。

（六）转让内容

有形资产可以转让其所有权（出售），或转让其使用权（出租）。无形资产在转让时会更灵活，不仅可以转让所有权和使用权，而且使用权的转让具有各种不同的内容。一般而言，转让所有权的评估值会高于使用权；权限大的使用权的价值会高于权限小的使用权的价值。

（七）风险因素

无形资产从开发到收益会遇到很多风险，主要有开发风险、转化风险、实施风险、市场风险等。这些风险的存在使无形资产价值的实现有一定的不确定性。

（八）市场因素

市场需求情况，一般反映在两个方面：一是无形资产市场需求情况；二是无形资产的适用程度。对于可出售、转让的无形资产，其评估值随市场需求的变化而变动。市场需求越大，垄断性越高，则评估值就越高；需求越小，或有同类无形资产代替，评估值就会降低。无形资产需求的高低受到其适用范围和适用程度的影响。一般而言，适用范围越大，适用程度越高，则需求越大，评估值越高。

同类或相似的无形资产在近期的市场价格，以及无形资产相关产品或行业的市场容量大小、市场前景、市场竞争状况和产品供需状况等因素，对被评估资产也有影响。

（九）其他因素

无形资产评估值的高低，还取决于受到相关法律条款影响的产权因素、无形资产交易与转让的价款支付方式、各种支付方式的提成基数、提成比例等。

三、无形资产评估的程序

无形资产评估程序是评估无形资产的操作规程，它既是评估工作规律的体现，也是提高评估工作效率、确保评估结果科学有效的手段。

（一）明确评估目的

无形资产评估目的由发生的经济行为决定。一般来说无形资产评估须以产权变动为前提。从目前所发生的情况看，下述资产业务居多：无形资产的转让；无形资产投资；股份制改造中；合资、合作、重组及兼并；法律诉讼；银行质押贷款，等等。

在明确目的的同时，还须了解被评无形资产的转让内容及转让过程中的有关条款，这样评估人员才能正确确定无形资产的评估范围、基础数据及参数的选取。

（二）鉴定无形资产

对无形资产进行鉴定是进行无形资产评估的基础工作，这直接影响到评估范围和评估价值的科学性。通过无形资产的鉴定，可以解决以下问题。

1. 确认无形资产存在

确认无形资产存在主要是验证无形资产来源是否合法，产权是否明确，经济行为是否合法、有效。可以从以下几方面进行：第一，查询被估无形资产的内容、国家有关规定、专业人员评价情况、法律文书（如专利证书、技术鉴定书等），核实有关资料的真实性、可靠性和权威性。第二，分析无形资产使用所要求的与之相适应的特定技术条件和经济条件，鉴定其应用能力。第三，确定无形资产的归属是否为委托者所拥有，要考虑其存在的条件和要求，对于剽窃、仿造的无形资产要加以鉴别，对于部分特殊的无形资产要分析其历史渊源，看其是否符合国家的有关规定。

2. 鉴别无形资产种类

鉴别无形资产种类主要是确定无形资产的种类、具体名称、存在形式。有些无形资产是由若干项无形资产综合构成，应加以确认和分离，避免重复评估和漏评估。

3. 确定无形资产有效期限

无形资产有效期限是其存在的前提。某项专利权，如超过法律保护期限，就不能作为专利权评估。有效期限对无形资产评估值具有很大影响，如有的商标，历史越悠久，价值越高；有的商标历史并不悠久，也可能具有较高价值。

（三）收集相关资料

评估无形资产需要的相关资料包括以下内容。

（1）无形资产的法律文件或其他证明材料。

（2）无形资产的自创成本或外购成本。

（3）使用无形资产给受益主体带来的经济效益。

（4）无形资产的存续期、法定期限、受益年限、技术寿命期等。

（5）技术性无形资产在所处技术领域中所处的发展阶段、开发程度、领先程度以及替代技术的现状等。

（6）权属转让内容与条件。

（7）同类无形资产在市场上的需求、范围、活跃程度、变动情况等。

（8）行业盈利水平及风险。

（四）确定评估方法

应根据评估无形资产的具体类型、特点、评估目的及外部市场环境等具体情况，选用合适的评估方法。无形资产的评估方法主要包括市场法、收益法和成本法。

（五）整理并撰写报告，做出评估结论

无形资产的评估报告基本要求应符合《资产评估执业准则——无形资产》的要求。应当强调的是无形资产评估报告中要注重评估推理过程的陈述，明确阐释评估结论产生的前提、假设及限定条件，各种参数的选用依据，评估方法使用的理由及逻辑推理方式。一般要根据评估对象进行三方面的陈述：①描述性陈述；②分析性陈述；③综合性陈述。

第二节　无形资产评估的收益法

采用收益法进行评估时，要充分考虑法律法规、宏观经济环境、技术进步、行业发展变化、企业经营管理、产品更新和替代等因素对无形资产收益期、收益额与折现率的影响，当与实际情况明显不符时，要分析产生差异的原因。

一、无形资产评估中收益法的应用形式

无形资产的存在价值是通过为特定权利主体人带来超额利润或垄断利润体现出来的。超额利润是指在其他条件保持社会平均水平的条件下，能够获得高于社会平均水平的收益。购买方购入和运用无形资产后，亦可以在一定时间、地域范围内形成垄断，通过垄断价格实现垄断利润。收益法是从无形资产的收益入手，将无形资产带来的超额收益资本化或折成现值，作为无形资产评估价值。收益法适合于大多数无形资产的评估。

$$无形资产评估值=\sum（预计年收益分成额\times 相应的现值系数）$$

二、超额收益及其测算方法

运用收益法，要注意合理确定超额获利能力和预期收益，分析与之有关的预期变动，受益期限，与收益有关的资金规模、配套资产、现金流量、风险因素及货币时间价值。

（一）超额收益形成的原因

（1）无形资产的存在使企业相关产品的产量、销量增加或产品价格提高，或者两者兼而有之。

（2）无形资产的存在降低了企业的生产经营成本，形成了生产经营费用的节约额。

因此我们可以把无形资产形成的超额收益划分为：①收入增加型，指无形资产应用于生产经营过程，能够使得产品的销售收入有较大幅度增加。②费用节约型，指无形资产的应用，使得生产产品中的成本费用降低，从而形成超额收益。

（二）超额收益的测算方法

无形资产超额收益的测算是建立在未来预期分析的基础之上的，因此预测的合理性直接影响到评估结果。测算无形资产的超额收益既要考虑无形资产的作用形式，也要考虑无形资产的转让形式。

1. 分成率法

由于无形资产附着于有形资产发挥作用，所以可以采用分成率法剥离无形资产与有形资产共同产生的收益。这也是目前国际和国内技术交易中常用的实用方法。

无形资产形成的超额收益＝受让方实现的销售收入×销售收入分成率

＝受让方实现的利润×利润分成率

其中

销售收入分成率＝利润分成率×销售利润率

关于无形资产分成率的选择，可考虑按同行业约定俗成的无形资产收入或收益分成率确定，如行业技术分成率、特许使用权分成率、商标分成率等。在资产转让实务中，一般是确定一定的销售收入分成率，俗称“抽头”。例如，在国际市场上一般技术转让费占销售收入的3%～5%，如果按社会平均销售利润率10%推算，则技术转让费为销售收入的3%，利润分成率为30%。从销售收入分成率本身很难看出转让价格是否合理，但是，换算成利润分成率，则可以加以判断。

【例6-1】 某企业拟转让一项专利技术给长风公司，转让期5年，销售收入分成率为4%。长风公司使用该项技术预计今后5年的销售收入分别为500万元、750万元、875万元、1 125万元、1 250万元，假定根据风险确定折现率为10%，则计算如下：

受让方使用无形资产后每年的销售收入分成是

第一年：500×4%＝20（万元）

第二年：750×4%＝30（万元）

第三年：875×4%＝35（万元）

第四年：1 125×4%＝45（万元）

第五年：1 250×4%＝50（万元）

$$
\begin{aligned}
\text{无形资产评估值} &= 20\times(1+10\%)^{-1}+30\times(1+10\%)^{-2}+35\times(1+10\%)^{-3} \\
&\quad +45\times(1+10\%)^{-4}+50\times(1+10\%)^{-5} \\
&\approx 18.18+24.79+26.30+30.74+31.05=131.06\text{（万元）}
\end{aligned}
$$

【例6-2】 甲企业将一项专利使用权转让给乙公司，拟采用对利润分成的方法，利润分成率10%。该专利系3年前从外部购入，账面成本80万元，3年间物价累计上升25%，该专利法律保护期10年，已过4年，尚可保护6年。专业人员对该专利的技术论证和发展趋势进行分析，认为该专利剩余使用寿命为5年。另外，通过对市场供求状况及有关会计资料分析得知，乙公司实际生产能力为年产某型号产品20万台，成本费用每台约为 400 元，未来 5 年间产量与成本费用变动不大，该产品由于采用了专利技术，性能有较大幅度提高，未来第一年、第二年每台售价可达 500 元，在竞争的作用下，为维护市场占有率，第三年、第四年售价将降为每台 450 元，第五年降为每台 430 元，折现率确定为 10%。要求根据上述资料确定该专利评估值（不考虑流转税因素）。

首先确定每年利润额：

第一年、第二年＝（500－400）×20＝2 000（万元）

第三年、第四年＝（450－400）×20＝1 000（万元）

第五年＝（430－400）×20＝600（万元）

其次确定分成额：

第一年、第二年＝2 000×10%＝200（万元）

第三年、第四年＝1 000×10%＝100（万元）

第五年＝600×10%＝60（万元）

最后确定评估值为

200×0.909 1＋200×0.826 4＋100×0.751 3＋100×0.683 0＋60×0.620 9

＝181.82＋165.28＋75.13＋68.3＋37.254

＝527.784（万元）

2. 直接估测法

通过将使用无形资产前与使用无形资产后的收益情况进行对比分析，确定无形资产带来的超额收益。直接估测法既适合于无形资产作为独立的资产对外投资、转让的评估，亦适合于作为整体企业中的资产要素随同企业发生产权变动的评估。

（1）收入增加型。根据销售收入增加的原因，超额收益可表示为

$$R=(P_2-P_1)Q(1-T)$$

或

$$R=(Q_2-Q_1)(P-C)(1-T)$$

式中，R 为超额收益；P_2 为使用无形资产后单位产品的价格；P_1 为使用无形资产前单位产品的价格；Q_2 为使用无形资产后产品的销售量；Q_1 为使用无形资产前产品的销售量；C 为产品的单位成本；T 为所得税税率。

销售量增加不仅可以增加销售收入，而且还会引起成本的增加。因此，估算销售量增加形成收入增加，从而形成超额收益时，必须扣减由于销售量增加而增加的成本。同时应该注意的是，销售收入增加可以引起收益的增加，它们是同方向的，由于存在经营杠杆和财务杠杆效应，销售收入和收益一般不是同比例变动，这在计算中应予以考虑。

【例 6-3】 被评估企业年产甲产品 120 万件，每件售价 180 元，每件成本 160 元，预计未来 5 年不会发生变化。为提高收入，现在拟购买某著名商标 5 年的使用权。由于商标的知名度，预计使用该商标后，甲产品每件售价可上升到 200 元，每年可销售 150 万件，该厂设计生产能力为年产 150 万件。预计未来 5 年不会发生变化。预测该项无形资产运用带来的超额收益（企业所得税税率 25%）。

价格增长带来的超额收益 $R=(P_2-P_1)Q(1-T)$

$=(200-180)\times120\times(1-25\%)=1\,800$（万元）

销量增加带来的超额收益 $R=(Q_2-Q_1)(P-C)(1-T)$

$=(150-120)\times(200-160)\times(1-25\%)=900$（*万元*）

使用著名商标后，每年新增税后利润 $R=1\ 800+900=2\ 700$（*万元*）

（2）费用节约型。当假定销售量不变、价格不变时，费用节约带来的超额收益可表示为

$$R=(C_2-C_1)\ Q\ (1-T)$$

无形资产的超额收益，有时可能是收入增加和成本节约共同形成的，应根据实际分析结果，对上述三种情况进行不同组合，合理预测无形资产的综合超额收益。

上述三种计算方式中都涉及产品销售量，如果预期中不是采用企业评估基准日年份的实际销售量，就存在销售量预测问题。预测销售量时需考虑企业生产能力的配套，对扩大销售后，超出企业现有生产负荷能力引起的投资增加，在计算超额收益时要做必要的扣除。

3. 差额法

差额法的计算步骤如下。

（1）收集有关使用无形资产的产品生产经营活动的财务资料，进行盈利分析，得到经营利润和销售利润等基本数据。

（2）对上述生产经营活动中的资金占用情况进行统计，包括占用的固定资产、流动资产和已有账面价值的其他无形资产。

（3）收集行业平均资金利润率等指标。

（4）计算无形资产带来的超额收益。

超额收益＝净利润－净资产总额×行业平均利润率

4. 要素贡献法

有些无形资产，已经成为生产经营的必要条件，由于某些原因不可能或很难确定其带来的超额收益，这时可以根据构成生产经营的要素在生产经营活动中的贡献，从正常利润中粗略估计出无形资产带来的收益。我国理论界通常采用“三分法”，即主要考虑生产经营活动中的三大要素：资金、技术和管理，这三种要素的贡献在不同行业是不一样的。一般认为，资金密集型行业，三者的贡献依次是 50%、30%、20%；技术密集型行业，依次是 40%、40%、20%；一般行业，依次是 30%、40%、30%；高科技行业，依次是 30%、50%、20%。这些数据可供在确定无形资产收益额时参考。

三、折现率的估测

折现率是将无形资产带来的超额收益换算成现值的比率。它本质上是受让方投资无形资产的投资报酬率，其高低取决于无形资产投资的风险和社会正常的投资收益率。运用收益法时，应注意收益额的计算口径与被评估无形资产折现率口径保持一致，不要将其他资产带来的收益误算到被评估无形资产收益中。

折现率＝无风险报酬率＋无形资产投资风险报酬率

无形资产的投资风险报酬率，是无形资产投资风险补偿额相对于无形资产风险投资

额的比例，它的选择和量化主要取决于无形资产本身的状况，以及运用和实施无形资产的外部环境。因此，对于无形资产的投资风险报酬率不能一概而论，要根据具体的评估对象的具体情况分析判断而定。

【思考】 无形资产在存续期间的损耗有哪几种？为什么？

四、收益期限的估测

无形资产收益期限，是指无形资产发挥作用，并具有超额获利能力的时间。无形资产的收益期限可能比其法定保护期限短，因为它们要受许多因素的影响，如废弃不用、人们爱好的转变以及经济形势变化等，特别是科学技术发达的今天，无形资产更新周期加快，使得其经济寿命缩短。可见无形资产在发挥作用的过程中，其损耗是客观存在的。无形资产价值降低是由于无形损耗形成的，即由于科学技术进步而引起价值减少，具体来说，主要有下列三种情况。

（1）新的、更为先进、更经济的无形资产出现，这种新的无形资产可以替代旧的无形资产，使采用原无形资产无利可图时，原有无形资产价值就丧失了。

（2）因为无形资产传播面扩大，其他企业普遍掌握这种无形资产，获得这项无形资产已不需要任何成本，使拥有这种无形资产的企业不再具有获取超额收益的能力时，它的价值也就大幅度贬低或丧失。

（3）企业拥有的某项无形资产所决定的产品销售量骤减、需求大幅度下降时，这种无形资产价值就会减少，以致完全丧失。

以上说明的是确定无形资产的有效期限的理论依据。需要强调的是，无形资产具有获得超额收益能力的时间才是真正的无形资产有效期限。资产评估实践中，预计和确定无形资产的有效期限，可依照下列方法。

（1）法律或合同、企业申请书分别规定有法定有效期限和受益年限的，可按照法定有效期限与受益年限孰短的原则确定。

（2）法律未规定有效期，企业合同或企业申请书中规定有受益年限的，可按照规定的受益年限确定。

（3）法律和企业合同或申请书均未规定有效期限和受益年限的，按预计受益期限确定。预计受益期限可以采用统计分析或与同类资产比较得出。

【例 6-4】 某企业为了整体资产转让，需进行评估。现收集的有关资料如下：该企业多年来经营一直很好，在同行业中具有较强的竞争优势。经预测被评估企业未来 5 年预期净利润分别为 100 万元、110 万元、120 万元、140 万元、150 万元，从第 6 年起，每年收益处于稳定状态，保持在 150 万元的水平上。该企业一直没有负债，用加和法估算的企业各项可确指资产评估值之和为 1 250 万元。经调查，在评估基准日时，社会的平均收益率为 8%，无风险报酬率为 4%，被评估企业所在行业的 β 系数为 1.5，折现率与本金化率相同。

要求：根据以上资料，评估该企业的商誉价值。

首先，估算折现率：

$$R=4\%+1.5\times(8\%-4\%)=10\%$$

其次，确定该企业整体评估值为

$$100\times0.909\,1+110\times0.826\,4+120\times0.751\,3+140\times0.683\,0+150\times0.620\,9+150\div10\%\times0.620\,9=460.725+931.35=1\,392.075\text{（万元）}$$

最后，计算商誉的评估值：

$$1\,392.075-1\,250=142.075\text{（万元）}$$

第三节 无形资产评估的成本法

当被评估无形资产的确具有超额获利能力，但不宜采用市场法和收益法时，可采用成本法进行评估，但要注意根据现行条件下重新形成或取得该项无形资产所需的全部费用（含资金成本和合理利润）确定评估值，在评估中要注意扣除实际存在的功能性贬值和经济性贬值。

一、无形资产的成本特性

无形资产成本包括研制或取得、持有期间的全部物化劳动和活劳动的费用支出，主要有开发成本、转化成本、获权及维权成本、交易成本等。其成本特性表现为以下几点。

（一）不完整性

在企业生产经营过程中，科研费用一般都是比较均衡地发生的，并且比较稳定地为生产经营服务，但会计处理要遵循会计准则。我国 2006 年发布的《企业会计准则第 6 号——无形资产》规定：研究费用计入当期损益，开发费用在符合一定条件时予以资本化，计入无形资产。可见企业账簿上反映的无形资产成本是不完整的，大量账外无形资产的存在是不可忽视的客观事实。同时，即使是按国家规定进行费用支出资本化的无形资产的成本核算一般也是不完整的。因为知识资产的创立具有特殊性，有大量的前期费用，如培训、基础开发或相关试验等往往不计入该知识资产的成本，而是通过其他途径进行补偿。

（二）弱对应性

知识资产的创建经历基础研究、应用研究和工艺生产开发等漫长过程，成果的出现带有较大的随机性和偶然性，其价值并不与其开发费用和时间产生某种既定的关系。如果在一系列的研究失败之后偶尔出现一些成果，由这些成果承担所有的研究费用显然不够合理。而且继起的这些研究成果是否应该以及如何承担先行研究的费用也很难明断。

（三）虚拟性

由于无形资产成本的不完整性与弱对应性，无形资产的成本往往是相对的。特别是一些无形资产的内涵已远远超出了它的外在表现形式，这种无形资产的成本只具有象征意义。例如商标，其成本核算的是商标设计费、登记注册费、广告费等，而商标的内涵是标示商品内在质量信誉。这种无形资产实际上包括了该商品使用的特种技术、配方和多年的经验积累，而商标形式本身所花费的成本只具有象征性或称虚拟性。

二、无形资产评估中成本法的应用

无形资产的重置成本，是指现时市场条件下重新创造或购置一项全新无形资产所耗费的全部货币总额。根据企业取得无形资产的来源情况，无形资产可以划分为自创无形资产和外购无形资产。

无形资产评估值＝无形资产重置成本×成新率

（一）自创无形资产重置成本的估算

自创无形资产如果已有账面价格，由于它在全部资产中的比重一般不大，可以按照定基物价指数做相应调整，即得到重置成本。在实务上，自创无形资产往往无账面价格，需要进行评估。其方法主要有两种。

1. 核算法

无形资产重置成本＝成本＋期间费用＋合理利润

其中

期间费用＝管理费用＋财务费用＋销售费用

自创无形资产重置成本计算中一般需要考虑合理利润，合理利润来源于自创无形资产的成本及期间费用之和与外购同样的无形资产的平均市场价格之间的差额。基于一些特定评估目的时，计算无形资产重置成本可以不考虑合理利润。

2. 倍加系数法

对于投入智力比较多的技术型无形资产，考虑到科研劳动的复杂性和风险，可用以下公式估算无形资产重置成本。

$$T=(C+B_1V)\div(1-B_2)(1+P)$$

式中，T 为无形资产重置成本；C 为研制开发无形资产消耗掉的物化劳动；V 为研制开发无形资产消耗掉的活劳动；B_1 为科研人员创造性劳动的倍加系数；B_2 为科研的平均风险系数；P 为无形资产投资报酬率。

【例 6-5】 甲企业研制出一种含锌矿泉粉材料，在研制过程中共消耗物料及其他费用 50 万元，人员开支 20 万元。评估人员经测算，确定科研人员创造性劳动倍加系数为 1.5，科研平均风险系数为 0.2，该无形资产的投资报酬率为 30%，采用倍加系数法估算其重置成本。

无形资产的重置成本＝(50＋20×1.5)÷(1－0.2)×(1＋30%)＝130（万元）

（二）外购无形资产重置成本的估算

外购无形资产的重置成本包括购买价和购置费用两部分。一般有购置的原始记录，也可能有可以参照的现行交易价格，评估相对比较容易。其方法主要有两种。

1. 市价类比法

在无形资产交易市场中选择类似的参照物，再根据功能、技术先进性和适用性对其进行调整，从而确定其现行购买价格，购置费用可根据现行标准和实际情况核定。

2. 物价指数法

以无形资产的账面历史成本为依据，用物价指数进行调整，进而估算其重置成本。无形资产的成本包含物质消耗费用和人工消耗费用，前者与生产资料物价指数相关，后者与生活资料物价指数相关。在生产资料物价指数与生活资料物价指数差别较大的情况下，可依两类费用的大致比例按结构分别适用不同的指数估算；两种物价指数比较接近，且两类费用的比重有较大倾斜时，可按比重较大的费用适用的物价指数估算。

【例 6-6】 被评估企业 2015 年外购一项无形资产，购置成本 140 万元，2017 年进行评估。2015 年的物价指数为 100，2017 年的物价指数为 120。评估该项无形资产的重置成本。

$$该项无形资产的重置成本=140\times(120\div100)=168（万元）$$

【例 6-7】 被评估企业 2013 年外购一项无形资产，购置成本 200 万元，2017 年进行评估。2013～2017 年，每年物价上涨 10%。评估该项无形资产的重置成本。

$$该项无形资产的重置成本=200\times(1+10\%)^4=292.82（万元）$$

（三）无形资产成新率的估算

无形资产的功效损失主要有功能性贬值和经济性贬值，并通过其经济寿命的减少和缩短体现出来。无形资产成新率可以采用专家鉴定法和剩余经济寿命预测法确定。

1. 专家鉴定法

专家鉴定法是指邀请有关技术领域的专家，对被评估无形资产的先进性、适用性做出判断，从而确定其成新率的方法。

2. 剩余经济寿命预测法

剩余经济寿命预测法是指由评估人员通过对无形资产剩余经济寿命的预测和判断，从而确定其成新率的方法。

$$无形资产的成新率=\frac{无形资产尚可使用年限}{无形资产已使用年限+无形资产尚可使用年限}\times100\%$$

公式中，已使用年限比较容易确定，尚可使用年限应由评估人员根据无形资产的特征，分析判断获得。在评估实践中，确定适用的成新率时应注意无形资产使用效用与时间的关系，这种关系通常是非线性的。有的无形资产其效用是非线性递减（如技术型无形资产），有的无形资产其效用在一定时间内呈非线性递增（如商标）。评估人员应对这种变化趋势进行分析并予以说明。

【例 6-8】 被评估企业拟转让制药生产技术，经收集和初步测算已知下列资料：该制药生产技术系国外引进，账面价格 500 万元，已使用 3 年，尚可使用 9 年，3 年通货膨胀率累计为 10%。根据上述资料，按成本法计算确定该项技术的评估值。

$$该项无形资产的评估值=500\times(1+10\%)\times9\div(3+9)=412.5（万元）$$

【例 6-9】 被评估企业现有不同类型的设计工艺图纸 8 万张，需进行评估，以确定该设计工艺图纸的价值。估算过程如下。

第一步，分析鉴定图纸的使用状况。评估人员根据这些图纸的尺寸、所给产品的种类和周期进行分析整理。根据分析，将这些图纸分成以下四种类型。

（1）活跃/当前型：6.2 万张。它是指现正在生产，可随时订货的产品零件、部件、组合件的工程图纸及其他工艺文件。

（2）半活跃/当前型：0.9 万张。它是指目前已不再成批生产但仍可订货的产品零部件、组合件的工程图纸及其他工艺文件。

（3）活跃/陈旧型：0.7 万张。它是指计划停止生产但目前仍可供销售的产品的零部件、组合件的工程图纸及其他工艺文件。

（4）停止生产而且不再销售的产品的零部件、组合件的工程图纸及其他工艺文件，计 0.2 万张。

根据分析确定，继续有效使用的图纸计 7.1 万张。

第二步，估算图纸的重置完全成本。根据图纸设计、制作耗费及其现行价格分析确定，这批图纸每张的重置成本为 120 元。由此可以计算出这批图纸的重置完全成本。

图纸的重置完全成本＝71 000×120＝8 520 000（元）

第三步，估算图纸的成新率。假如由活跃/当前型图纸控制的产品的剩余使用年限为 5 年，总使用年限为 12 年，则

成新率＝剩余使用年限÷总使用年限×100%＝5÷12×100%＝41.67%

依这种做法，可以分别计算每种类型图纸的条件百分比。为了简化估算，假定估算出综合条件百分比为 40%。

第四步，估算这些图纸的价值。即

8 520 000×40%＝3 408 000（元）

第四节　无形资产评估的市场法

虽然无形资产具有的非标准性和唯一性特征限制了市场法在无形资产评估中的使用，但在评估实践中仍有应用市场法的必要性和可能性。国外学者认为，市场法强调的是具有合理竞争能力的财产的可比性特征。如果有充分的源于市场的交易案例，可以从中取得作为比较分析的参照物，并能对评估对象与可比参照物之间的差异做出合适的调整，就可应用市场法。如果需要使用市场法评估无形资产，评估人员应注意以下事项。

一、具有合理比较基础的类似的无形资产

作为参照物的无形资产与被评估无形资产至少要满足形式相似、功能相似、载体相似及交易条件相似的要求。所谓形式相似，是指参照物与被评估资产按照无形资产分类原则，可以归并为同一类。所谓功能相似，是指尽管参照物与被评估资产的设计和结构不可避免地存在差异，但它们的功能和效用应该相同或近似。所谓载体相似，是指参照物与被评估资产所依附的产品或服务应满足同质性要求，所依附的企业则应满足同行业与同规模的要求。所谓交易条件相似，是指参照物的成交条件与被评估资产模拟的成交条件在宏观、中观和微观层面上都应大体接近。关于上述要求，国际评估准则理事会颁布的《无形资产评估指南》指出：“使用市场法必须具备合理的比较依据和可进行比较的

类似的无形资产。参照物与被评估无形资产必须处于同一行业，或处于对相同经济变量有类似反应的行业。这种比较必须具有意义，并且不能引起误解。”

二、能够收集到相关的市场交易信息

收集类似的无形资产交易的市场信息是为横向比较提供依据，评估人员在参照物与被评估无形资产在形式、功能和载体方面满足可比性的基础上，应尽量收集致使交易达成的市场信息，即涉及供求关系、产业政策、市场结构、企业行为和市场绩效的内容。其中对市场结构的分析尤为重要，即需要分析卖方之间、买方之间、买卖双方、市场内已有的买方和卖方与正在进入或可能进入市场的买方和卖方之间的关系。评估人员应熟悉经济学市场结构做出的完全竞争、完全垄断、垄断竞争和寡头垄断的分类。而收集被评估无形资产以往的交易信息则是为纵向比较提供依据，评估人员既要看到无形资产具有依法实施多元和多次授权经营的特征，使得过去交易的案例成为未来交易的参照依据，同时也应看到，时间、地点、交易主体和条件的变化也会影响被评估无形资产的未来交易价格。

无论是横向比较，还是纵向比较，参照物与被评估无形资产都会因时间的推移，经济、行业和无形资产的环境变化而产生差异，评估人员应对此做出言之有理、持之有据的调整。

三、信息应是相关、合理、可靠和有效的

相关是指所收集的价格信息与需要做出判断的被评估无形资产的价值有较强的关联性；合理是指所收集的价格信息能反映被评估无形资产载体结构和市场结构特征，不能简单地用行业或社会平均的价格信息推理具有明显结构异质特征的被评估无形资产的价值；可靠是指所收集的价格信息经过对信息来源和收集过程的质量控制，具有较高的置信度；有效是指所收集的价格信息能够有效地反映评估基准日的被评估无形资产在模拟条件下的可能的价格水平。

第五节　技术型无形资产的评估

一、专利

（一）专利的概念和分类

专利是发明创造者对其技术发明成果享有的独占性利益，是在技术发明成果成为财富、成为商品的历史条件下产生和发展的。把技术发明成果作为发明者的专利并由国家加以保护，形成现代专利制度。

“专利”一词在专利制度里通常有三种意思。

（1）发明创造。发明创造即受专利法保护的发明、实用新型和外观设计。

（2）专利权。专利权即权利人在法定期限内对其发明创造所享有的独占专有权。

（3）专利证书。专利证书即记载着发明创造内容和专利权归属的一种法律文件。

我国依法保护的专利同世界各国大体相同，分为三种。

（1）发明。发明在技术上实现了创新和突破；在经济上不仅是先进的而且是适用的，能够带来效益。

（2）实用新型。实用新型即对产品的形状、构造或其组合的革新设计，它与发明的主要区别是发明水平较低，通常又称小发明。

（3）外观设计。外观设计即对产品形状、图案、色彩或其结合做出富有美感的并适合工业应用的设计。

（二）专利的特点

专利具有如下特点。

1. 专有性

专利的拥有者具有在专利权有效期内，排他性地运用专利的特权。任何单位和个人未经专利权人许可，都不得实施其专利，即不得以生产经营为目的，制造、使用和销售其专利产品，或使用专利方法，如欲实施其专利，必须与专利人签订书面合同，向专利权人支付专利使用费用。

2. 区域性

一国所确认和保护的专利，只在本国和所参加的国际专利联盟的成员国范围内有效，超出了这个范围，专利权就失效。不实行专利制度，也未参加国际专利联盟的国家没有义务保护别国专利，可自由利用一切可获得的技术，但这种国家通常在国际贸易中被置于极端不利的地位。

3. 时间性

专利受法律保护具有一定期限，各国规定的专利期限一般为15～20年，专利期满后，发明创造即归社会所有，任何人都可以无偿使用，我国现行法律规定的专利年限是发明为20年，实用新型和外观设计为10年。

4. 可转让性

专利权可以转让，由当事人订立合同，并经原专利登记机关或相应机构公告生效，专利权一经转让，原发明者不再拥有专利权，购入者继承专利权。

（三）专利的评估

1. 专利的成本费及其评估

专利的成本费通常包括研究开发费用（直接的与间接的）、专利申请维持费、审查费、复审费、年费等项，其中研究开发费用所占比重较大，专利年费是专利管理机关依法向专利持有者收取的年费，不按规定缴纳年费时，专利即告结束。

当专利是从外部购入时，成本费主要由购价组成，也包括专利年费、转让费、税金和利润等项。

专利的成本费与专利可以带来的额外收益没有必然的联系，评估专利的重置成本，可以是为了向侵权者索赔，有时也可以按财务制度的规定用于成本摊销补偿，此外还可以作为专利投资确定底价的参考因素，特别是在专利权预期收益很难测定，同时也没有什么依据表明预期收益的本金化价格将大大偏离重置成本时，重置成本作为投资底价的参考因素是合适的。

2. 专利的收益现值及其评估

专利可以特许他人使用，也可以转让，于是出现了作为单项资产的专利转让、特许使用和投资等资产业务，也出现了专利随同其所在的企业或其他整体资产一同转让、特许使用和投资等资产业务，这时都需要对专利进行评估，采用估价标准是收益现值，因为专利不是普通的生产要素，而是具有专有性并带有超额利润的生产要素，所以，不能仅仅根据其成本估价，而主要应根据它所能带来的超额收益来估价。当然，由于专利的预期超额收益具有较大的不确定性，所以风险较大，所适用的本金化率也相应提高一些。

【例 6-10】 运用混合计价法对专利权的评估。

某汽车制造厂从国外引进一种新型的汽车制造专利技术，经双方商定，引进技术费用按混合计价法计算，具体规定如下：

（1）由进口方在引进时先付入门费 8 000 万美元。

（2）在新型车投产后按一定的生产量和汽车部件国产化率，由出口方提成。

公式如下：

$$P=KC\frac{B-A}{B}\times \text{生成辆数}$$

式中，P 为提成费金额；C 为与产量相关的提成系数；K 为提成常数；A 为甲方平均每辆从乙方购进零部件的费用；B 为每辆汽车零部件总价格。

提成条件：

（1）K：每辆汽车提成的固定金额为 100 美元。

（2）$B-A$：国产零部件价格。

（3）$(B-A)/B$：零部件国产化率（%）。

① 当 $(B-A)/B<25\%$ 时，$C=0$；

② 当 $(B-A)/B\geqslant 25\%$ 时，且产量≤15 万辆时，$C=1$；

③ 15 万辆<产量≤20 万辆时，$C=0.8$；

④ 产量>20 万辆时，$C=0.6$。

（4）提成总产量 $Q=50$ 万辆。

投产后的生产实际情况如下：

（1）每辆汽车零部件总成本的价格为 2 000 美元，即 $B=2\,000$ 美元。

（2）投产后每一年，甲方平均每辆从乙方购进零部件的费用为 1 720 美元，即 $A=1\,720$ 美元，国产零部件价格为 280 美元，即 $(B-A)=280$ 美元，国产化率为 14%，生产 8 000 辆，因国产化率小于 25%（14%<25%），按规定外方不提成。

（3）投产后第二年，甲方平均每辆从乙方购进零部件的费用为 1 450 美元，即 $A=1\,450$ 美元，国产零部件价格为 550 美元，即 $(B-A)=550$ 美元，国产化率为 27.5%，生产汽车 140 000 辆，因国产化率大于 25%（27.5%>25%），按规定乙方开始提成。由于产量小于 15 万辆，故 $C=1$，则提成额 $P=100\times1\times27.5\%\times140\,000=3\,850\,000$（美元）。

（4）投产后第三年，甲方平均每辆从乙方购进零部件的费用为 800 美元，即 $A=800$ 美元，国产零部件价格为 1 200 美元，即 $(B-A)=1\,200$ 美元，国产化率为 60%，生产汽车

160 000辆，因国产化率大于25%（60%＞25%），按规定乙方继续提成。由于产量大于15万辆，小于20万辆，故$C=0.8$，则提成额$P=100\times0.8\times60\%\times160\ 000=7\ 680\ 000$（美元）。

（5）投产后第四年，甲方平均每辆从乙方购进零部件的费用为400美元，即$A=400$美元，国产零部件价格为1 600美元，即（$B-A$）=1 600美元，国产化率为80%，生产汽车210 000辆，因国产化率大于25%（80%＞25%），按规定乙方继续提成。由于产量大于20万辆，故$C=0.6$，同时也由于总提成产量为50万量，因前两年乙方已经按30万辆提取了提成费，因此，提成额$P=100\times0.6\times80\%\times(500\ 000-140\ 000-160\ 000)=9\ 600\ 000$（美元）。

（6）若不考虑提成费用的时间价值，则汽车制造专利技术引进总额=入门费+提成费，即：$P=8\ 000+385+768+960=10\ 113$（万美元）。若考虑时间因素，入门费、各年提成费则不能简单相加。

【例6-11】 甲企业被乙企业兼并，需要对甲企业自创的一套工艺流程方法专利权进行评估。资料提供的情况如下：该工艺方法研制时发生原材料费40 000元，辅助材料费10 000元，燃料动力费8 000元，有关人员工资和津贴14 000元，专用设备费9 000元，差旅费1 000元，管理费2 000元，占用固定资产折旧费30 000元，人员培训费和资料费等5 000元，专利申请费2 000元。求该专利的重置价值。

（1）假设科研平均风险率为9%，无形损耗率为12%，该专利创造性劳动倍加系数为3，则专利自创成本为

$$C=\frac{1}{(1-9\%)}\times(40\ 000+10\ 000+8\ 000+9\ 000+1\ 000+2\ 000+30\ 000+5\ 000+2\ 000+3\times14\ 000)\times(1-12\%)$$

$$\approx144\ 088\text{（元）}$$

（2）计算自创专利年收益额，甲企业使用专利后，每年新增利润400 000元。

（3）确定专利的有效使用年限，假定为5年。

（4）计算专利重估价值，假设提成率为21%，贴现率为10%。则

$$P=144\ 088+21\%\times400\ 000\times3.790\ 8\approx462\ 515\text{（元）}$$

二、专有技术

（一）专有技术的含义与评估目的

专有技术一般是指未经公开，未申请专利的，有实用价值的（经实践证明）专门知识和特有经验。它包括设计资料、技术规范、工艺流程、材料配方、经营诀窍、图纸和数据等技术资料，也包括专家、技术人员、工人等掌握的经验、知识和技巧等。专有技术的评估主要是为使用权让渡服务，后者往往采取特许使用形式，它可以单独作为交易（投资）对象，但更多的是与专利配合一起转移。

（二）专有技术的评估

1. 专有技术的使用期限

专有技术由于依靠保密手段进行垄断，不被法律保护，所以没有法定的有效期限，

确定专有技术有效使用期限或剩余寿命的目的，仅仅是确定计算其贡献值的期限长度，如果合同规定的特许期间较短，往往可以按合同年限进行评估，如果合同本身未给出期限或该期限较长，就要求对专有技术的剩余寿命进行评估。

评估专有技术的剩余寿命，首先要对双方的合同条款及其保密状况进行分析，如果接触该技术的人少，那么保密性就较好，反之保密性就较差。保密性的好坏是综合评定专有技术的剩余寿命长短的重要因素，只要能够保密，它的权利就可能是长期的，如可口可乐配方技术保密至今已有 100 多年。

其次是进行产品周期和技术周期的预测，有些产品可能数十年不衰，但有些产品只在一两年后就出现市场疲软，这就要靠组织专家进行讨论、判断。正确估算专用技术的剩余寿命是评估专有技术的一个重要问题。

2. 专有技术的获利能力

一般地说，由于专用技术的保密特性，没有市场类比资料，故通过市场途径来评估是不可能的，较常用的方法是对该技术制成品的超额利润进行评估。例如，秘密配方提高了产品的竞争力和价格，或降低了成本，提高了质量。这些都综合反映了成本利润率的提高，这时应仔细分析专有技术的相关资料，正确地估定其直接或间接的获利能力。

3. 专有技术的发展情况

某项技术在国内发展及更新换代的速度越快，市场可替代的技术越多，则专用技术价格越低；若某种专有技术开发难度大或被替代的技术较少，则专用技术价格会较高。

4. 专有技术的成本

无论是自创专有技术还是外购专有技术，其成本都会影响专用技术的评估价值，评估时应注意研究和取得专有技术的实际成本。

专有技术的评估与专利权的评估基本相似，一般可以采用以下方法进行。

（三）运用成本—收益法对专有技术进行评估

这种方法既适用于自创专有技术的价值评估，也适用于外购专有技术的评估，以改变经营方式和产权转让为目的的企业总体资产评估往往采用这种方法。

【例 6-12】 某工业企业因转产需要转让其一项自创生产工艺流程。据企业资料查实：该工艺方法研制时发生原材料费 3 万元，燃料动力费 0.3 万元，辅助材料费 0.5 万元，专用设备费 0.4 万元，管理费 0.2 万元，固定资产折旧费 3 万元，咨询、资料费 0.2 万元，差旅费 0.1 万元，科研和辅助人员工资、津贴 1.2 万元，其他开支 0.3 万元。预计尚有有效期 4 年，工艺方法使用后，按目前情况每年可新增利润 40 万元。求该项专有技术的评估价值。

（1）计算自创专有技术总成本。假设该项技术创造性劳动倍加系数为 4，科研平均风险率为 8%，无形损耗率为 12%。则

$$C=\frac{1}{(1-8\%)}\times(3+0.3+0.5+0.4+0.2+3+0.2+0.1+0.3+4\times1.2)\times(1-12\%)$$

≈ 12.24（万元）

（2）计算自创专有技术年收益额。本例为 40 万元。

（3）确定有效使用年限。本例为 4 年。

（4）计算专有技术重估价值，假设提成率为 18%，贴现率为 12%。则

$$P=12.24+18\%\times 40\times 3.038=34.113\,6\text{（万元）}$$

（四）运用重置成本法对专有技术进行评估

重置成本法在实际运用过程中可以分解为许多具体的计算方法。这里运用细节分析法对一项专有技术进行评估。

【例 6-13】 某企业因整体转让，拟对资产进行全面评估。企业现有设计工艺图纸 4.8 万张，需要进行评估，以确定其价值。

根据分析：活跃/当前型为 39 000 张，半活跃/当前型为 6 000 张，活跃/陈旧型为 3 000 张。有效图纸为 48 000－3 000＝45 000（张），又使用年限为 15 年，已使用 7 年。每张图纸重置成本为 110 元。则

$$P=45\,000\times 110-\frac{45\,000\times 110}{15}\times 7$$

$$=4\,950\,000-2\,310\,000=2\,640\,000\text{（元）}$$

（五）运用收益现值法对专有技术进行评估

在专有技术转让中，运用收益现值法对专有技术进行评估较为多见。

【例 6-14】 甲厂有一生产油漆的材料配方转让给乙厂。由于这项材料配方比较先进合理，生产出的油漆市场销路较畅，预计可持续 4 年时间。双方约定，这项配方转让给乙厂后，由乙厂从使用该配方后新增利润中提成 30%给甲厂作为技术转让费，时间 3 年。求该材料配方的评估值。

其计算步骤如下：

第一步，预测使用期内新增利润。据分析，乙厂使用这种材料配方后，由于油漆质量提高，产品销路好，预计第一年的新增利润为 20 万元，第二年的新增利润为 24 万元，第三年的新增利润为 18 万元。

第二步，确定提成率和提成年限。双方约定提成率为新增利润的 30%，提成年限为 3 年。

第三步，将预计提成额进行折现，计算转让价格。如果双方约定按预计新增利润提成一次付款，则需对预计各年提成额进行折现。假定折现率为 10%，则

$$\text{转让价格}=(20\times 30\%\times 0.909)+(24\times 30\%\times 0.826)+(18\times 30\%\times 0.751)$$

$$\approx 15.46\text{（万元）}$$

第六节　非技术型无形资产的评估

一、商标

（一）商标概述

1. 商标及其分类

商标是商品的特定标记。它是指工商企业用以标明自己所生产或经营的商品，并使

该商品与他人生产或经营的商品有所区别的文字、图案、颜色，或把上述各种因素结合起来的一种标志。商标权则是指商标所有人在一定期限内依法对这种特定的标志用于其商品上的一种专有权。商标可以按商标的组成、用途、商标使用和商标管理四个标准进行划分。若从商标注册的角度来说，通常是根据商标的组成把商标分成三类，即文字商标、图形商标和组合商标（由文字、图形和记号结合组成）。

2. 商标权及其特点

商标权是商标法的核心。它是商标注册后，商标所有人依法享有的权益，各国商标法的内容，主要就是围绕着商标权的取得和行使、商标权的期限、商标权的续展和终止、商标权的转让和使用许可、商标权的保护等问题做出的相应规定。

商标权具有如下特点。

（1）专有性。专有性又称为独占性和垄断性，是商标注册后申请人经商标局核准注册而取得的权利，任何第三者非经商标所有人同意，不得加以使用，商标权人可以向任何侵权人要求停止侵权行为并赔偿损失。

（2）时间性。时间性即商标专用权的有效期限，我国规定为 10 年，其他国家最长为 20 年，最短的为 5 年，到期需要继续使用的还可以续展，得到商标局批准续展注册，商标专用权依然存在。

（3）地域性。商标注册人所享有的商标权，只能在授予该项权利的国家领域内受到保护，在其他国家内则不发生法律效力。

（4）财产性。商标权作为一种无形财产权，由商标注册人按一定条件可以实施产权转让或使用许可。

（二）商标的价值

从理论来说，作为商品的商标的价格是它价值的货币表现，商标的价值应该是由凝结在它内部的无差别的人类劳动或抽象劳动决定的，其价值一般也应由它所包含的劳动量来决定。但是作为无形资产的商标的价值有它的特殊性。

商标的价值包含着以下四个部分。一是生产作为商标标志物的劳动，包括设计文字图形、制作印刷等过程中花费的劳动量。这方面的劳动量对于不同的商标可以相差甚大，有的商标是由决策人信手拈来，没有什么花费，有的则相反，付出了高价，如美国某石油大亨为了设计该公司的商标，曾聘请法学家、经济学家、社会学家、心理学家、美学家等调研世界市场情况、各民族的风俗习惯、经济特点，历时数年，耗费巨资，才确定了 EXXON 几个字母为商标。二是在法律上取得商标专用权的费用。包括申请费、注册费、变更费、续展费等。三是注册商标的所有人或使用人为了使自己的商标在内在质量上优于他人的同类商标，而耗费的特种技术、配方、选料、款式设计包装、打开销路、占领开拓市场等方面的劳动和费用。四是注册商标的所有人或使用人为建立自己的信誉、商誉知名度而耗费的劳动和费用，如广告费用、公益事业资助费用等。

从长远来看，上述四个部分的劳动量对商标价值形成的作用大小不同，特别是设计、制作等费用。在事实上作为标志的商标，本身的“物化”所费的成本，只具有象征意义。

商标的理论价格和商标的评估价格或成本价格是有联系的，但也是有区别的。商标的评估价格是一种模拟价格，它常常由于评估目的的不同，适用不同的价格标准和不同的评估方法。例如，以摊销为目的的评估，常常适用重置成本法，如果以投资、转让为目的，则适用收益现值法。商标的成交价格是转让方和受让方自由议价的结果。评估价格作为议价基础和依据。

商标专用权的转让或其使用权的许可，不是作为一般商品来转让的，而是作为一种获利能力来转让或许可的。因此它的评估价格，主要应以它在使用中能带来的利益、价值为依据，既可以由于消费者的认可而导致商品销售量的增多，也可以由于标有该商标的商品的供需关系而导致该商品的价格的提高，从而给使用该商标的企业带来盈利。因而商标的评估计价是依据商标的获利能力评估得出的价格，有人称之为商标的信誉价格。

商标的信誉价格在驰名商标和普通商标之间的差距之大，令人瞠目。驰名商标中的世界性名牌，价格可高达天文数字，而且可以大大超过当时该商品的年销售量和生产该商品公司的有形资产。例如，万宝路香烟，其商标在 1993 年被估价为 395 亿美元；可口可乐的商标在同年被估价为 334 亿美元，普通商标可能只值它们的一个尾数，而宣告破产或濒于破产的企业所有的商标的价格等于零或接近于零。

（三）商标的评估

1. 商标权转让和使用许可

商标权转让是一种产权转让，由商标注册人按一定条件转让给另一个企业或者个人所有。就转让内容来看，有两种情况：一种是在全部使用商品的范围转让商标专用权。例如，某商标在第十二类、第十四类商品中获准注册。转让后受让人可以在第十二类和第十四类的商品范围内使用受让商标。另一种是在核准使用商品的非类似商品的范围内转让商标专用权。例如，某商标在第七十三类的鞋油和洗衣粉获准注册，鞋油和洗衣粉不属于类似商品，商标专用权所有人可以在鞋油商标范围内转让商标专用权，这一转让核准后，商标局将发给受让人同一注册号的注册证，并在转让人的注册证上注明某一商品的商标使用权已转让给他人。受让人注册证也须做相应的注明。

注册商标的使用许可，是商标所有人通过签订使用许可合同，许可他人使用其注册商标，被许可使用人享有该商标的使用权。

注册商标的使用许可主要有两种形式，一种是独占许可，另一种是一般许可。目前我国一般采用后一种形式。所谓独占许可，是许可人只许可一个被许可人在指定的商品上独占其注册商标，许可人自己也不再保留使用权。所谓一般许可，就是许可人可以允许不同的人同时使用其同一注册商标。

商品质量是商标信誉的基础，与消费者的利益密切相关。商标使用人对其产品质量应当负责。所以，商标权转让和特许使用的基本特点是，商标用到哪，形成商标内涵的各种因素，尤其是技术、技能和管理必须跟到哪，保证使用商标的商品的质量、性能、服务等效用指标不变。

商标权转让后，转让方不再享有商标权，应由受让方保证使用商标的商品质量。出售商标权或商标许可证时，由许可人监督被许可人保证使用商标的商品质量。在商品质量得到充分保证的条件下，购入商标权或商标许可证的主要作用在于，利用著名商标的声誉，缩短进入市场的时间，降低市场风险，提高市场占有率。是否需要买商标权或商标许可证，应根据企业占领市场和长期发展的要求来决定。

2. 评估方法

注册商标价格的评估方法，因资产经营的目的不同而不同。一般可使用收益现值法、成本—收益法、相对值计算法、有效使用期超额利润法等。下面是有效使用期超额利润法的例子。

【例 6-15】 甲企业将使用了 20 年并已续展的 A 注册商标转让给乙企业。据查，甲企业标有 A 商标的商品可比生产同类商品的其他企业的商品单价高出 B 元。甲企业每年生产该商品 200 万个，A 商标目前的市场信誉处于中上水平，大约在今后 10 年内销售量稳中有降，要求评估基准日（2017 年 1 月 1 日）A 商标评估值。

（1）计算甲企业 A 商标新产品每年超额利润。

甲企业每年产品产量为 200 万个，则

$$每年超额利润=200B（万元）$$

假定乙企业使用 A 商标后，由于生产能力较大，每年可生产 210 万个产品，则

$$每年超额利润=210B（万元）$$

（2）核定商标的有效使用年限。

假定 A 商标前 5 年可以保持上述超额利润水平，后 5 年每年每个产品超额利润降低 C 元，则

$$A商标前5年超额利润=210\times5\times B=1\,050B（万元）$$

$$A商标后5年超额利润=210\times5\times(B-C)=1\,050(B-C)（万元）$$

（3）计算有效期 10 年内 A 商标的超额利润:（不考虑时间因素）

$$有效期10年内A商标的超额利润=1\,050B+1\,050(B-C)$$

（4）若考虑时间因素，假定折现率为 i，则

$$商标收益总现值=210B(P/A,i,5)+\sum_{t=6}^{10}=10(B-C)(1+i)^{-t}$$

二、专营权

专营权又称特许经营权，它是指获准在一定区域、一定时间内经营或销售某种特定商品的专有权利。一般分为两种：一种是政府特许专营权（许可证），如生产许可证、进出口许可证；另一种是一企业特许另一企业使用其商标权或在特定地区内经营销售某产品，如某电视机厂允许另一电视机厂使用其商标和厂名生产电视机等。专营权的实行，一般能使专营权拥有者获得较高经济收益。专营权的评估就是评估专营权带来的额外经济收益和付出的代价，其现值的差额就是专营权益。

复习思考题

一、简答题

1. 无形资产的特点表现在哪几个方面？

2. 无形资产的功能特性有哪些？
3. 无形资产具有哪些成本特性？
4. 非专利技术与专利技术有哪些区别？
5. 简述影响无形资产评估价值的因素。
6. 如何估测无形资产所带来的超额收益？
7. 如何进行技术型无形资产的评估？
8. 如何进行非技术型无形资产的评估？

二、单项选择题

1. 成为无形资产的前提是其必须能够以一定的方式，直接或间接地为投资者创造效益，而且必须能够在较长时期内持续产生经济效益。这体现了无形资产的特点中的（ ）。

A. 非实体性　　B. 垄断性
C. 效益性　　D. 不确定性

2. 无形资产区别于有形资产的一个重要特点是，它可以作为共同财富，由不同的主体同时分享。这体现了无形资产的（ ）。

A. 附着性　　B. 替代性
C. 共益性　　D. 积累性

3. 同一内容的技术发明只授予一次专利，对于已取得专利权的技术，任何人未经许可不得进行营利性实施。这是专利权的（ ）。

A. 独占性　　B. 专有性
C. 时间性　　D. 不可转让性

4. 在许可证合同所规定的时间和地域范围内卖方只把技术转让给某一特定买主，买主不得卖给第二家买主；同时卖主自己也不得在合同规定范围内使用该技术和销售该技术生产的产品。该技术的这种使用权限称为（ ）。

A. 排他使用权　　B. 特殊使用权
C. 独家使用权　　D. 回馈转让权

5. 决定商标权价值高低的因素为（ ）。

A. 商标的基本构成和设计　　B. 商标所能带来的效益
C. 商标具有法律保护的专用权　　D. 商标所能发挥的作用及具有的特点

6. 商誉评估值指的是企业超额收益的（ ）。

A. 本金化价格　　B. 重置成本价格
C. 折现价值　　D. 最高收益值

三、多项选择题

1. 无形资产是指由特定主体控制的不具有独立实体，而对生产经营长期持续发挥作用并能带来经济效益的经济资源，与有形资产有很大的不同。其主要特点有（ ）。

A. 非实体性　　B. 不确指性
C. 垄断性　　D. 效益性
E. 不确定性

2. 下列无形资产中，属于法定无形资产的有（　　）。

A. 专利权　　B. 非专利技术

C. 商标权　　D. 顾客名单

E. 版权

3. 下列各项中，属于无形资产功能特性的有（　　）。

A. 共益性　　B. 附着性

C. 替代性　　D. 公平性

E. 递增性

4. 评估无形资产转让的利润分成率有多种方法，主要方法包括（　　）。

A. 折余递减法　　B. 折余递加法

C. 边际分析法　　D. 投资分成法

E. 利润比价法

5. 无形资产的成本特性，尤其就研制、形成费用而言，明显区别于有形资产。无形资产的成本特性表现包括（　　）。

A. 附着性　　B. 不完整性

C. 弱对应性　　D. 虚拟性

E. 积累性

6. 专利权是国家专利机关依法批准的发明人或其权利受让人对其发明成果，在一定期间内享有的独占权或专有权，其特点有（　　）。

A. 独占性　　B. 附着性

C. 地域性　　D. 时间性

E. 可转让性

四、计算题

1. 某企业自创形成一种技术专利，现有类似技术专利上市，技术转让费为 90 万元。企业还有四项专利，开发费用为 50 万元、75 万元、100 万元和 110 万元，相应的市场价格为 100 万元、180 万元、240 万元和 250 万元。试评估这种技术专利的重置成本全价。

2. 某企业需向国外购买一项专有技术，原购价 150 万元，现有另外三家企业购买类似的专有技术，交易价格分别为 200 万元、230 万元、180 万元，其功能系数分别为 120、100、80，与此相对应，测定出被估专有技术的功能系数为 90。已知该专有技术实际购置费用相当于购买价的 2%，试评估它的完全重置成本。

3. 某企业拟转让其拥有的某产品的商标使用权，该商标产品单位市场售价为 1 000 元/台，比普通商标同类产品单位售价高 100 元/台，拟购买商标企业年生产能力 100 000 台，双方商定商标使用许可期为 3 年，被许可方将使用该商标的产品年销售利润的 30%作为商标特许权使用费，每年支付一次，3 年支付完价款。被许可方的正常销售利润率为 10%，折现率按 10%计算。

要求：根据上述条件计算该商标使用权的价格。

4. 某企业有一种已经使用 8 年的商标，根据历史资料，该企业近 6 年使用这一商标的产品比同类产品的价格每套高 2 元，该企业每年生产 150 万套。该商标产品目前在市场上有良好的销售趋势，产品处于供不应求的状况。据测，如果在生产能力足够的情况下，这种商标产品能生产 200 万套，每套可获得超额利润 1.5 元，预计该商标能够继续获取超额利润的时间为 12 年，前 5 年保持目前超额利润水平，后 7 年可获取的超额利润为 40 万元，另折现率为 15%，请评估此项商标的价值。

5. 某企业进行股份制改组，根据企业过去经营情况和未来市场形势，预测其未来 5 年的收益额分别是 13 万元、14 万元、11 万元、12 万元和 15 万元，并假定从第 6 年起开始，以后各年的收益额均为 14 万元。根据银行利率及企业经营风险情况确定的折现率和资本化率均为 10%。并且采用单项资产评估方法，评估确定该企业各单项资产评估值之和为 90 万元。试确定该企业商誉评估值。

长期投资评估

本章主要介绍长期资产评估的主要方法。

长期投资是指不准备在1年内变现的对外投资，包括股权投资、债权投资和混合性投资。长期投资评估主要是对长期投资所代表的权益进行评估，包括债权投资评估、股权投资评估、长期待摊费用评估，其评估方法主要有市场法与收益法。

【重要概念】 债权投资　股权投资　长期待摊费用

第一节　长期投资评估概述

一、长期投资的概念和分类

长期投资是指企业为通过分配来增加收益，或为谋求其他利益，而将资产让渡给其他单位所获得的另一项资产。它是企业向那些并非直接为本企业使用的资产项目上投入资金，以期获得投资报酬的活动和行为。

企业可将现金、实物或无形资产等生产要素直接投入被投资企业，得到相应的股权；也可以通过购买被投资企业的股票或债券来获得相应的股权或债权。长期投资按其投资的性质可分为股权投资、债权投资和混合性投资三类。股权投资又称权益投资，是为了获取其他企业的权益或净资产所进行的投资，投资企业作为被投资企业的股东，通常长期持有这项股权，并按所持股份比例享有权益和承担责任。债权投资是指企业为了取得债权而进行的投资，通过债券市场可以购买公司债券、国库券和金融债券等各种中长期债券而进行投资。混合性投资是指兼有股权和债权双重性质的投资，如购买的优先股股票和可转换公司债券等。

二、长期投资评估的特点

长期投资可以采取各种形式，或表现为不同的阶段性目标。例如，通过购买其他企业发行的股票，或者直接投资于其他企业，可以达到控制被投资企业的目的。又如，通过长期投资于其他企业可以达到与该企业建立起长期的合作关系目的等。不论长期投资采取什么样的形式以及阶段性目标如何，最终目的是获得投资收益和投资资本增值，表现为直接的投资收益，或者是投资企业获得更大的发展、增加了收益。因此长期投资评估的实质是对长期投资所代表的权益进行评估，具有以下两个明显的特点。

1. 长期投资评估是对资本的评估

尽管长期投资的出资形式是货币资金、实物或无形资产等一般的生产要素，但它们是被投资企业当作资本投入到其他企业中去的，对投资者而言，它们发挥着资本金的作用。因此长期投资评估不是评估一般生产要素的价值，而是对被投资企业资本的评估。

2. 长期投资是对被投资企业的偿债能力及获利能力的评估

长期投资一般不准备随时变现，持有时间超过 1 年。其中股权投资的根本目的是获取投资收益和实现投资增值，因此对长期股权投资的评估，主要考虑被投资企业是否有较强的获利能力，即能否使投资企业获得较高的股息收入和资本利得收入。债权投资到期应该收回本息，而被投资企业偿债能力的大小直接影响着投资企业债权投资到期收回本息的可能性，因此对长期债权投资的评估，主要考虑被投资企业是否有足够的偿债能力，即能否按时付息和还本。

三、长期投资评估的程序

长期投资评估的程序有以下三步。

1. 确定评估对象和评估范围

长期投资评估首先需要验证被评估资产的基础资料，评估人员要明确长期投资项目的有关具体内容，如投资种类、原始投资额、评估基准日的余额、投资收益计算方法、历史收益额、长期投资占被投资企业实收资本的比例，以及相关会计核算方法等。对债券投资，主要了解债券名称、数量、利率、票面价值、取得成本、取得日期等。对股权投资，主要了解被投资企业评估基准日的财务报表、有关章程、协议、合同、重要的董事会决议等有关资料。

2. 对长期投资进行核查和鉴定

评估人员要审核委托方提供的资产负债表和相应的长期投资清单，通过实施全面清查或局部抽查，验证委托方提供的资料与财务记录是否吻合，核查长期投资中的股票投资、债券投资、其他投资的明细账、总账余额与长期投资清单所列余额是否相符，判断长期投资预计可收回金额计算的正确性和合理性，鉴定其在资产负债表上列示的余额的准确性。

3. 选择合适的评估方法，得出评估结论

根据长期投资不同的特点和种类，选择相应的评估方法，得出评估结论。在选择具体的评估方法时，对可上市交易的股票和债券，一般采用现行市价法，按评估基准日的收盘价确定评估值；对非上市交易及不能采用现行市价法评估的股票和债券，一般采用收益现值法。

第二节 债权投资评估

一、债券投资及其特点

债券是指债务人为了筹集资金，按照法定程序发行的并向债权人承诺于指定日期还本付息的一种有价证券。根据发行主体的不同，债券可以分为公司债券、金融债券和政府债券三大类。对发行主体而言，债券是一种筹资工具。对购买主体而言，债券是一种投资工具。债券投资具有以下三个特点。

1. 安全性较强

相对于股权投资，债券投资风险较小。因为国家对发行债券有严格的法律规定，如政府债券通常由财政部发行，有国家信誉做担保；银行或其他金融机构发行债券，要经中央银行或其他政府管理部门批准，并以其信誉和一定的实力做后盾；企业发行债券则需以其经济实力和发展潜力作为前提。当然，投资债券并非没有一点风险。如果发行主体出现重大财务危机，导致破产，便很可能会使投资者收不回全部投资。但我国相关法律又规定，在企业破产清算时，债权人优先于股东受偿。因此，债券投资的安全性还是要高于股权投资。

2. 收益相对稳定

债券的利率在正常情况下高于同期银行存款利率，并且通常比较稳定，因此在债务人未发生重大财务危机的情况下，债权人在债券到期时会收回本金和利息，其收益较稳定。另外，债权人还可以通过在二级市场买卖债券获取资本利得。

3. 流动性较强

在我国目前发行的债券中，有相当部分是可流通债券，可以随时在证券市场上变现。

二、债券投资评估

债券作为一种有价证券，从理论上讲，它的市场价格应反映其收益现值。但这需要两个前提条件：一是被评估债券可以在市场上自由买卖或贴现；二是债券市场不存在垄断和过度投机行为。当这两个前提条件不能同时满足时，债券投资需要通过其他方法进行评估。

（一）上市债券的评估

上市债券是指经政府管理部门批准，在证券交易所内买卖的债券，也叫挂牌债券，一般采用现行市价法评估，即按照评估基准日的收盘价确定评估值。但是，如果在特殊情况下市场价格被严重扭曲，这种价格就无法代表债券的内在客观价值，需要参照非上市债券评估的方法进行评估。

采用现行市价法评估，评估人员应在评估报告书中说明所用评估方法和结论与评估基准日的关系，并申明该评估结论应随市场价格的变化予以调整。

【例 7-1】 某企业进行评估，长期投资账上有 A 企业发行的已上市交易的 5 年期债券 1 000 张，每张面值 100 元，年利率 6%。根据交易市场调查，评估基准日的收盘价为 112 元。经评估人员分析，该价格比较合理。则

$$该债券评估值=1\,000\times 112=112\,000（元）$$

（二）非上市债券的评估

非上市债券不能在证券交易所上市，只能在场外交易，流动性差，一般采用收益现

值法评估，即在考虑债券风险的前提下，按适用的本金化率将债券的预期收益折算成现值。通常情况下，对于距评估基准日一年内到期的债券，可以根据本金加上持有期的利息来确定评估值；对于距评估基准日超过一年到期的债券，则将本利和折算为现值来确定评估值。但对于不能按期收回本金和利息的债券，需要评估人员在调查取证的基础上，通过分析预测来合理确定评估值。

1. 分期付息、到期还本债券的评估

【思考】 分期付息、到期还本债券的预期收益包括哪些内容呢？

由于债券利率和还本期都是事先规定好的，计算债券的预期收益并不困难。而债券评估的折现率是由两部分的内容构成的：无风险报酬率和风险报酬率。无风险报酬率通常以银行储蓄利率、国库券利率及国家公债利率为准。而风险报酬率的高低则取决于债券发行主体的具体情况。如果债券发行主体是企业，那么企业的经营情况和业绩、企业的竞争能力、企业的财务状况，以及企业所在行业的风险等都是影响债券风险报酬率的因素。

【例 7-2】 被评估企业拥有 A 公司发行的债券 150 000 元，3 年期，年利率为 9%，按年付息到期还本，评估时债券购入已满一年，第一年利息已收账，银行储蓄年利率为 3.5%，一年期国库券利率为 4%，评估人员经调查了解，A 公司完全有能力按期支付利息并到期偿还本金。但是，该债券为非上市债券，不能随时变现，故按 2%作为其风险报酬率。评估人员认定国库券利率为无风险报酬率。这样债券的折现率为 6%。评估结果如下：

$$P=\sum_{i=1}^{n}[R_i(1+r)^{-i}]+P_0(1+r)^{-n}$$

$$=150\,000\times9\%\times(1+6\%)^{-1}+150\,000\times9\%\times(1+6\%)^{-2}+150\,000\times(1+6\%)^{-2}$$

$$\approx13\,500\times0.943\,4+13\,500\times0.89+150\,000\times0.89$$

$$=158\,250.9\text{（元）}$$

2. 到期一次性还本付息债券的评估

【思考】 到期一次性还本付息债券的预期收益包括哪些内容呢？

本利和的计算可区分债券利息是采用单利还是复利计算而确定。采用单利计算的本利和 $F=P_0(1+nr)$。采用复利计算的本利和 $F=P_0(1+r)^n$。

【例 7-3】 被评估企业拥有 B 公司发行的 5 年期一次性还本付息债券 100 000 元，年利率 14%，不计复利，评估时债券的购入时间已满 3 年，当时的国库券利率为 6%。评估人员通过对 B 公司的了解，认为该债券风险不大，按 2%作为风险报酬率，以国库券利率为无风险报酬率，折现率定为 8%。债券评估结果如下：

$$F=100\,000\times(1+14\%\times5)=170\,000\text{（元）}$$

$$P=F(1+r)^{-n}=170\,000\times(1+8\%)^{-2}\approx170\,000\times0.857\,3=145\,741\text{（元）}$$

第三节　股权投资评估

股权投资按照取得方式，可以分为直接投资和间接投资两类。

一、直接投资评估

直接投资是指以货币资金、无形资产和其他实物资产直接投资于其他企业，组成联营企业、合资合作企业或股份企业，从而成为被投资企业的股东。

投资企业投资收益的分配形式和投入资本金的处理方式通常都在投资合同或协议中明确规定。常见的投资收益分配方式主要有：①按投资企业出资额（非货币投资要经过评估折算成货币）占被投资企业实收资本的比例，参与被投资企业净利润的分配；②按被投资企业销售收入或利润的一定比例提成；③按投资方出资额的一定比例支付资金使用报酬率。投入资本金的处置首先取决于投资是否有期限。无期限的投资不存在本金的处置问题。投资合同或协议中规定有期限的，在期限届满时，需按照有关规定办法处置，通常有如下几种：①按投资时的作价金额以现金返还；②返还实物资产；③按期满时实物资产的变现价格或续用价格作价为现金返还。

对于非控股型股权投资的评估，可以采用收益法。对于控股型的股权投资，应对被投资企业进行整体评估后再测算股权投资的价值。整体评估应以收益法为主，特殊情况下，可以单独采用市场法，其评估基准日应与投资企业的评估基准日相同。评估控股型和非控股型股权投资，都要单独计算评估值，并记录于长期投资项目下。

【例 7-4】 评估人员在对甲企业的长期投资评估时了解到，甲企业与长风企业联营，协议联营期 10 年，评估时已合作 4 年。双方协议按投资比例分配利润。甲企业当时投入厂房建筑物作价 54 万元，占联营企业总资本的 30%。期满时，返还厂房投资，房屋年折旧率为 5%，残值率为 5%。评估前 4 年联营企业的发展逐步稳定，共分得利润 25 万元，预计今后每年的收益率稳定在 14%左右，期满后厂房的折余价值为 25 万元。经调查分析，评估人员确定折现率为 10%，则

$$\begin{aligned}\text{评估值} &= 540\,000\times14\%\times(P/A,10\%,6)+250\,000\times(P/S,10\%,6)\\&=75\,600\times4.355\,3+250\,000\times0.564\,5\\&=329\,260.68+141\,125\\&=470\,385.68\text{（元）}\end{aligned}$$

二、间接投资评估

间接投资是指在证券市场上以货币资金购买其他企业的股票，成为被投资企业的股东，并据以获得股息和红利收入的投资。与债券投资相比，股票投资具有高风险、高收益的特点。按不同的标准可以对股票进行多种分类，但站在资产评估的角度，最重要的是以下两种分类方式：一是根据持股人享有权利和承担风险的大小，分为普通股和优先股；二是根据股票能否上市，分为上市股和非上市股。股票的价格名目繁多，诸如票面价格、发行价格、账面价格、清算价格、内在价格和市场价格等，与资产评估紧密相关的主要是后三种。

（1）清算价格。清算价格是指企业清算时的净资产与股票总数之比值，即每股净资产。如果因经营不善或其他原因被清算，清算价格就是该企业的股票价值。

（2）内在价格。内在价格是股票的真实价值，也叫理论价值，它是评估人员根据对股票未来收益的预测，将未来现金流入折算成现值的股票价值。股票的内在价值取决于股份企业的财务状况、管理水平、技术开发能力、发展潜力以及面临的各种风险。

（3）市场价格。市场价格是指在证券市场上买卖股票的价格，主要由预期股利和当时的市场利率决定，此外，还要受整个经济环境变化和投资者心理等复杂因素的影响。在证券市场发育较完善且较稳定的情况下，股票的市场价格基本上是市场对公司内在价值的一种客观评价，可以直接作为股票的评估价值。但是，在证券市场尚未发育完善的情况下，股票的市场价格不一定能代表其内在价值，甚至相差很远。

（一）上市股票的评估

正常情况下，对于上市股票评估可以采用现行市价法，即按照评估基准日的收盘价确定被评估股票的价值。

【例 7-5】 被评估企业拥有一上市公司的股票 60 000 股，该股票在评估基准日的收盘价为 24 元，则

$$该股票评估值=60\,000\times24=1\,440\,000\text{（元）}$$

依据市场价格得出的股票评估值，评估人员应在评估报告书中说明采用的方法，并申明该评估结果应随市场价格的变化而予以调整。

【思考】 如果股票市场发育不够完善，存在非法炒作与投机行为，你认为市场法可行吗？你有什么好方法？

（二）非上市股票的评估

评估非上市股票一般采用收益现值法。股票带给投资者的现金流入包括两部分：股利收入和出售时的资本利得。因此，评估人员需要综合分析股票发行主体的经营状况及风险、历史利润水平和分红情况、行业收益等因素，合理预测股票投资的未来收益，并选择合理的折现率来确定评估值。

1. 优先股的评估

优先股是在股利分配和剩余财产分配上优先于普通股的股票，其股利一般是固定的，即按事先确定的股利支付率支付股利。评估优先股主要是判断股票发行主体是否有足够的税后利润用于优先股的股息分配。这种判断是建立在对股票发行企业的全面了解和分析的基础上，包括股票发行企业生产经营情况、利润实现情况、股本构成中优先股所占的比重、股息率的高低，以及股票发行企业负债情况等。如果股票发行企业资本构成合理，实现利润可观，具有很强的支付能力，那么优先股就基本上具备了“准企业债券”的性质。评估人员可根据事先已经确定的股息率计算出优先股的年收益额，然后进行折现或资本化处理。

【例 7-6】 被评估企业拥有长风公司 10 万股优先股，每股面值 100 元，股息率为年息 15%。评估时，国库券利率为 4%，评估人员在对长风公司进行调查过程中了解到长风公司的经营风险和财务风险，确定该优先股票的风险报酬率为 6%，加上无风险报酬率 4%，该优先股的折现率为 10%，优先股评估值为

$$P=\frac{A}{R}=\frac{100\,000\times100\times15\%}{4\%+6\%}=\frac{1\,500\,000}{10\%}=15\,000\,000\text{（元）}$$

【思考】 如果非上市企业优先股有上市的可能，持有人又有转售的意向，这类优

先股的价值又如何进行评估呢？

2. 普通股的评估

普通股是在股东权利上没有任何限制的标准性股票，它没有固定的股利，股利收入完全取决于股份企业的经营状况和盈利水平及企业股利分配政策。对普通股进行评估，就必须对股票发行企业进行全面的了解，具体包括：股票发行企业历史上的利润水平，企业所在行业的稳定性、发展前景，企业管理人员的素质和能力，企业利润分配政策以及经营风险、财务风险预测等。

股份企业的股利分配政策通常分为以下三种类型。

（1）固定红利模型。固定红利模型针对经营一直比较稳定的企业，以假设的方式认定企业今后分配的红利稳定地保持在一个相对固定的水平上。

【思考】 你能写出固定红利模型下股票评估值的公式吗？

【例 7-7】 被评估企业拥有长风公司发行的非上市法人股 100 000 股，每股面值 1 元。持股期间，每年的股票收益率在 14%的水平上。评估人员经调查分析，认为长风公司生产经营比较稳定，在今后可预测的年份中，保持 15%的股利分配水平是有把握的。评估人员考虑到该股票为非上市流通股票，加之此行业市场竞争比较激烈，在选用国库券利率 6%的基础上，确定该股票的风险报酬率为 4%，折现率为 10%，则

$$每股股票价格\ P_1=\frac{D_1}{r}=\frac{0.15\times 1}{6\%+4\%}=1.5（元）$$

$$持有的股票价值\ P=1.5\times 100\ 000=150\ 000（元）$$

（2）红利增长模型。红利增长模型适用于成长型企业的股票评估。它假设股票发行企业未将全部剩余收益以红利形式分给股东，而是留下一部分用于追加投资，扩大生产经营规模，增加企业的获利能力。这样，就使得股票的潜在获利能力增大，红利呈增长趋势。

【思考】 你能结合第二章内容，写出红利增长模型下股票评估值的公式吗？

股利增长率的测定有两种基本方法：第一种是统计分析法，即根据企业历年红利分配数据，利用多种方法（算术平均法、几何平均法和统计平均法）计算出股票红利历年的平均增长速度，作为股利增长率。第二种是趋势分析法，即依据股票发行企业的股利分配政策，以企业剩余收益中用于再投资的比率与企业净资产利润率的乘积确定股利增长率。

【例 7-8】 被评估企业持有长风公司的普通股 100 000 股，每股面值 1 元。长风公司正处于收益增长阶段，评估之前的有关数据如表 7-1 所示。市场无风险利率为 5%，长风公司的风险报酬率为 8%。试计算该批股票的价值。

表 7-1 评估前长风公司收益增长的有关数据

项目	第一年	第二年	第三年	第四年	评估年度	评估下一年
每股红利额/元	0.15	0.16	0.17	0.20	0.22	0.24
环比增长速度/%	100.00	106.67	106.25	117.64	110.00	109.09

分析：本例适用红利增长模型。红利增长率可以依据历史数据，采用算术平均或几何平均求出。

用算术平均法计算：

$$g_1=(6.67\%+6.25\%+17.64\%+10\%+9.09\%)\div 5=9.93\%$$

用几何平均法计算：

$$g_2=(106.67\%\times 106.25\%\times 117.64\%\times 110\%\times 109.09\%)^{1/5}-1\approx 1.098\ 55-1=9.855\%$$

平均增长速度：

$$g=(g_1+g_2)\div 2=(9.93\%+9.855\%)\div 2\approx 9.89\%$$

$$P=(100\ 000\times 0.24)\div(13\%-9.89\%)=24\ 000\div 3.11\%\approx 771\ 704\text{（元）}$$

【例 7-9】　被评估企业拥有长风公司面值共 50 万元的非上市普通股票。从持股期间来看，每年股利分派相当于票面价格的 10%左右。评估人员经调查了解到：长风公司在所实现的税后利润中只拿出 70%用于股利发放，另 30%用于企业扩大再生产。评估时，长风公司已创出一个较为知名的商标。经趋势分析，长风公司将保持 4%左右的经济增长速度，净资产利润率将保持在 15%的水平上，风险报酬率为 4%，无风险报酬率以国库券利率 8%为准，这样企业拥有的长风公司股票评估价值为

$$r=8\%+4\%=12\%$$

$$g=30\%\times 15\%=4.5\%$$

$$P=500\ 000\times 10\%\div(12\%-4.5\%)\approx 666\ 666.67\text{（元）}$$

（3）分段式模型。分段式模型针对前两种模型过于极端化、很难运用于所有股票评估这一特点，有意将股票的预期收益分为两段，以针对被评估股票的具体情况灵活运用。第一段时间的长短通常以能较为客观地估测出股票收益为限，或以股票发行企业的某一生产经营周期为限。第二段通常是以不直接估测出股票具体收益的时间为起点，采取趋势分析法分析确定或假定第二段的股票收益而分别运用固定红利模型或红利增长模型进行评估，然后将两段股票收益现值相加，得到股票评估值。

【思考】　你能结合第二章内容，写出分段式模型下股票评估值的公式吗？它可能有几种情况？

【例 7-10】　被评估企业拥有长风公司非上市普通股股票 10 万股，每股面值 1 元。评估人员通过对长风公司的调查分析，预测前 3 年的收益率分别为 13%、14%、15%，第四年后，收益率将稳定在 16%，并将持续下去。评估时的国库券利率为 8%。该公司风险报酬率确定为 2%，折现率为 10%。试评估该批股票的价值。

$$\begin{aligned}\text{评估值}&=\text{前 3 年的收益折现值}+\text{第四年后的收益折现值}\\&=100\ 000\times 13\%\times(P/F,10\%,1)+100\ 000\times 14\%\times(P/F,10\%,2)\\&\quad+100\ 000\times 15\%\times(P/F,10\%,3)+(100\ 000\times 16\%\div 10\%)\times(P/F,10\%,3)\\&=11\ 817+11\ 564+11\ 265+120\ 160=154\ 806\text{（元）}\end{aligned}$$

第四节　长期待摊费用评估

长期待摊费用是企业发生的不能全部计入当年损益，应在本年和以后年度内分期摊销的各项费用，包括以经营租赁方式租入的固定资产改良支出以及摊销期限在 1 年以上的其他待摊费用。

长期待摊费用的实质是一种预付费用。它没有具体的物质实体，主要体现为已发生费用的摊余价值，因而也不能单独对外交易和转让。只有当它赖以依存的企业发生产权变动时，才有可能涉及企业长期待摊费用的评估。判断企业账面上的长期待摊费用能否成为资产评估对象的第一个标准，也是最根本的标准，就是看它能否在资产评估基准日后带来经济效益。

在具体评估时需要注意长期待摊费用与其他资产评估之间的协调性，特别是与长期待摊费用所预付费用有关的资产，因修理、装修和改良的预付费用所体现的长期待摊费用就不应再进行评估了。否则，将会出现重复评估的问题。

对长期待摊费用进行评估，主要依据有长期待摊费用未来可产生效益的时间、单位时间（年或月）可产生的收益或节约的支出额，以及货币的时间价值因素。货币的时间价值因素区别受益时间长短而定。一年内的一般不予考虑，超过一年时间的要根据具体内容、市场行情的变化趋势处理。从实践上看，由于这些费用对未来产生收益的能力和状况并不能准确界定，如果物价总水平波动不大，可以将其账面价值作为评估值或按其发生额的平均数计算。

【例 7-11】 某企业因产权变动涉及长期待摊费用评估，截至评估基准日企业账面长期待摊费用科目借方余额为 68 万元，其中有企业办公楼装修费用 20 万元；预付销售门市部房屋租金 32 万元，承租时间为 2 年，承租时间为 1 年前，已摊销租金 12 万元，账面金额为 20 万元；固定资产修理费用 16 万元。

评估人员经详细调查了解，以评估基准日后能否产生经济效益为标准，认定企业账面长期待摊费用余额 68 万元可以作为评估对象进行评估。但由于在企业办公楼和被修理的固定资产评估中，已经将预付在办公楼装修和固定资产修理方面的费用所体现的市场价值包含在办公楼和固定资产的评估之中了，故办公楼装修费用 20 万元和固定资产修理费用 16 万元不能重复评估。对于销售门市部房屋租金的评估，按租约合同规定的租期（2 年）和租期总租金（32 万元）计算，每年租金 16 万元，租赁的房屋尚有 1 年的使用权，评估值应为

$$评估值=16\times1=16（万元）$$

复习思考题

一、简答题

1. 长期投资的评估具有哪些特点？
2. 长期投资评估的一般步骤是什么？
3. 普通股可分为哪几种基本模型？各种模型的基本思路是什么？

二、单项选择题

1. 作为投资者，从总的方面来看，长期投资的根本目的在于（　　）。

A. 获取更大的利润　　B. 不让资本闲置

C. 长时间获得收益，有利于资金周转　　D. 获取投资收益及资本增值

2. 在下列几种债券中，一般情况下利率最高的一种为（　　）。
A. 公司债券　　　　B. 政府债券
C. 金融债券　　　　D. 三种债券的利率一样高
3. 对可上市交易的债券和股票进行评估时，一般采用的评估方法是（　　）。
A. 成本法　　　　B. 收益还原法
C. 市场法　　　　D. 边际分析法
4. 可上市交易的债券的现行价格，一般情况下用来确定评估值的依据是（　　）。
A. 上市当天的开盘价　　　　B. 上市当天的收盘价
C. 评估基准日的开盘价　　　　D. 评估基准日的收盘价
5. 有某只经营比较稳定、红利分配相当稳定的普通股，评估时它符合（　　）。
A. 红利增长模型　　　　B. 分段式模型
C. 固定红利模型　　　　D. 红利稳定模型
6. 长期待摊费用评估的根本标准是（　　）。
A. 能为新的产权主体产生利益
B. 业已支付的数额
C. 在评估基准日前业已支付的数额
D. 在评估基准日后能为新的产权主体产生利益

三、多项选择题

1. 按债券发行主体来划分，债券可以分为（　　）。
A. 政府债券　　　　B. 企业债券
C. 公司债券　　　　D. 银行债券
E. 金融债券
2. 长期投资评估的特点取决于长期投资的特点，表现在（　　）。
A. 长期投资评估是对企业实有资本的评估
B. 长期投资评估多采用收益法
C. 长期投资评估是对资本的评估
D. 长期投资评估是对被投资企业的偿债能力的评估
E. 长期投资评估是对被投资企业的获利能力的评估
3. 债券的特点包括（　　）。
A. 利率高　　　　B. 收益大
C. 收益稳定　　　　D. 投资风险小
E. 收益周期较短
4. 股票有多种价格，包括（　　）。
A. 票面价格　　　　B. 账面价格
C. 外在价格　　　　D. 内在价格
E. 上市价格
5. 非上市普通股票评估的红利增长模型算式中的股利增长比率 g 的测定方法有（　　）。
A. 红利增长模型　　　　B. 边际分析法
C. 历史数据法　　　　D. 统计分析法

E. 趋势分析法

6. 非上市流通债券的评估可以采用的方法有（　　）。

A. 每年支付利息，到期还本

B. 到期后一次性还本付息，平时不支付利息

C. 固定红利模型

D. 红利增长模型

E. 分段式模型

四、计算题

1. 甲企业在乙企业用设备资产进行长期投资，投资期限为10年，评估时剩余投资年限为5年。投资初规定，设备作价在投资期内逐渐以收益回收，投资期结束后设备归接受投资方。预期在未来5年内收益分别为4万元、5万元、6万元、7万元、8万元。投资方所在行业的平均投资收益率为12%，求甲企业该设备投资的评估值。

2. 甲企业持有乙企业100股非上市普通股票，每股面值2 000元。评估人员基于乙企业经营业绩认定其未来收益水平比较稳定，决定采用固定红利模型对甲企业100股股票进行评估。据分析预测，乙企业未来 5 年每股股票红利分配为300元、320 元、340元、360元、380元。乙企业的风险报酬率为2%，评估时国库券利率为10%，求每股股票的现值。

3. 甲企业持有乙企业200股非上市股票，每股面值100元，评估人员基于乙企业历年股票收益，以及对乙企业未来内部经营状况和外部环境分析，做出乙企业发行的企业股利呈递增趋势，如表7-2所示。乙企业的风险报酬率为2%，无风险报酬率按国库券一年期利率为10%，求甲企业拥有的股票现值。

表7-2　乙企业2012～2016年股利情况表

项目	2012年	2013年	2014年	2015年	2016年	评估年度
每股红利额/元	13	14	15	16	17	18
定基增长速度/%	100	107.69	115.38	123.08	130.77	138.46
环比增长速度/%	100	107.69	107.14	106.67	106.25	105.88

第八章

企业价值评估

本章主要介绍企业价值评估中涉及的基本概念、基本原则和基本评估方法。

企业是能够产生利润或现金流的组织。企业价值是以企业的内在价值为基础的市场交换价值。它主要取决于企业在特定时期、地点和条件约束下所具有的持续获利能力。企业价值评估在企业管理与企业并购活动中发挥着日益重要的作用。

收益法是对企业价值进行评估的主要方法，除此之外，评估人员还可以采用市场法与成本法对企业价值进行评估。

【重要概念】 企业　企业价值　企业价值评估

第一节　企业价值评估概述

企业价值评估是现代市场经济的产物，它适应频繁发生的企业改制、公司上市、企业购并和跨国经营等经济活动的需要而产生和发展。由于评估对象的特殊性和复杂性，企业价值评估成为一项涉及面较广和技术性较强的资产评估业务。

一、企业价值的基本概念

（一）企业的定义与特点

在进行企业价值评估中，评估人员不仅要熟悉企业的经济性质，还必须了解企业的法律属性，如产权状况等。我国公司法、企业法对企业的界定中，均强调企业是依法成立的社会经济组织，明确指出了企业的法律属性。企业是以盈利为目的、按照法律程序建立的经济实体，形式上体现为由各种要素资产组成并具有持续经营能力的自负盈亏的法人实体。从本质上讲，企业是多种合同或契约的综合体。企业是由各个要素资产围绕着一个系统目标，发挥各自特定功能，共同构成一个有机的生产经营能力和获利能力的载体及其相关权益的集合或总称。企业的特点如表 8-1 所示。

表 8-1　企业的特点

特点	说明
盈利性	企业的经营目的就是盈利。企业需要在既定的生产经营范围内，以其生产工艺为主线，将若干要素资产有机组合并形成相应的生产经营结构和功能

续表

特点	说明
持续经营性	企业在可预见的将来按照适当的规模和类型继续经营。企业要对各种生产经营要素进行有效组合并保持最佳利用状态，努力降低成本和费用
整体性	构成企业的各个要素资产虽然各具不同性能，但只要服从特定系统目标，企业的各个要素资产功能可能就会产生互补，它们就可以被整合为具有良好整体功能的资产综合体
权益可分性	企业是生产经营能力载体和获利能力载体，与载体相对应的企业权益可分为股东全部权益和股东部分权益

（二）企业价值

企业价值理论自 20 世纪 50 年代被提出来以后，引起了西方经济学家的普遍重视。近 10 位经济学家都因为从事企业价值理论及其相关领域研究并建立了相应的理论体系而获得了诺贝尔经济学奖。但企业价值的定义仍是未解的问题。

传统意义上的企业价值是指构成企业的各项资产的现值之和，反映企业的整体实力和竞争能力。20 世纪以后，经济学家对其进行了深入的研究，对企业价值的内涵也有了更多的认识。

经典的价值评估理论认为，一项资产的内在价值取决于该资产创造未来现金流的能力。企业是一种特殊的商品，企业价值是其未来预期盈利能力的净现值。目前，企业价值一般被认为是能够反映企业未来盈利能力的企业未来现金流量的现值。

从理论上讲，资产评估中的企业价值主要是企业的内在价值和企业的交换价值。企业的内在价值是指企业所具有的潜在获利能力（具体表现为企业收益能力或现金流）的折现值之和。企业的交换价值是指企业内在价值在评估基准日条件下的可实现部分。因此企业价值是以企业的内在价值为基础的市场交换价值。

1. 企业价值是企业的公允价值

这不仅是由企业作为资产评估的对象所决定的，而且是由对企业进行价值评估的目的所决定的。企业价值评估的主要目的是为企业产权交易提供服务，使交易双方对拟交易企业的价值有一个较为清晰的认识，所以企业价值评估应建立在有效市场假设之上，其揭示的是企业的公允价值。

2. 企业价值基于企业的盈利能力

企业之所以存在价值并且能够进行交易是由于它们所具有的产生利润（现金流）的能力。人们创立企业或收购企业的目的不在于获得企业本身具有的物质资产或企业生产的具体产品，而在于获得企业产生利润或现金流的能力并从中受益。

企业价值有别于账面价值、公司市值和清算价值。企业的账面价值是一个以历史成本为基础进行计量的会计概念，可以通过企业的资产负债表获得。由于没有考虑通货膨胀、资产的功能性贬值和经济性贬值等重要因素的影响，所以企业资产的账面价值明显区别于上述企业价值。公司市值是指上市公司全流通股股票的市场价格（市场价值之和）。在发达的资本市场上，由于信息相对充分，市场机制相对完善，公司市值与企业价值具有一致性。清算价值是指企业停止经营，变卖所有的企业资产减去所有负债后的现金余额。这时企业资产价值应是可变现价值，需要对该企业的单项资产的公允价值之和进行判断和估计。在某些情况下，企业在持续经营前提下的价值并不必然大于在清算前提下的企业变现价值。如出现了这种情况，评估人员可以向委托方提出咨询建议，如果相关权益人有权启动被评估企业清算程序，评估人员应当根据委托，分析评估对象在清算前提下价值大于在持续经营前提下价值的可能性和评估价值。

二、企业价值评估的范围和特点

（一）企业价值评估的概念

2017 年 10 月 1 日起执行的《资产评估执业准则——企业价值》中指出，该准则所称企业价值评估，是指资产评估机构及其资产评估专业人员遵守法律、行政法规和资产评估准则，根据委托对评估基准日特定目的下的企业整体价值、股东全部权益价值或者股东部分权益价值等进行评定和估算，并出具资产评估报告的专业服务行为。

该定义明确了两个问题：一是将评估结论以及获得评估结论的过程结合起来，既强调了企业价值评估中依据充分的必要性，同时对正确理解评估结论提出了新的要求；二是明确企业价值的评估客体。企业价值评估的评估客体分为三类：企业整体价值、股东全部权益价值和股东部分权益价值。

企业价值评估是指注册资产评估师对评估基准日特定目的下企业整体价值、股东全部权益价值或部分权益价值进行分析、估算并发表专业意见的行为和过程。不论企业价值评估的是哪一种价值，它们都是企业在特定时期、地点和条件约束下所具有的持续获利能力的市场表现。

资产评估人员应当根据评估对象的不同，谨慎区分企业整体价值、股东全部权益价值和股东部分权益价值，并在评估报告中明确说明。

企业整体价值是企业付息债务价值与股东全部权益价值之和。

企业股东全部权益价值是企业的所有者权益价值或净资产价值。

企业股东部分权益价值是企业股东全部权益价值的一部分。一般来说，评估股东部分权益价值时，首先应对企业股东全部权益价值进行评估，然后按照一定的股权比例估算股东部分权益价值。但由于存在控股权溢价和少数股权折价因素，股东部分权益价值并不必然等于股东全部权益价值与股权比例的乘积。

为了更清楚地说明三者的关系，可以通过简化的资产负债表说明，如表 8-2 所示。

表 8-2　简化资产负债表

流动资产价值	流动负债和长期负债中的非付息债务价值
固定资产和无形资产价值	付息债务价值
其他资产价值	股东全部权益价值

全部资产的价值＝流动资产价值＋固定资产价值＋无形资产价值＋其他资产价值

全部负债和权益价值＝流动负债和长期负债中的非付息债务价值＋付息债务价值＋股东全部权益价值

企业整体价值＝全部资产的价值

或

＝股东全部权益价值＋付息债务的价值

股东全部权益价值＝全部资产的价值－全部负债的价值

在企业价值评估实务中，一般是在得到股东全部权益价值后再确定部分权益价值。如何分析和确定部分权益价值呢？股东部分权益价值并不必然等于股东全部权益价值与股权比例的乘积，因为在某些情况下，同一企业内不同股东的同等股份权益的价值可能会不相等。这种价值的不相等可能源于两种情况：一种情况是对股权的控制支配程度或缺乏这种支配的权利（称为非控股状况），另一种情况是被评估企业权益的市场流动性的程度或缺乏这种市场性（称为非市场性股权状况）。显然企业的控股股权享有许多非控股股权所没有的非常有价值的权利，一个投资者为了获得企业的控股权益往往愿意付出比市场流通的少数权益价值更高的价格来购买控股股权。因此在评估股东部分权益价值时，还应当在适当及切实可行的情况下考虑由于控股权和少数股权等因素产生的溢价或折价。除控股权的影响外，企业内相同股权价值不相等原因的另外一个方面是流通性对企业股权价值的影响。在相同情况下，可以在市场上流通的企业股权比不能够在市场上流通的企业股权的价值更高。因此在评估股东部分权益价值时，还应当在适当及切实可行的情况下考虑非流通性折扣或缺乏市场流通性折扣。

（二）企业价值评估的范围

企业资产评估的范围界定主要包括两个层次：其一是企业资产范围的界定，其二是企业有效资产范围的界定。企业资产范围的界定即从法律的角度界定资产的产权范围；有效资产范围的界定主要是从资产对企业盈利能力的贡献方面来界定。

1. 企业资产范围界定

企业资产范围是从法律的角度界定企业价值评估的资产范围。从产权的角度，企业价值评估的范围应该是企业的全部资产，包括企业产权主体自身占用及经营的部分，企业产权主体所能控制的部分，如全资子公司、控股子公司，以及非控股子公司中的投资部分。在具体界定企业评估的资产范围时，可以依据以下资料界定。

（1）企业的资产评估申请报告及上级主管部门的批复文件所规定的评估范围。

（2）企业有关产权转让或产权变动的协议、合同、章程中规定的企业资产变动的范围。

（3）涉及国有资产的企业价值评估，客户参照评估立项书中划定的范围。

2. 企业价值评估中的有效资产和非有效资产的界定

企业价值评估的有效资产范围界定是指评估人员具体实施评估的资产范围。企业的价值取决于企业的获利能力，而企业的获利能力是企业中有效资产共同作用的结果。企业是由各类单项资产组合而成的资产综合体，这些单项资产对企业盈利能力的形成具有不同的贡献。其中，对企业盈利能力的形成做出贡献、发挥作用的资产就是企业的有效资产，而对企业盈利能力的形成没有做出贡献，甚至削弱了企业盈利能力的资产就是企业的非有效资产。要正确揭示企业价值，就要将企业资产范围内的有效资产和非有效资产进行正确的界定与区分，将企业的有效资产作为评估企业价值的具体资产范围。

非经营性资产是与企业主营业务收入不直接相关的资产项目，溢余资产是生产经营过程中过剩或闲置的资产。

企业的盈利能力是企业中有效资产共同作用的结果，有效资产是应用收益法评估企业价值的基础。非有效资产虽然可能也有价值，但是其价值形成路径与有效资产价值形成路径存在较大差异。在企业价值评估中，对非有效资产通常有两种处理方式。

（1）进行“资产剥离”，将企业的非有效资产从总资产中剥离出来。对有效资产采用收益法评估，确定企业价值。对非有效资产单独评估，评估价值不计人企业价值，在评估报告中予以披露。

（2）在非有效资产不影响企业盈利能力的前提下，将企业的非有效资产从总资产中剥离之后，采用适合的方法单独评估，将其评估价值加到采用收益法评估的有效资产价值中，得到企业价值，并在资产负债表中披露。

在界定企业价值评估中的资产范围和有效资产时应注意以下的问题。

（1）对于在评估时点一时难以界定的产权或因产权纠纷暂时难以得出结论的资产，应划为“待定产权”，暂不列入企业评估的资产范围。

（2）在产权界定范围内，若企业中明显地存在生产能力闲置或浪费，以及某些局部资产的功能与整个企业的总体功能不一致，并且可以分离，按照效用原则应提醒委托方进行企业资产重组，重新界定企业评估的具体范围，以避免造成委托人的权益损失。

（三）企业价值评估的特点

企业价值评估与单项的资产价值评估相比，具有其自身的特点。

（1）企业价值评估的对象是由多个或多种单项资产组成的资产综合体，是将构成企业的多项资产作为一个有机整体进行的评估，充分考虑各单项资产之间的协同效应，并不是单项资产价值的简单加总。

（2）决定企业价值高低的因素，是企业的整体获利能力。

（3）企业价值评估是一种整体性评估，它与构成企业的各单项资产的评估值简单加和是有区别的。这些区别主要表现为以下几点。

① 评估对象的差别。企业价值评估的对象是按特定生产工艺或经营目标有机结合的资产综合体。而将构成企业的各个单项资产的评估值加和，则是先将各个单项资产作为独立的评估对象进行评估，然后再加总。

② 影响因素的差异。企业价值评估是以企业的获利能力为核心，综合考虑影响企业获利能力的各种因素以及企业面临的各种风险进行评估。而将企业单项资产的评估值加和，是在评估时针对影响各个单项资产价值的各种因素展开的。

③ 评估结果的差异。由于企业价值评估与构成企业的单项资产的评估值加和在评估对象、影响因素等方面存在差异，两种评估的结果亦会有所不同。其不同之处主要表现在企业价值评估的评估值中包含了不可确指的无形资产——商誉的价值或企业整体资产的经济性贬值。

三、企业价值评估的重要性和复杂性

（一）企业价值评估是利用资本市场实现产权转让的基础性专业服务

企业上市需要专业评估机构按照有关规定，制订合理的评估方案，运用科学的评估方法，评估企业的盈利能力及现金流量状况，对企业价值做出专业判断。与此同时，由于战略性并购决策着眼于经济利益最大化，而不是着眼于管理范围最大化，所以对目标企业的价值进行评估在企业的兼并和收购活动中显得非常重要。评估人员应在详细了解目标企业的情况，分析影响目标企业盈利能力和发展前景的基础上，评估目标企业的价值。

（二）企业价值评估能在企业评价和管理中发挥重要作用

以开发企业潜在价值为主要目的的价值管理正在成为当代企业管理的新潮流。管理人员业绩越来越多地取决于他们在提高企业价值方面的贡献。企业价值管理强调对企业整体获利能力的分析和评估，通过制定和实施合适的发展战略及行动计划保证企业的经营决策有利于增加企业股东的财富价值。企业价值管理将使习惯于运用基于会计核算的财务数据的企业管理人员的工作发生重大变化，使其不再满足于用财务数据反映企业的历史，而应运用企业价值评估的信息展望企业的未来，并形成和提高利用企业当前资产在未来创造财富的能力。

（三）企业价值评估的复杂性

企业本身就是一个复合的概念，有盈利的和亏损的，盈利和亏损的原因又极其复杂，包括技术层面、管理层面、资产层面、市场层面等。企业价值类型和具体价值形式在评估实践中也会令人眼花缭乱。因此，在进行企业价值评估时，应首先界定清楚评估标的物、评估范围、企业价值类型和具体价值形式。

第二节 企业价值评估的市场法与资产基础法

一、企业价值评估的市场法

（一）市场法概述

1. 市场法概念与分类

市场法，又称相对估价法。2017 年 10 月 1 日开始执行的《资产评估执业准则——企业价值》中指出：企业价值评估中的市场法，是指将评估对象与可比上市企业或者可比交易案例进行比较，确定评估对象价值的评估方法。资产评估专业人员应当根据所获取可比企业经营和财务数据的充分性和可靠性、可收集到的可比企业数量，考虑市场法的适用性。

市场法常用的两种具体方法是上市公司比较法和交易案例比较法。

上市公司比较法是指获取并分析可比上市企业的经营和财务数据，计算价值比率，在与被评估企业比较分析的基础上，确定评估对象价值的具体方法。上市公司比较法中的可比企业应当是公开市场上正常交易的上市企业。在切实可行的情况下，评估结论应当考虑控制权和流动性对评估对象价值的影响。

交易案例比较法是指获取并分析可比企业的买卖、收购及合并案例资料，计算价值比率，在与被评估企业比较分析的基础上，确定评估对象价值的具体方法。控制权以及交易数量可能影响交易案例比较法中的可比企业交易价格。在切实可行的情况下，应当考虑评估对象与交易案例在控制权和流动性方面的差异及其对评估对象价值的影响。

价值比率或经济指标通常又称为可比价值倍数，是被估企业与企业价值相关的可比指标与可比企业相关指标的比值。价值比率通常包括盈利比率、资产比率、收入比率和其他特定比率。在选择、计算、应用价值比率时，应当考虑以下几点：①选择的价值比率有利于合理确定评估对象的价值；②计算价值比率的数据口径及计算方式一致；③应用价值比率时尽可能对可比企业和被评估单位间的差异进行合理调整。

2. 市场法的理论基础

市场法的理论基础是市场替代原则。一个正常的投资者为一项资产支付的价格不会高于市场上具有相同用途的替代品的价格，即类似资产应该有类似的交易价格。如果类似资产的交易价格存在较大差异，则在市场上产生套利行为，套利行为将使价格差异减小直至消失。同时，价值规律表明，商品交换以价值为基础，价格围绕价值上下波动。

根据市场替代原则和价值规律，企业作为一种特殊的商品，也应该符合类似企业有类似价值和交易价格的规律。因此，应用市场法的基本思路是：①在市场上寻找与被评估企业类似的交易案例，计算参照企业的价格乘数（所谓价格乘数，是首先选择与企业价值有关的可比指标，如销售收入、税后净营业利润等，然后用价格除以该可比指标，就得到价格乘数）；②比较分析被评估企业与参照企业的差异，根据差异调整价格乘数；③根据价格乘数以及被评估企业相应的可比指标，确定被评估企业的市场价值。具体公式推导如下。

假设 V_1、V_2、X_1、X_2 分别代表被评估企业的价值、参照企业的价值、被评估企业的可比指标、参照企业的可比指标，根据替代原则，应该有下式成立，即

$$\frac{V_1}{X_1}=\frac{V_2}{X_2}$$

那么，被评估企业的价值为

$$V_1=\frac{V_2}{X_2}\cdot X_1$$

其中，$\frac{V_2}{X_2}$ 称为价值乘数，由于寻找参照物时，我们通常只能得到其交易价格 P_2，而非价值，所以，我们将 $\frac{P_2}{X_2}$ 称为价格乘数，在应用市场法评估企业价值时，将其作为价值乘数的替代。即

$$V_1=\frac{P_2}{X_2}\cdot X_1$$

应用市场法评估企业价值时，最关键的是价格乘数的确定，也就是相应的可比指标的选择，不同的评估目的，决定了不同的可比指标的选择，实务中，经常用到的可比指标如表 8-3 所示。

表 8-3 价格乘数中可比指标的选择

股权价值	企业整体价值
销售收入	销售收入
税前净利润	毛利（主营业务收入－主营业务成本）
股东权益毛现金流（税后净利＋非现金支出）	息税前利润
股东权益净现金流（毛现金流－资本性支出－追加的营运资金－债权人的现金流量）	税后净营业利润
股东权益账面价值等	投入资本毛现金流（税后净营业利润＋非现金支出）
	投入资本净现金流（投入资本毛现金流－资本性支出－追加的营运资本）
	投入资本账面值

此外，一些行业特有指标也会被应用到评估企业整体价值中，如医疗行业的床位数、网络行业的点击率、旅馆业的房间数、航空业的旅客里程数等。

【例 8-1】 被评估企业是一家从事房地产开发的企业，评估基准日的净资产为 6 000 万元，在近期企业转让案例中，有一家与被评估企业在经营范围等方面相似的房地产企业，净资产为 2 000 万元，交易价值为 3 000 万元。经过分析，此价格为正常交易价格。试确定被评估企业的价值。

$$被评估企业的价值\ V_1=\frac{P_2}{X_2}\cdot X_1=\frac{3\ 000}{2\ 000}\times 6\ 000=9\ 000（万元）$$

（二）市场法的应用前提

运用市场法评估企业价值需要满足以下两个基本的前提条件。

1. 要有一个充分发展、活跃的资本市场，包括证券交易市场和并购交易市场

所谓充分发展、活跃的资本市场是指在这一市场上有着众多的自愿买者和自愿卖者，他们的地位是平等的，彼此都有获取足够市场信息的机会和时间，买卖双方的交易行为都是在自愿、理智而非强制或受限制的条件下进行的。

充分发展、活跃的资本市场是一个充分竞争的市场，交易价格能够反映市场对该企业在交易条件下企业价值的认同，因此，大量的交易可以排除个别交易的偶然性。当然，资本市场是有空间范围的，可能是地区性市场，也可能是全国性市场，或者是国际市场，企业在市场上的交易价格也是有范围的。这就要求评估人员在选择交易案例时，也需要将空间范围因素考虑在内。

2. 在上述资本市场上存在足够数量的与被评估企业相同或相似的参考企业或者在资本市场上存在足够的交易案例

这一前提条件包含两层含义，一是在资本市场上能够找到与被评估企业具有可比性的企业，二是在资本市场上必须具有足够数量的可比企业。

可比性企业选择的标准包括三个方面：基础现金流、成长潜力和风险水平，如果能在市场交易案例中找到在这三方面与被评估企业相似的企业，就可以选择作为参照物。在评估实践中，评估人员通常将可比企业定义在被评估企业所在行业中，这里隐含的假设是在同一行业中的企业有着相似的基础现金流、成长潜力和风险水平。因此，在这种假设基础之上，寻找可比企业就比较方便。

之所以要寻找较多的交易案例，是因为应用市场法评估企业价值的过程中，被评估企业价值的高低很大程度上取决于交易案例的成交价格高低。尽管我们假设交易市场是公开市场，交易价格可以反映企业价值，但是，在实际交易中，交易价格受买卖双方的交易地位、交易动机、交易时限等因素的影响，选择足够多的可比企业是为了尽量避免个别交易中的特殊因素和偶然因素对成交价格的影响，从而能够更科学地评估被评估企业的价值。

（三）市场法的基本步骤

在评估实践中，运用市场法评估企业价值的程序可能会略有不同，但规范的评估过程一般包括以下步骤。

1. 选择可比企业

市场法既然是一种相对估价法，那么就离不开可比的对象。所以，市场法的第一步是要找出一组公开交易或被收购的可比企业，只有确定了可比企业，才能通过计算可比企业的价格乘数，并将价格乘数应用到被评估企业中，求得被评估企业价值的评估值。

选择可比企业的指导思想是力求现金流、成长潜力和风险水平方面的相似，可以从行业因素、规模因素、成长预期、经营风险、财务风险等角度加以考虑。

2. 规范被评估企业和可比企业的财务报表

企业会计制度允许企业根据自己的经营管理目标，从自身的实际情况出发，在特定的环境和既定的可选择范围内，选择合适的会计原则、方法和程序。由此导致不同企业在会计政策、会计估计等方面的差异，降低了企业之间的可比性。对被评估企业和可比企业的财务报表进行规范与调整，具体包括以下几方面。

（1）会计差异（如发出存货成本的计量、期间费用的确认等）的调整。

（2）正常性项目（如停止经营的业务）的规范。

（3）非经营性资产的规范等。

3. 计算并选择适用的价格乘数

由于企业之间存在差异，仅凭可比企业的交易价格无法获得一个通用的价格乘数。因此，评估人员通过可比企业的交易价格和它们的经营财务指标，如利润、现金流、账面价值等，来计算一些价格乘数。

价格乘数包括四种基本类型：价格/收益（或现金流）乘数、价格/收入乘数、价格/账面价值乘数、价格/其他度量指标（通常是行业特有的经营指标）乘数。在上述基本类型乘数中，评估人员必须确定乘数中的价格所度量的是股权资本的市场价值还是投入资本的市场价值。

根据以上各种价格乘数的形式，计算出可比企业的各种价格乘数，要从中选择适合的价格乘数，一般选择的标准是离散程度（标准差除以平均数），业界惯例和经验法则是选择离散程度小的价格乘数。

4. 调整所选择的价格乘数

在选择合适的价格乘数之后，要通过可比企业与被评估企业之间的差异对价格乘数进行调整。比较的关键是分析被评估企业和可比企业之间在现金流、成长潜力和风险水平方面的差异。评估人员可以通过对被评估企业和可比企业进行定量与定性的比较分析，来把握两者的风险和成长性差异。常用的方法包括：定性的态势分析法（优势、劣势、机遇、挑战），定量的财务经营状况分析（财务比率分析、趋势分析、与行业同类公司比较）等。

评估人员根据被评估企业和可比企业在现金流、成长潜力和风险水平方面的差异，对所选择的价格乘数进行调整。调整后的价格乘数可能高于，也可能低于或接近于可比企业价格乘数的平均值。

5. 确定被评估企业价值

根据被评估企业的财务经营指标或相关经济变量，将调整后的价格乘数应用于被评估企业的价值评估中以获得各种价值评估结果（评估过程中可能运用多个价格乘数）。针对这些不同的价值评估结果，综合分析它们之间的差异，合理选择其中一个评估结果或通过对各评估结果加权平均，作为评估结论。

如果有需要进行溢价和折价调整的，如对于少数股权或者缺乏流动性的股权，需要进行折价处理，要将溢价折价调整之后的结果作为评估值。

（四）市场法的应用

运用市场法评估企业价值存在两个障碍。一是企业的个体差异。每一个企业都存在不同的特性，除了所处行业、规模大小等可确认的因素各不相同外，影响企业形成盈利能力的无形因素更是纷繁复杂。因此，几乎难以找寻到能与被评估企业直接进行比较的类似企业。二是企业交易案例的差异。即使存在能与被评估企业直接进行比较的类似企业，但要找到能与被评估企业的产权交易相比较的交易案例也相当困难。首先，目前我国市场上不存在一个可以共享的企业交易案例资料库，因此，评估人员无法以较低的成本获得可以应用的交易案例；其次，即使有渠道获得一定的案例，但这些交易的发生时间、市场条件和宏观环境又各不相同，评估人员对这些影响因素的分析也会存在主观和客观条件上的障碍。因此，运用市场法对企业价值进行评估，不能基于直接比较的简单思路，而要通过间接比较分析影响企业价值的相关因素，对企业价值进行评估。

运用相关因素的间接比较法虽然不用在市场上寻找能直接进行比较的企业交易案例，但仍然需要为评估寻找可比企业。判断企业的可比性存在两个标准：首先是行业标准。处于同一行业的企业存在某种可比性。但在同一行业内选择可比企业时应注意，目前的行业分类过于宽泛，处于同一行业的企业可能所生产的产品和所面临的市场完全不同，在选择时应加以注意。即使是处于同一市场、生产同一产品的企业，由于其在该行业中的竞争地位不同，规模不同，相互之间的可比性也不同。因此，在选择时应尽量选择与被评估企业的地位相类似的企业。其次是财务标准。既然企业都可以视为在生产同一种产品——现金流，那么存在相同的盈利能力的企业通常具有相类似的财务结构。因此，可以通过分析财务指标和财务结构对企业的可比性进行判断。

对可比指标的选择只遵循一个原则，即可比指标应与企业的价值直接相关。在企业价值的评估中，现金流量和利润是最主要的候选指标，因为企业的现金流量和利润直接反映了企业的盈利能力，也就与企业的价值直接相关。

基于成本和便利的原因，目前运用市场法对企业价值进行评估主要在证券市场上寻找与被评估企业可比的上市企业作为可比企业。通常使用市盈率乘数法对企业价值进行评估。市盈率乘数法的思路是将上市企业的股票年收益和被评估企业的利润作为可比指标，在此基础上评估企业价值的方法。其基本思路是：首先，从证券市场上搜寻与被评估企业相似的可比企业，按企业不同的收益口径，如息前净现金流、净利润等，计算出与之相应的市盈率。其次，确定被评估企业不同口径的收益额。再次，以可比企业相应口径的市盈率乘以被评估企业相应口径的收益额，初步评定被估企业的价值。最后，对于按不同样本计算的企业价值分别给出权重，加权平均计算企业价值。在运用该方法时，还需对评估结果进行适当调整，以充分考虑被评估企业与上市企业的差异。

由于企业的个体差异始终存在，把某一个相似企业的某个关键参数作为比较的唯一标准，往往会产生一定的误差。为了降低单一样本、单一参数所带来的误差和变异性，目前国际上比较通用的办法是采用多样本、多参数的综合方法。

【例 8-2】 评估对象 X 公司系一家制药厂，该企业 2017 年销售收入为 20 亿元，收入构成如下：制药占 85%，保健品占 12%，其他占 3%。该企业销售网络遍布全国，其中 10%的销售收入来自国外。X 公司目前有两个主要产品“M 产品”和“N 产品”，分别治疗高血压和心脏病。过去几年中，这两个产品在国内销售较好，每年均有 15 亿元左右的销售收入。X 公司目前有多项产品处于研发阶段，有多个产品处于临床试验阶段，其中将要推出的一种治疗呼吸系统疾病的新药“P 产品”，管理层预计将是企业未来几年的增长点。但是由于推出新药的市场费用很高，预计 2018 年 X 公司的息税前利润有所下降，但预计该新药每年都会保持 5 000 万元左右的利润。

在评估基准日 X 公司销售收入的各项指标如表 8-4 所示。

表 8-4　X 公司销售收入的各项指标

项目	销售收入	账面总资产	账面净资产	净现金流量
金额/万元	200 000	350 000	120 000	10 000

X 公司拟增资扩股，需要确定企业评估基准日的股东全部权益价值。

通过分析，评估人员决定运用市场法来评估 X 公司。运用市场法的第一步是寻找合适的准参考企业，评估人员在上市企业中寻找到六家销售规模和资产规模、资本结构与 X 公司比较相近的制药企业作为准参考企业，分别为 A、B、C、D、E、F。

评估人员对上述六家准参考企业具体情况进行详细研究分析，包括企业主要经营范围、主要目标市场、收入构成、研发能力等方面。通过对上述准参考企业的业务情况和财务情况的分析比较，筛选出适当的具有可比性的参考企业。经过分析，评估人员发现有三家准参考企业并不具备可比性，具体原因见参考企业分析表（表 8-5）。

表 8-5　参考企业分析表

企业名称	不选择作为参考企业的主要原因
A	生物制药比重较大。新产品研发较为单一，缺乏推出新药的竞争力。另外，其制药收入占其总收入的比例仅为 60%
D	制药收入占总收入比重较少，更注重于化学产品及保健产品生产
E	从长远企业发展目标上来说，未来将更集中于诊断器械的生产

通过以上分析，评估人员排除了以上三家企业，剩余的三家企业，即B、C、F均属于集中于制药领域发展的，且与X公司在业务和财务方面都基本相似的企业，因而被选择作为参考企业。B、C、F三家企业在评估基准日的有关数据见参考企业财务指标一览表（表8-6）。

表8-6 参考企业财务指标一览表

项目	股票收盘价/（元/股）	总股本/万元	市价/万元	销售收入/万元	账面净资产/万元	净现金流量/万元
B公司	2.93	80 000	234 400	180 000	110 000	9 000
C公司	3.15	100 000	315 000	210 000	130 000	12 000
F公司	1.86	130 000	241 800	220 000	150 000	11 000

根据表8-6计算得出价值比率结果如表8-7所示。

表8-7 参考企业价值比率汇总表

价值比率	B公司	C公司	F公司	平均
市价/销售收入	1.3	1.5	1.1	1.3
市价/账面净资产	2.13	2.42	1.61	2.05
市价/净现金流量	26.04	26.25	21.98	24.76

表8-7中计算出来的各个企业的价值比率在数值上比较接近，说明得出的数值结果具有较强的可比性。根据表8-7得到的三个价值比率计算出X公司的类比价值，再将三个类比价值进行算术平均，得出X公司的评估价值，如表8-8所示。

表8-8 X公司的评估价值

项目	X公司财务数据/万元	参考企业平均比率	X公司类比价值/万元
销售收入	200 000	1.3	260 000
账面净资产	120 000	2.05	246 000
净现金流量	10 000	24.76	247 600
X公司的平均价值			251 200

二、企业价值评估的资产基础法

资产基础法又称成本法。企业价值评估中的资产基础法，是指以被评估企业评估基准日的资产负债表为基础，合理评估企业表内及表外各项资产、负债价值，确定评估对象价值的评估方法。

采用这种方法，是将被评估企业视为一个生产要素的组合体，在对各项资产清查核实的基础上，逐一对各项可确指资产进行评估，并确认企业是否存在商誉或经济性损耗，将各单项可确指资产评估值加总后再加上企业的商誉或减去经济性损耗，就可以得到企业价值的评估值。其计算公式为

企业整体资产价值＝各项可确指资产评估值＋商誉（或－经济性损耗）

从评估公式来看，采用成本法评估企业价值一般需要以下几个步骤。

（1）纳入企业价值评估范围的资产，逐项评估各单项资产并加总评估值。首先是对企业可确指资产逐项进行评估，因此，确定企业价值评估范围尤为重要。从产权的角度看，企业价值评估的范围应该是全部资产。从有效资产的角度看，在对企业整体评估时，

需将企业资产范围内的有效资产与对整体获利能力无贡献的非有效资产进行正确的界定与区分。对企业持续经营有贡献的资产应以继续使用为假设前提，评估其有用价值。

（2）确定企业的商誉或经济性损耗。由于企业单项资产评估后加总的价值无法反映各单项资产间的有机组合因素产生的整合效应，无法反映未在会计账目上表现的无形资产，也无法反映企业经济性损耗。所以，还需要用适当的方法分析确定企业的商誉或经济性损耗。

（3）企业的负债审核。用成本法评估企业价值，而评估目标又是确定企业净资产价值时，就需要对企业负债进行审核。对于企业负债的审核包括两个方面内容：一是负债的确认，二是对负债的计量。从总体上讲，对企业负债的审核，基本上要以审计准则和方法进行，以正确揭示企业的负债情况。

（4）确定企业整体资产评估价值，验证评估结果。将企业各类单项资产评估值加总，再加上企业的商誉或减去经济性损耗，就得到企业整体资产评估价值。对用成本加和法评估企业价值的结果，还应运用企业价值评估的其他方法（通常是收益法）进行验证，以验证成本法评估结果的科学性、合理性。

在企业价值评估中，由于历史原因，资产基础法成为我国企业价值评估实践中首选方法和主要方法。但资产基础法在企业价值评估中存在各种利弊。有利之处主要是将企业的各项资产逐一进行评估，然后加和得出企业价值，方法比较简便，容易操作。不利之处主要在于：一是模糊了单项资产与整体资产的区别，凡是整体资产都具有综合获利能力，整体资产是由单项资产构成的，并不是单项资产价值的简单加总。企业中的各类单项资产，需要投入大量的人力资产以及规范的组织结构来进行正常的生产经营，资产基础法显然无法反映组织这些单项资产的人力资产及企业组织的价值。因此，采用资产基础法确定企业评估值，仅仅包含了有形资产和可确指无形资产的价值，无法体现作为不可确指的无形资产——商誉的价值。二是不能充分体现企业价值评估的评价功能。企业价值本来可以通过对企业未来的经营情况、收益能力的预测来进行评价，而资产基础法只是从资产购建的角度来评估企业的价值，没有考虑企业的运行效率和经营业绩，在这种情况下，假如同一时期的同一类企业的原始投资额相同，则无论其效益好坏，评估值都将趋向一致。这个结果是与市场经济的客观规律相违背的。

成本法实际上是通过对企业账面价值的调整得到企业价值。其理论基础也是“替代原则”，即任何一个精明的潜在投资者，在购置一项资产时所愿意支付的价格不会超过建造一项与所购资产具有相同用途的替代品所需的成本。企业重建并不是对被评估企业的简单复制，而主要是对企业生产能力和盈利能力的重建。因此，企业价值评估的成本法是紧紧围绕企业的盈利能力进行的。在进行成本法评估之前，应对企业的盈利能力以及相匹配的单项资产进行认定，以便在委托方委托的评估范围基础上，进一步界定纳入企业盈利能力范围内的资产和闲置资产的界限，明确评估对象的作用空间和评估前提。对于持续经营假设前提下的各个单项资产的评估，应按贡献原则评估其价值。而对于非持续经营假设前提下的单项资产的评估，则按变现原则进行。

成本法以企业单项资产的再建成本为出发点，有忽视企业获利能力的可能性，而且在评估中很难考虑那些未在财务报表上出现的项目，如企业的管理效率、自创商誉、销售网络等。由于成本法是通过分别估测构成企业的所有可确指资产价值后加和而成，无法把握持续经营企业价值的整体性，亦难以把握各个单项资产对企业的贡献。对企业各单项资产间的工艺匹配和有机组合因素产生出的整合效应，即不可确指的无形资产，很难进行有效衡量。因此，在一般情况下，不宜单独运用成本法评估一个在持续经营假设前提下的企业价值，应同时运用其他评估方法进行验证。将成本法与其他方法配合使用，可以起到互补的作用。这样既便于评估人员对企业盈利能力的把握，又可使企业的预期收益预测建立在较为坚实的基础上。

第三节 企业价值评估的收益法

一、收益法评估企业价值的假设和理论步骤

根据企业价值评估的特点，收益法是评估企业价值的适用方法。收益法评估企业价值是将企业看作一项盈利资产，预测其未来预期收益，采用适用的折现率折现求和得到企业价值。

（一）收益法评估企业价值的假设

应用收益法评估企业价值的基本假设前提是公司持续经营。企业是否持续经营，将会对企业价值评估方法、评估模型选择等产生重大影响，并会对企业收益预测、风险估测以及收益期限等参数的确定产生影响。只有在持续经营假设下，企业收益才能保持稳定和增长，才能够采取相应的方法进行预测；企业风险才有可能相对稳定，才能够采用合理的方法进行估测。

（二）收益法评估企业价值的理论步骤

应用收益法评估企业价值是一项非常复杂的工作，从理论上可以分为以下步骤。

1. 收益法适用性判断

首先检验被评估企业是否满足应用收益法的前提条件，即是否企业未来收益、收益期限以及未来风险都可以预测且可以计量。如果满足收益法的应用条件，则可以进行后续的工作，否则需要考虑应用其他方法。

2. 根据企业发展状况选择模型

应用收益法评估企业价值时，首先要关注的是评估模型形式，评估模型主要有一阶段的增长模型、二阶段的增长模型、三阶段的增长模型以及两阶段模型。评估模型选择的依据是企业未来收益状况，具体的选择过程在后面详细阐述。

3. 根据评估目的选择参数，注意参数匹配

模型确定以后，就是去确定模型中的参数。收益法主要涉及三个参数：收益额、折现率和收益期限。由于企业价值评估中假设企业持续经营，可以认为收益期限为无限期。应用收益法评估企业价值，关键是收益额和折现率的选择与匹配。这两个参数的选择取决于评估对象，如果评估对象是企业价值，则收益额和折现率应该选择能够反映企业整体收益和风险的指标；如果评估对象是权益价值，则收益额和折现率应该选择能够反映

股东收益和风险的指标。并且在这个过程中，要注意参数的匹配，即收益额和折现率应该是同样的口径，反映相同的利益主体的收益和风险。

4. 参数预测

参数预测是分别预测预期收益额和折现率，参数预测非常复杂，需要考虑的因素很多。

收益额预测需要从宏观经济、企业所在行业以及企业三个层面分析可能影响企业未来收益的因素，在此基础上进行预测；折现率则通常是选择资本资产定价模型和加权平均资本成本法来确定，无风险报酬率和市场风险报酬率需要依据历史数据进行预测。

5. 评定估算企业价值

上述步骤完成后，只要把参数的预测值代入相应的模型，就可以确定企业价值。

应用收益法评估企业价值的步骤中，关键的是模型的选择、参数的选择和匹配以及参数的预测，以下将详细地介绍每个步骤。

二、收益法的计算方法

只有当企业具有持续的盈利能力时，运用收益法对企业价值进行评估才有意义。

（一）年金法

用于企业价值评估的年金法，是将已处于均衡状态、未来收益具有充分的稳定性和可预测性的企业的收益进行年金化处理，然后再把已年金化的企业预期收益进行收益还原，估测企业的价值。年金法的公式为

$$P=A/r=\sum_{i=1}^{n}\frac{R_i}{(1+r)^i}\div\sum_{i=1}^{n}\frac{1}{(1+r)^i}\div r$$

【例 8-3】 被估企业预计未来 5 年的预期收益额分别为 100 万元、120 万元、110 万元、130 万元、120 万元，本金化率为 10%，试用年金法估测待估企业价值。

$$\begin{aligned}P&=\sum_{i=1}^{n}\frac{R_i}{(1+r)^i}\div\sum_{i=1}^{n}\frac{1}{(1+r)^i}\div r\\&=(100\times0.909\,1+120\times0.826\,4+110\times0.751\,3+130\times0.683\,0+120\times0.620\,9)\\&\quad\div3.790\,7\div10\%\approx(91+99+83+89+75)\div3.790\,7\div10\%\\&=437\div3.790\,7\div10\%\approx1\,153\ (\text{万元})\end{aligned}$$

（二）分段法

企业的发展可能分为不同阶段，分段法就是将企业未来收益分为若干期，首先预测前几期若干年的各年预期收益额，并逐一折现；再假设后期的各年预期收益为等额年金或按某种规律进行变化，将其进行资本化处理；最后将前期与后期收益现值相加即为企业的评估值。根据企业发展状况，可以将企业价值评估模型分为四类。

1. 一阶段增长模型

如果企业处于稳定增长阶段，即未来收益按照固定的比例增长，那么企业价值的评估公式为

$$P=\frac{R_1}{r-g_2}$$

式中，P 为评估值；R_1 为基准日之后第 1 期的预期收益；g_2 为预期各期收益的增长率；r 为折现率。

这个模型称为一阶段增长模型。

2. 二阶段增长模型

现实中，企业很难一直保持稳定增长。很多情况下，企业在初期发展阶段会保持高速发展，具有比较高的增长率，高速发展一段时间后，趋于稳定，未来收益增长率保持在一个较低的稳定水平，那么企业价值的评估公式为

$$P=\frac{R_1}{r-g_1}\times\left[1-\frac{(1+g_1)^{n_1}}{(1+r)^{n_1}}\right]+\frac{R_{n_1+1}}{(1+r)^{n_1}(r-g_2)}$$

式中，P 为评估值；R_1 为基准日之后第 1 期的预期收益；R_{n_1+1} 为基准日之后第 n_1+1 期的预期收益；g 为高速增长阶段的收益增长率；n 为高速增长期限；g_2 为稳定增长期间的收益增长率；r 为折现率。

这个模型称为二阶段增长模型。

3. 三阶段增长模型

二阶段模型中，假定企业的增长率由高速增长率直接下降为稳定阶段的增长率，没有中间过渡阶段，这与实际情况是不相符合的。通常企业在经历高速增长阶段后，有一个过渡期间，这段期间，收益增长率没有规律，然后逐渐下降到稳定阶段的增长率水平。也就是说，三阶段模型主要包括三个阶段：高速增长阶段、过渡阶段和稳定增长阶段。那么企业价值的评估公式为

$$P=\frac{R_1}{r-g_1}\times\left[1-\frac{(1+g_1)^{n_1}}{(1+r)^{n_1}}\right]+\sum_{t=n_1+1}^{n_2}\frac{R_t}{(1+r)^t}+\frac{R_{n_2+1}}{(1+r)^{n_2}(r-g_2)}$$

式中，P 为评估值；R、R_t、R_{n_2+1} 为基准日之后第 1 期、第 t 期和第 n_2+1 的预期收益；g_1、g_2 为高速增长阶段和稳定增长阶段的收益增长率；n_1、n_2 为高速增长期限和过渡期限的结束时间；r 为折现率。

4. 两阶段模型

如果企业预期收益在初期不稳定，发展一段时间之后，收益趋于稳定。那么企业价值评估模型如下：

$$P=\sum_{t=1}^{n}\frac{R_t}{(1+r)^t}+\frac{A}{r(1+r)^n}$$

式中，P 为评估值；R_t 为基准日之后第 t 期的预期收益；A 为稳定发展阶段的等额收益；n 为收益不稳定的期限；r 为折现率。

【例 8-4】 被评估企业预期未来 5 年的净收益额分别为 100 万元、110 万元、120 万元、150 万元、160 万元，从第六年开始，企业的净收益额将稳定在 150 万元，假定折现率为 10%，试确定该企业的价值。

企业价值为

$$P=\sum_{t=1}^{n}\frac{R_t}{(1+r)^t}+\frac{A}{r(1+r)^n}$$

$$=\frac{100}{1+10\%}+\frac{110}{(1+10\%)^2}+\frac{120}{(1+10\%)^3}+\frac{150}{(1+10\%)^4}+\frac{160}{(1+10\%)^5}+\frac{150}{(1+10\%)^5\times 10\%}$$

$$=\frac{100}{1.1}+\frac{110}{1.21}+\frac{120}{1.331}+\frac{150}{1.4641}+\frac{160}{1.61051}+\frac{150}{0.161051}$$

$$\approx 1\,405.16\text{（万元）}$$

【例 8-5】 假设被评估企业预期未来第一年净收益为 100 万元，在未来 5 年，净收益将保持 10%的增长率，从第六年开始，净收益增长率将保持在 8%，折现率为 12%，试确定该企业价值。

企业价值为

$$P=\frac{R_1}{r-g_1}\times\left[1-\frac{(1+g_1)^{n_1}}{(1+r)^{n_1}}\right]+\frac{R_{n_1+1}}{(1+r)^{n_1}(r-g_2)}$$

$$=\frac{100}{12\%-10\%}\times\left[1-\frac{(1+10\%)^5}{(1+12\%)^5}\right]+\frac{100(1+10\%)^5(1+8\%)}{(1+12\%)^5(12\%-8\%)}$$

$$\approx 430.767+2\,467.386$$

$$\approx 2\,898.15\text{（万元）}$$

【思考】 若企业非持续经营，采用分段法怎样进行估测呢？对于企业后一段的预期收益，你还能提出哪些假设呢？在这些假设情况下，你又如何进行价值评估呢？

三、企业收益的预测

企业的收益是指在正常条件下，企业所获得的归企业所有的所得额。企业创造的不归企业权益主体所有的收入，如税收，不能作为企业价值评估中的企业收益。无论是营业收支、资产收支，还是投资收支，只要形成净现金流入量，就可视为企业收益。

企业的收益有两种基本表现形式：企业净利润和企业净现金流量。虽然企业的利润与企业价值高度相关，但企业价值最终由其现金流量决定。而且实证研究表明，经过一系列复杂的会计程序之后确定的企业利润，可能由于企业管理当局的利益而被更改；而企业的净现金流量是企业实际收支的差额，不容易被更改。所以一般应选择企业的净现金流量作为进行企业价值评估的收益基础。当然，企业收益还可以通过息前净利润、息前净现金流量、息税前净利润、息税前净现金流量等具体指标反映和表示。在企业价值评估中选择什么形式和口径的收益额作为折现的基础和标的，要与每次的评估目标和评估效率相关。

（一）企业收益额的界定

通过对企业收益的历史及现状的分析判断企业的正常盈利能力，首先要根据企业的具体情况确定分析的重点。对于已有较长经营历史且收益稳定的企业，应着重对其历史收益进行分析，并在该企业历史收益的平均趋势的基础上判断企业的盈利能力。而对于发展历史不长的企业，就要着重对其现状进行分析，并主要在分析该企业未来发展机会的基础上判断企业的盈利能力。此外，还要结合企业的实际生产经营情况对财务数据加以综合分析。其次必须结合影响企业盈利能力的内部及外部因素进行分析。评估人员应通过与企业管理人员的充分交流和自身的分析判断，对企业的核心竞争力存在一个较为清晰的认识。要对企业所处的产业及市场地位有一个客观的认识。企业所处产业的发展前景、企业在该产业及市场中的地位、企业的主要竞争对手的情况等都是评估人员应该了解和掌握的。对影响企业发展的可以预见的宏观因素，评估人员也应该加以分析和考虑。如对某家污染严重的企业价值进行评估时，评估人员就应该考虑国家的环境政策对企业未来盈利的影响。

1. 企业收益额的产权界定

企业收益界定是企业发生产权变动时，将确定企业交易价格这一特定目的作为出发点，从潜在投资者参与产权交易后企业收益分享的角度来看，企业收益只能是企业所有者投资于该企业所能获得的净收入。界定企业收益时应注意以下两个问题：①不归企业权益主体所有的企业纯收入不能作为企业评估中的企业收益，如税收，不论是流转税，还是所得税都不能作为企业收益。②为了确定企业的客观收益，通常只关注与经营活动有关的收益，而对于筹资活动和投资活动产生的收益，由于偶然性和不稳定性较强，通常不予考虑。

2. 企业收益额的计算口径界定

企业收益有两种口径的表现形式：企业净利润和企业净现金流量。这两种口径计算的收益虽然都能够反映企业的盈利能力和盈利水平，都可以作为企业价值评估中收益法中的收益额，但是两者在反映内容和计算方法上存在显著差异。

（1）企业净利润和净现金流量在反映内容上存在显著差异。企业净利润是企业一定时期实现的以货币计量的最终财务成果，反映的是企业生产经营业绩和获利能力；而净现金流量是企业在一定时期内现金及现金等价物的流入减去流出的余额，是企业在一定会计期间现金及现金等价物的净增加额，反映的是企业的实际支付能力和偿债能力。

（2）企业净利润和净现金流量在计算方法上存在显著差异。企业净利润是以权责发生制为基础分期确认，依据费用同收入的配比和因果关系而形成的；企业净现金流量是以收付实现制为基础，根据实际收入和支出编制而成的。以权责发生制为基础的净利润的优点是能够客观地反映企业的实际经营业绩，并且测算相对简单。缺点是净利润可能由于选择不同的会计政策（如不同的计提折旧的方法、存货计价方法等）或者管理层的盈余操纵等原因，导致净利润缺乏可比性和失真。以收付实现制为基础的净现金流量则不宜被操纵，更具可靠性。只是测算相对复杂。

通过以上分析，采用现金流量作为收益法的收益额更加合理。目前，西方发达国家的评估界都是以净现金流量作为预期收益额，我国的评估界也与国际接轨，采用净现金流量作为预期收益额。但在评估实践中，由于净现金流量测算较为复杂，也仍然存在以净利润作为预期收益的现象。

3. 企业收益额的具体形式

企业价值评估实务中，现金流量通常采用自由现金流量的形式。自由现金流（free cash flow, FCF）是由美国西北大学拉巴波特、哈佛大学詹森等学者于 20 世纪 80 年代提出的，在西方价值评估中得到了非常广泛的应用。简单地讲，自由现金流量是企业产生的在满足了再投资需要之后剩余的现金流量。这部分现金流量在不影响公司持续发展的前提下是可供分配给企业所有者的最大现金流量。即自由现金流量是在企业经营活动产生的现金流量的基础上扣除资本性支出及营运资金增量的差额。

根据现金流的拥有主体不同，自由现金流量可以分为股权自由现金流量和企业自由现金流量。

股权自由现金流量是股东可以自由支配的现金流量，即企业经营活动产生的现金流在支付完经营成本和税费，满足了资本性支出、偿还债务和营运资本支出之后剩余的现金流量。计算公式为

股权自由现金流量＝净利润＋折旧－资本性支出－营运资本增加－旧债偿还＋新债发行

企业自由现金流量是股东和付息债权人可以自由支配的现金流量，即企业经营活动产生的现金流量在支付经营成本和税费，满足了资本性支出和营运资本需要之后剩余的现金流量。计算公式为

企业自由现金流量＝息税前利润×（1－所得税税率）＋折旧
－营运资本增加－资本性支出

（二）企业收益的预测程序

企业在评估时点的实际收益是企业内部与外部各种因素共同作用的结果。在这些因素中，许多是属于一次性的或偶然性的因素。这些因素在企业未来的经营中可能不复存在，因此企业价值评估的预期收益应该是在正常的经营条件下，排除影响企业盈利能力的偶然因素和不可比因素之后的正常收益。企业的预期收益既是企业存量资产运作的函数，又是未来新产权主体经营管理的函数。但评估人员对企业价值的判断，只能基于对企业存量资产运作的合理判断，而不能基于对新产权主体行为的估测。因此对于企业预期收益的预测，应以企业的存量资产为出发点，可以考虑对存量资产的合理改进乃至合理重组，但必须以反映企业的正常盈利能力为基础，任何不正常的个人因素或新产权主体的超常行为等因素对企业预期收益的影响不应予以考虑。

1. 企业收益额预测的原则

在企业收益额预测的过程中，如果预测出发点遵循的原则不同，预测结果也会不同。预测企业收益额应遵循以下原则。

（1）企业收益额预测的出发点是以被评估企业的现实资产为基础，预测企业在未来正常经营中可能产生的收益，即客观收益。也就是说，企业收益额的预测不是以评估基准日企业的实际收益为基础，也不是以产权变动后的实际收益为基础，而是以企业的现实资产为基础。因为企业经营过程中的实际收益受多种因素的影响，可能包含很多偶然因素，而这些偶然因素不能永久存在。另外，产权主体变动后，新产权主体的行为对企业收益的影响都应该归属于新产权主体本身。

（2）按照资产最佳使用用途预测企业未来收益。在企业现实经营过程中，资产经营可能有多种用途，许多并非是最佳使用用途。对于要发生产权变动的企业整体资产的收益，应在企业整体资产的最佳使用用途下，预测企业未来收益。

企业收益预测的关键步骤是销售收入预测，销售收入预测的不同将导致企业价值估算的巨大差异。在销售收入预测时需要注意以下问题。

（1）销售收入预测应该与企业及其所在行业的历史状况相符合。虽然企业未来的状况可能会不同于过去的状况，过去的状况不是预测未来状况的最佳依据，但如果按照与历史显著不同的状况进行预测和估价，则也值得怀疑。对于不同于历史状况的预测，需要提出有力的证据以及做出非常具有说服力的论证。

（2）销售收入预测和销售所依赖的某些项目的预测应该具有内在的逻辑一致性。例如，资本支出和营运资本没有显著的大幅度增长，则销售量的高速增长是难以实现的，因而在相关资本支出没有增加的假定条件下，预测出销售收入的快速增长，就不合常理。又如，净资本支出和营运资本的需要应和稳定增长保持一致，而假定稳定增长的企业没有净资本支出则是错误的。

2. 企业收益额预测的步骤

企业预期收益的预测大致可分为以下三个步骤。

（1）对评估基准日的审计后的企业收益进行调整。对评估基准日审计后企业收益的调整主要包括两部分：①对审计后的财务报表进行非正常因素调整，主要是利润表和现金流量表的调整。剔除一次性、偶发性，或以后不再发生的收入或费用，把企业评估基准日的利润和现金流量调整到正常状态下的数量，为企业预期收益的趋势分析打好基础。②分析影响企业预期收益的非财务因素。研究审计后报表的附注和相关披露信息，对相关报表中揭示的可能影响企业预期收益的非财务信息进行分析，并在该分析的基础上对企业的收益进行调整，使之能够反映企业的正常盈利能力。

（2）对企业预期收益趋势进行总体分析和判断。企业预期收益趋势的总体分析和判断，是在对企业评估基准日审计后实际收益调整的基础上，结合企业提供的预期收益预测和评估机构调查收集到的有关信息资料进行的。通常对企业预期收益趋势的判断需要通过对宏观经济环境、行业发展情况以及企业自身经营情况等进行综合分析后确定。这里需要强调指出以下几点。

① 企业评估基准日审计后财务报表的调整，尤其是客观收益的调整仅仅作为评估人员预测企业预期收益的参考依据，不适用于其他目的。

② 企业提供的关于预期收益的预测是评估人员预测企业预期收益的重要参考资料。但是，评估人员不可以将这些资料作为预测企业预期收益的唯一根据，评估人员应该在收集相关宏观经济环境、行业、企业资料的基础上，根据自身专业知识对企业预期收益的趋势做出客观判断。

③ 尽管对企业在评估基准日的财务报表进行了必要的调整，并掌握了企业提供的收益预测，评估人员还必须深入企业现场进行实地考察和现场调研，与企业的核心管理层进行充分的交流，了解企业的发展战略、市场占有率、生产工艺过程、设备状况、生产能力和经营管理水平，再辅之以其他数据资料对企业未来收益趋势做出合乎逻辑的判断。

3. 企业收益额的预测方法

企业收益额预测的过程通常是：首先对收益预测期间进行分段，一般根据企业发展状况明确预测期；其次将明确预测期后至无限年间作为明确预测期后阶段；再次明确收益额预测的前提假设，即对影响企业预期收益的相关因素做出合理的假定；复次明确预测内容；最后采用合适的方法预测企业预期收益额。具体内容如下。

（1）将收益预测期间分段。实务中，通常将企业收益预测期间分两个时间段：明确预测期以及明确预测期后阶段。

对于步入稳定发展阶段的企业，收益预测期间的分段比较简单，一般是将企业未来3～5年作为明确预测期，其后至无限年间作为明确预测期后阶段。在后面这个阶段，根据企业预期发展情况确定其可能的收益状况的规律，可能是企业收益处于稳定阶段，也可能是收益稳定增长阶段。

对于仍处于发展期、收益尚不稳定的企业，需要首先判断企业何时步入稳定期，企业收益呈现稳定性，而后将其步入稳定期的前一年作为收益预测分段的时点。对企业何时步入稳定期的判断，应在与企业管理人员的充分沟通和占有大量资料并加以理性分析的基础上进行，其确定较为复杂。以下主要介绍处于稳定期的企业预期收益的预测。

（2）明确企业收益预测的前提假设。企业明确预测期为评估基准日后3～5年，这期间的收益预测是建立在评估基准日调整的企业收益或企业历史收益的平均收益趋势的基础上，结合影响企业收益实现的主要因素在未来预期变化的情况，采用适当的方法进行的。

目前较为常用的企业收益预测方法有综合调整法、产品周期法、实践趋势法等。不论采用何种预测方法，首先都应该设定收益预测的前提条件，因为企业未来可能面临的各种不确定性因素无法全部纳入评估的考虑因素中。必须首先科学合理地设定预测企业预期收益的前提假设，如：①宏观层面的因素，主要是国家政治、经济等政策变化对企业预期收益的影响，已经出台尚未实施的除外。对于这些因素，只能假定它们将不会对企业预期收益构成重大影响。②不可抗拒的自然灾害或其他无法预期的因素。这些因素不作为预期企业收益的相关因素考虑。同样，对于企业经营管理者的某些个人行为，也不作为预测企业收益时需要考虑的因素。

当然，根据评估对象、评估目的和评估的条件，还可以对评估的前提做出必要的限定。但是，评估人员对企业预期收益预测的前提条件设定必须合情合理，否则的话，这些前提条件不能构成合理预测企业预期收益的前提和基础。

（3）企业收益预测的主要内容。在明确企业收益预测前提假设的基础上，就可以着手对企业明确预测期的预期收益进行预测。预测的主要内容有：①对影响被评估企业及所属行业的特定经济及竞争因素的估计；②对未来3～5年市场的产品或服务的需求量或被评估企业市场占有份额的估计；③对未来3～5年销售收入的估计；④对未来3～5年成本费用及税金的估计；⑤对完成上述生产经营目标需追加投资及技术、设备更新改造因素的估计；⑥对未来3～5年预期收益的估计等。关于企业的收益预测，评估人员需要将企业或其他机构提供的有关资料作为依据，根据可收集到的客观资料，在充分分析、论证的基础上做出独立的预测判断。

（4）企业收益预测的技术方法。在具体运用预测的技术方法测算企业收益时，大多采用财务报表格式予以表现，如利用利润表或采用现金流量表的形式表现。运用利润表或现金流量表的形式表现的企业预期收益的结果通俗易懂、便于理解和掌握。需要说明的是，用利润表或现金流量表来表现企业预期收益的结果，并不等于说预期收益预测就相当于利润表或现金流量表的编制。企业收益预测的过程是一个比较具体、需要大量数据并运用科学方法的运作过程，用利润表或现金流量表表现的仅仅是该过程的结果。所以，企业的收益预测不能简单地等同于利润表或现金流量表的编制，而是利用利润表或现金流量表的已有栏目或项目，通过对影响企业收益的各种因素变动情况的分析，在评估基准日企业收益水平的基础上，对表内各项目（栏目）进行合理的测算、汇总分析得到所测年份的企业收益。

表 8-9 是一张可供借鉴的收益预测表。如果测算的收益层次和口径与本表有差异，可在本表的基础上进行适当的调整。如采用其他方式测算企业收益，评估人员可自行设计企业收益预测表。

表 8-9 ××企业 20××～20××年收益预测 单位：元

项目	20××	20××	20××	20××	20××
销售收入					
减：销售成本					
加：其他业务收入					
减：营业费用和管理费用					
减：折旧					
等于：息税前营业利润					
减：营业利润所得税					
等于：税后净营业利润					
加：固定资产折旧					
等于：公司毛现金流					
减：现金增加					
减：应收账款增加					
减：存货增加					
减：其他流动资产增加					
加：应付款项增加					
加：其他流动负债增加					
等于：公司营业净现金流					
减：固定资产净值增加					
减：折旧					
等于：公司现金流					

不论采用何种方法测算企业收益，都需注意以下几个基本问题：①一定收益水平是一定资产运作的结果，在企业收益预测时应保持企业预测收益与其资产及其盈利能力之间的对应关系；②企业的销售收入或营业收入与产品销售量（服务量）及销售价格的关系，会受到价格需求弹性的制约，不能不考虑价格需求弹性而想当然地价量并长；③在考虑企业销售收入的增长时，应对企业所处产业及细分市场的需求、竞争情况进行分析，不能在不考虑产业及市场的具体竞争的情况下对企业的销售增长做出预测；④企业销售收入或服务收入的增长与其成本费用的变化存在内在的一致性，评估人员应根据企业的具体情况，科学合理地预测企业的销售收入及各项成本费用的变化；⑤企业的预期收益与企业所采用的会计政策、税收政策关系极为密切，评估人员不能违背会计政策及税收政策，以不合理的假设作为预测的基础，企业收益预测应与企业未来实行的会计政策和税收政策保持一致。

企业明确预测期的预期收益测算可以通过一些具体的方法进行。而对于企业明确预测期后阶段的收益预测，则难以具体地进行测算。可行的方法如下。

在企业明确预测期期间收益预测的基础上，找出企业收益变化的趋势和规律，并借助某些手段，诸如采用假设的方式把握企业未来长期收益的变化区间和趋势。比较常用的假设是收益稳定假设，即假定企业未来若干年以后各年的收益水平维持在一个相对稳定的水平上不变。当然也可以根据企业的具体情况，假定企业收益在未来若干年以后将在某个收益水平上，每年保持一个递增比率。但是，不论采用何种假设，都必须建立在合乎逻辑、符合客观实际的基础上，以保证企业预期收益预测的相对合理性和准确性。

（5）企业收益预测的检验。对企业预期收益的预测存在较多难以准确把握的因素并易受评估人员主观的影响，而该预测又直接影响企业的最终评估值，因此，评估人员在对企业的预期收益预测基本完成之后，应该对所做预测进行严格检验，以判断所做预测的合理性。检验可以从以下几个方面进行。

① 将预测结果与企业历史收益的平均趋势进行比较，如预测的结果与企业历史收益的平均趋势明显不符，或出现较大变化，又无充分理由加以支持，则该预测的合理性值得质疑。

② 对影响企业价值评估的敏感性因素加以严格的检验。在这里，敏感性因素具有两方面的特征：一是该类因素未来存在多种变化；二是其变化能对企业的评估值产生较大影响。如对销售收入的预测，评估人员可能基于对企业所处市场前景的不同假设而会对企业的销售收入做出不同的预测。

在此情况下，评估人员就应对销售收入的预测进行严格的检验，对影响销售收入预测的各种假设反复推敲，并分析不同预测结果可能对企业评估价值产生的影响。

③ 对所预测的企业收入与成本费用变化的一致性进行检验。企业收入的变化与其成本费用的变化存在较强的一致性，如预测企业收入变化而成本费用没有相应变化，则该预测值得质疑。

④ 在进行敏感性因素检验的基础上，与其他方法评估的结果进行比较，检验在哪一种评估假设下能得出更为合理的评估结果。

【思考】 你认为在预测收益时应该把握的基本原则是什么？

四、折现率和资本化率及其估测

（一）折现率和资本化率的界定

折现率是指将未来有限期收益还原或转换为现值的比率。资本化率是指将未来非有限期收益转换成现值的比率。资本化率在资产评估业务中有着不同的称谓：资本化率、本金化率、还原利率等。折现率和资本化率在本质上是相同的，都属于投资报酬率，包括无风险报酬率和风险投资报酬率。由于企业未来的获利能力在有限期与永续期能否保持不变，要取决于企业在未来所面对的风险是否一样，所以折现率与资本化率并不一定是一个恒等不变的量，它们既可以相等也可以不相等。衡量行业平均盈利能力的行业基准收益率不宜直接作为折现率，可作为确定折现率的重要参考指标。

折现率实质上是投资的期望回报率。应用收益法评估企业价值时，可以采用资本资产定价模型或加权平均资本成本法确定折现率。

1. 资本资产定价模型

资本资产定价模型是继哈里·马科维茨在 1952 年建立现代资产组合理论之后，由经济学家威廉·夏普、约翰·林特纳在 20 世纪 60 年代创立的。其核心观点是，权益性投资面临的非系统风险可以通过投资组合来消除，证券组合的风险报酬是投资者因承担系统风险而要求的，超过时间价值的那部分额外报酬，可以通过该证券相对于市场组合的系统风险表示。

证券组合的风险可以分为系统风险和非系统风险。非系统风险是指某些因素对单个证券造成经济损失的可能性，如企业经营管理出现问题等。这种风险可以通过证券组合消除。系统风险是由那些对整个经济而不只是对某一项投资产生影响的事件带来的，如经济增长率的变化、通货膨胀率的变化、利率的变化、政治和社会环境的变化等，它会影响整个资本市场。资本市场对系统风险予以补偿。风险报酬率可以用下列公式计算：

$$R_P=\beta\,(R_m-R_f)$$

式中，R_P为风险报酬率；β为权益的系统风险指数；R_m为资本市场的平均报酬率，简称市场报酬率；R_f为无风险报酬率。

β系数是用来衡量各种证券市场风险的一个重要指标，它反映某只股票相对整个资本市场的风险程度。如果某只股票的风险情况与整个证券市场的风险情况相一致，则这只股票的β系数等于1；如果某只股票的β系数大于1，说明其风险大于整个市场风险；如果某只股票的β系数小于1，说明其风险小于整个市场风险。

资本资产定价模型如下：

$$r=R_f+\beta\,(R_m-R_f)$$

式中，r为折现率；β为权益的系统风险指数；R_m为资本市场的平均报酬率，简称市场报酬率；R_f为无风险报酬率。

资本资产定价模型自产生起，一直在财务界具有重要影响。但该模型是建立在若干基本假设基础之上的，这些基本假设包括以下内容。

（1）投资者厌恶风险且对财富有永无止境的追求，并且投资者仅通过期望收益率和标准差对资产组合进行评价。

（2）投资者的预期具有一致性，他们有着共同的信息来源和知识结构，以相同的方式分析和处理信息，所以对资产的期望收益率、标准差有相同的认识。

（3）每一种资产都无限可分。

（4）所有的投资者面临同一个风险利率，而且他们可以按照现行利率借入和贷出任意数量的资产。

（5）存在大量的投资者，即任何投资者的交易数量只占整个市场交易量的极小部分，投资者是价格的接受者，因而任何人都不可能操纵市场。

（6）投资期为单期，即认为投资者行为短视，不考虑投资决策对改期之后的影响。

（7）资本市场是完美的，市场上不存在税收、交易成本以及对做空的限制等投资障碍，一切投资信息都是可免费提供的。

2. 加权平均资本成本法

加权平均资本成本法是企业各种筹资方式的筹资成本的加权平均（主要考虑债务资本成本和股权资本成本），加权平均资本成本其实是企业融资总成本。

如果企业不发行优先股的话，即仅仅通过债务和普通股融资，那么可以通过以下公式计算加权平均资本成本：

$$r=\frac{E}{E+D}\cdot r_e+\frac{D}{E+D}\cdot(1-T)\cdot r_d$$

式中，r 为股东和债权人期望的投资回报率；E 为企业的权益资本价值；D 为企业的负债资本价值；r_e 为企业的权益成本；r_d 为企业的税前负债成本；T 为所得税税率。

这里企业的权益资本价值和负债资本价值并不是它们的账面价值，而是按照市场价值来确定的。

（二）折现率的测算

在运用收益法评估企业价值时，折现率起着至关重要的作用，它的微小变化将对企业价值产生显著影响。

1. 资本资产定价模型中各参数的预测

（1）无风险报酬率（R_f）的预测。无风险报酬率通常采用同期国债收益率，因为持有国债到期不能兑付的风险很小，通常国债收益率被认为是无风险的。

评估实务中，可以从沪深两市收集多只长期国债，并计算每只国债的到期收益率，以这些国债到期收益率的平均数作为无风险报酬率即可。

（2）市场报酬率（R_m）的预测。市场报酬率可以看作投资者投资股票市场所期望的超过无风险报酬率的那部分。市场报酬率的测算步骤如下。

① 确定衡量股市的指数。估算股票市场的投资回报率首先需要确定一个衡量股市价格波动的指数。通常可以选择沪深 300 指数。

② 计算期间的选择。测算市场报酬率需要较长的观测期间，通常可以选择 10 年的观测期间。

③ 市场报酬率的计算。收集以上期间各期沪深 300 指数，可以采用算术平均数或几何平均数计算年报酬率。实务中较多地选择几何平均数。计算过程如下：

$$R_i=\frac{P_i-P_{i-1}}{P_{i-1}}$$

式中，R_i 为第 i 年收益率；P_i 为第 i 年末沪深 300 指数交易收盘价。

$$\overline{R}_C=\left(\sqrt[n]{\prod_{i=1}^{n}(1+R_i)}-1\right)\times 100\%$$

式中，$\overline{R}_C$ 为市场报酬率。

（3）β 系数的测算。β 系数反映的是某只股票相对于整个市场的风险程度。关于 β 系数的测算可以根据其计算公式计算。也可以从 Wind 数据库中查找上市公司的 β 系数。

2. 加权平均资本成本法中各参数的预测

$$r=\frac{E}{E+D}\cdot r_e+\frac{D}{E+D}\cdot(1-T)\cdot r_d$$

由上述公式可知，加权平均资本成本法中的参数主要有 r_e、r_d、E 和 D，由于 r_e 已经通过资本资产定价模型确定出来，所以只剩下后面的三个参数。

（1）企业的税前负债成本（r_d）的预测。税前负债成本是债权人投资被评估企业债券所期望得到的回报率。目前实务中，通常采用银行贷款利率作为税前负债成本，但是该方法存在以下弊端：银行贷款利率无法反映不同经营风险的企业的债券投资风险；贷款利率的变化与企业经营情况不协调。

现在实务中，开始尝试用债券利率税前负债成本。具体思路如下：收集债券市场上不同信用评级的债券信用评级与收益率级差的数据；构建两者之间的函数关系模型；根据被评估企业的债权信用评级，确定被评估企业的债券期望到期回报率。

（2）股权资本价值（D）和债权资本价值（E）的测算。股权资本价值的测算过程中，通常分两部分测算：①流通股价值。流通股股数与评估基准日收盘价的乘积即为流通股价值。②非流通股价值。一般要考虑缺少流通折扣率，即以流通股价值乘以缺少流通折扣率。

（三）收益额与折现率的匹配

应用收益法非常重要的一个原则是收益额和折现率必须匹配。即注意折现率的现额与收益额的价值内涵、计算口径必须相一致。

1. 价值内涵的匹配

应用收益法评估企业价值的过程中，参数的选择取决于评估目的，或者说是企业价值的内涵。如果企业价值的内涵是企业整体价值，那么收益额应该选择企业自由现金流量，折现率应该采用加权平均资本成本法确定；如果企业价值的内涵是企业股东权益价值，那么收益额应该选择股权自由现金流量，折现率应该采用资本资产定价模型确定。如表 8-10 所示。

表 8-10　收益法评估企业价值时参数的匹配

企业价值内涵	收益额	折现率
企业整体价值	企业自由现金流量	加权平均资本成本法
企业股东权益价值	股权自由现金流量	资本资产定价模型

2. 计算口径的匹配

参数计算口径的匹配是指收益额的计算如果是税前（税后）的现金流量，那么，相应的折现率也应该是税前（税后）的计算口径。如果折现率计算过程中考虑了通货膨胀等因素，那么现金流计算过程中也需要考虑相应的因素。

所以，在运用收益法评估企业价值时，必须注意收益额与计算折现率所使用的收益额之间结构与口径上的匹配和协调，以保证评估结果合理且有意义。

五、运用收益法评估企业的案例及其说明

【例 8-6】 某大型化工企业有与外商合资的意向（已签订意向书），需要了解企业净资产的现实价格，因此要进行企业整体评估。评估基准日为 2018 年 1 月 1 日。评估过程和结果如下：

（一）被评估企业有关历史资料的统计分析

根据被评估企业的财务决算和有关资料整理分析，2012 年至 2017 年收支情况如表 8-11 和表 8-12 所示。

表 8-11 企业 2012～2017 年各项收入支出在年度与年度之间的比较

项目	2017 年		2016 年		2015 年		2014 年		2013 年		2012 年	
	金额/万元	增长比例/%	金额/万元	增长比例/%	金额/万元	增长比例/%	金额/万元	增长比例/%	金额/万元	增长比例/%	金额/万元	增长比例/%
销售收入	4 200	14.5	3 668.3	9	3 366.6	18.8	2 834.9	17.8	2 406.5	−5	2 533	100
销售税金	626.6	14.5	547.3	11.2	492.3	15.9	424.6	23.7	343.3	−1.4	348.3	100
销售成本	2 283.7	18.2	1 932.6	31.1	1 473.8	30	1 133.7	15.6	980.9	1.4	967	100
折旧	374		354		303		254		238		214	100
销售及其他费用	162.3	−5.3	171.3	3.8	165.1	69.5	97.4	135.3	41.4	7.5	38.5	100
产品销售利润	1 127.4	10.8	1 017.1	−17.7	1 235.4	4.8	1 179.2	13.3	1 040.9	−11.7	1 179.2	100
其他销售利润			306.8	9 024	3.4	54.1	7.4	3 700	0.2	−88.9	1.8	100
营业外支出	100	4.9	95.3	29.8	73.4	33	55.2	129.1	24.1	84	13.1	100
营业外收入	22	−39.6	36.4	413.64	8.8	49.7	17.5	32.6	13.2	26.9	10.4	100
利润总额	1 049.4	−16.5	1 265	7	1 174.2	2.2	1 148.9	11.5	1 030.2	−12.6	1 178.3	100
税款（按实际税额）	356.07	−32.1	524.3	4.4	502.1	−0.9	506.6	2.5	494.3	−4.8	519	100
净利润	693.33	6.4	740.7	10.2	672.1	4.6	642.3	19.9	535.9	−18.7	659.3	100
（+）折旧	374		354		303		254		238		214	100
（−）追加投资	662.5	27.6	519.2	27.1	408.6	27.9	319.5	18.4	269.9	15.3	234	100
企业净现金流量	404.83	−29.7	575.5	1.6	566.5	1.8	576.8	14.4	504	−21.2	639.3	100

表 8-12　企业 2012～2017 年各年收入支出结构比例

项目	2017 年		2016 年		2015 年		2014 年		2013 年		2012 年	
	金额/万元	占销售额比例/%	金额/万元	占销售额比例/%	金额/万元	占销售额比例/%	金额/万元	占销售额比例/%	金额/万元	占销售额比例/%	金额/万元	占销售额比例/%
销售收入	4 200	100	3 668.3	100	3 366.6	100	2 834.9	100	2 406.5	100	2 533	100
销售税金	626.6	14.6	547.3	14.9	492.3	14.6	424.6	15	343.3	14.3	348.3	13.7
销售成本	2 283.7	54.4	1 932.6	53	1 473.8	43.8	1 133.7	40	980.9	40.7	967	38.2
折旧	374	8.9	354	9.6	303	9	254	9	238	9.9	214	8.4
销售及其他费用	162.3	3.9	171.3	5	165.1	4.9	97.4	3.4	41.4	1.7	38.5	1.5
产品销售利润	1 127.4	26.8	1 017.1	27.7	1 235.4	36.7	1 179.2	41.6	1 040.9	43.3	1 179.2	46.5
其他销售利润			306.8	8.4	3.4	0.1	7.4	0.3	0.2		1.8	0.1
营业外支出	100	2.4	95.3	2.6	73.4	2.2	55.2	1.9	24.1	1	13.1	0.6
营业外收入	22	0.5	36.4	1	8.8	0.3	17.5	0.6	13.2	0.5	10.4	0.4
利润总额	1 049.4	25	1 265	34.2	1 174.2	34.8	1 148.9	40.5	1 030.2	47	1 178.3	46.5
税款（按实际税额）	356.07	8.5	524.3	14.3	502.1	14.9	506.6	17.9	494.3	20.5	519	20.5
净利润	693.33	16.5	740.7	20.2	672.1	20	642.3	22.7	535.9	22.3	659.3	26
（+）折旧	374	8.9	354	9.6	303	9	254	9	238	9.9	214	8.5
（−）追加投资	662.5		519.2		408.6		319.5		269.9		234	
企业净现金流量	404.83	9.6	575.5	15.7	566.5	16.8	576.8	20.4	504	21	639.3	25.3

评估人员采用的主要指标有销售收入、成本、利润以及企业净现金流量（指企业留利用于投资部分后的余额）。分析结果如下：

（1）从近几年被评估企业发展情况看，只有 2013 年出现过负增长，但下降幅度很小，销售收入下降 5%左右。从 2014 年开始出现稳定的增长趋势。

（2）2012 年至 2017 年企业收支结构的比例没有太大的变化，销售成本占销售收入的比例基本上维持在 40%左右。

（二）企业未来发展情况分析及预测情况

（1）按目前设备使用状况及其他生产条件分析，该厂每年只要有 200 万元左右的技术改造资金投入，其生产就能长期维持下去，并能保持略有增长的势头。

（2）对该企业未来市场预测。该企业生产的主要产品具有较高的声誉，产品行销全国 20 多个省市，现有用户 15 000 多个。企业所在地区有 23 条送货上门的路线，附近其他地区有 31 个代销点。该企业产品的主要用户均为重点骨干企业，从经济发展的趋势来看，市场对该企业产品的需求还会进一步增加。因此，被评估企业拥有一个比较稳定且能发展的销售市场。

（3）未来产品成本预测。该企业产品的主要原料来源并不稀缺，也不受季节影响，故未来市场物价变动对其产品的影响不大。占成本比重较大的电费，在 2016 年和 2017 年已做了较大的调整，在今后一段时间里不会有太大的变化。如果以后电费价格继续调整，产品价格也会相应调整。

（4）从目前情况分析，在今后一段时间里，国家主要经济政策不会有太大变化。

（5）未来 5 年（2018～2022 年）企业收益情况预测如表 8-13 所示。

表 8-13　对企业未来收益的预测

项目	2018 年	2019 年	2020 年	2021 年	2022 年
销售收入/万元	4 437.6	4 705.8	5 213.8	5 473.9	5 730.9
销售税金/万元	670.8	704.9	746.6	775.1	813.5
销售成本/万元	2 350	2 500	2 700	2 900	3 100
销售及其他费用/万元	200.9	211.7	222.4	233	223.7
产品销售利润/万元	1 215.9	1 289.2	1 544.8	1 565.8	1 593.7
营业外收入/万元	8	8	8	8	8
营业外支出/万元	90	95	100	105	110
利润总额/万元	1 133.9	1 202.2	1 452.8	1 468.8	1 491.7
税款（按实际税额）/万元	283.5	300.6	363.2	367.2	372.9
净利润/万元	850.4	901.6	1 089.6	1 101.6	1 118.8
（+）折旧/万元	385	410	442	475	508
（-）追加投资/万元	655.2	425.4	454.1	521	541
企业净现金流量/万元	580.2	886.2	1 077.5	1 055.6	1 085.8
折现系数（按 9%）	0.917	0.842	0.772	0.708	0.65
净现值/万元	532	746.2	831.8	747.4	705.8

（三）评定估算

（1）依据企业以前年度生产增减变化及企业财务收支分析，以及对未来市场的预测，评估人员认为被评估企业未来 5 年的销售收入，将在 2017 年的基础上略有增长，增长速度将保持为 4%～6%。

（2）根据企业的生产能力状况，从 2019 年开始需要追加的投资将会减少（2013～2015 年追加的投资高于正常年份水平），即从 2019 年起企业的净现金流量将会增加。

（3）资产收益率的确定。同外商合资企业的整体评估，其资产收益率适用于一般银行利率加风险报酬率。由于该种企业产品信誉高，生产稳步增长，而且未来市场潜力很大，所以，该种企业的投资风险较小，风险报酬率取 6%，无风险报酬率取 3%，故折现率为 9%。

（4）所得税税率按中外合资企业适用的 25%税率进行计算。

（5）假设折现率与资本化率相同。

（四）评估结果

按收益法（分段法）计算，企业的净资产价值为 11 405.09 万元。企业净资产估价的步骤如下。

1. 计算未来 5 年企业净现金流量的折现值之和

$$532+746.2+831.8+747.4+705.8=3\,563.2\text{（万元）}$$

2. 从未来第六年开始，计算永久性现金流量现值

（1）将未来永久性收益折成未来第五年的现值。

$$\begin{aligned}P&=\text{第五年收益}\div\text{折现率}\\&=1\,085.8\div 9\%\approx 12\,064.44\text{（万元）}\end{aligned}$$

（2）按第五年的折现系数，将上式计算的现值折成净现值。

$$12\,064.44\times 0.65\approx 7\,841.89\text{（万元）}$$

3. 计算企业净资产的评估价值

$$3\,563.2+7\,841.89=11\,405.09\text{（万元）}$$

案例分析

中联资产评估集团有限公司关于江南嘉捷电梯股份有限公司重大资产重组专项核查意见

中国证券监督管理委员会:

中联资产评估集团有限公司（以下简称“评估机构”或“中联评估”）接受江南嘉捷电梯股份有限公司（以下简称“江南嘉捷”“上市公司”或“公司”）的委托，担任江南嘉捷电梯股份有限公司重大资产出售、置换及发行股份购买资产暨关联交易（以下简称“本次重组”或“本次交易”）的评估机构。根据中国证券监督管理委员会（以下简称“中国证监会”）2016 年 6 月 24 日发布的《关于上市公司重大资产重组前发生业绩“变脸”或本次重组存在拟置出资产情形的相关问题与解答》（以下简称《问题与解答》）的相关要求，评估机构就本次重组是否符合《问题与解答》的相关事项发表核查意见如下。

一、拟置出资产评估（估值）作价情况

中联评估接受江南嘉捷的委托，对江南嘉捷重大资产重组拟置出的资产和负债以 2017 年 3 月 31 日作为评估基准日，采用资产基础法及收益法进行了评估，并采用资产基础法评估结果作为最终评估结论，出具了《中联评报字〔2017〕第 1518 号资产评估报告》。

采用资产基础法，得出江南嘉捷在评估基准日 2017 年 3 月 31 日的评估结论如下。

总资产账面价值 227 619.72 万元，评估值 271 744.24 万元，评估增值 44 124.52 万元，增值率 19.39%。

负债账面价值 84 735.05 万元，评估值 84 564.49 万元，评估增值－170.56 万元。

账面净资产 142 884.67 万元，评估值 187 179.75 万元，评估增值 44 295.08 万元，增值率 31.00%。

根据交易双方签订的《江南嘉捷电梯股份有限公司和标的公司全体股东之重大资产出售协议》，最终交易价格将以评估值为基础，由交易双方协商确定江南嘉捷电梯股份有限公司资产重组所涉及的置出资产和负债的转让价格为 187 179.75 万元。

二、相关评估（估值）方法

依据《资产评估执业准则——企业价值》（中评协〔2017〕36 号）的规定，企业价值评估可以采用收益法、市场法、资产基础法三种方法。

收益法是企业整体资产预期获利能力的量化与现值化，强调的是企业的整体预期盈利能力。本次评估的评估对象具备持续经营的基础和条件，未来收益和风险能够预测且可量化，因此本次评估中对于置出资产整体选择收益法进行评估。

市场法是以现实市场上的参照物来评价估值对象的现行公平市场价值，它具有估值数据直接取材于市场、估值结果说服力强的特点。由于涉及同类业务、同等规模企业的近期交易案例难以有效获取，本次评估未选择市场法进行评估。

资产基础法以在评估基准日重新建造一个与评估对象相同的企业或独立获利实体所需的投资额作为判断整体资产价值的依据，具体是指将构成企业的各种要素资产的评估值加总减去负债评估值求得企业价值的方法。本次评估涉及上市公司资产重组，资产基础法从企业购建角度反映了企业的价值，为经济行为实现后企业的经营管理及考核提供了依据，因此本次评估选择资产基础法进行评估。

根据评估目的、评估对象、价值类型、资料收集情况等相关条件，以及三种基本评估方法的适用条件，本次评估选择资产基础法及收益法进行评估，并选择资产基础法评估结果作为最终评估结论。

江南嘉捷主营业务包括电梯整机及零部件的生产制造及销售。受国内经济增速放缓、产能过剩、市场竞争激烈、电梯行业需求增长空间较小等因素影响，近年主营业务持续下滑。且本次评估引用的盈利预测 2017 年净利润较 2016 年呈现较大幅度下滑，评估人员对江南嘉捷预测的相关业绩下滑主要原因与其管理层进行了讨论分析，收益下滑主要原因如下。

1. 产能过剩，市场需求空间有限

从外部环境看，经济转型压力下，国内电梯行业产能过剩。根据中国电梯行业协会公布的数据，国内电梯行业产能约 140 万台，2016 年实际销量仅 77.6 万台，产能过剩情况严重，并且电梯行业产量增速已从 2013 年 18.15%下降至 2016 年 2.11%，市场需求空间潜力不大（表 8-14）。

表 8-14 国内电梯行业近年销量及产量增长情况统计表

项目	2012 年	2013 年	2014 年	2015 年	2016 年
电梯销量/万台	52.90	62.50	71.60	76.00	77.60
电梯产量增长率/%	15.75	18.15	14.56	6.15	2.11

2. 市场竞争激烈，行业收入规模缩减

根据 Wind 资讯数据显示，国内电梯行业出口数量持续增加，但 2016 年出口总金额首次下滑，单价下滑明显（表 8-15）。

表 8-15 国内电梯行业近年出口情况统计表

项目	2012 年	2013 年	2014 年	2015 年	2016 年
出口数量/万台	5.49	6.60	6.89	7.41	7.64
出口金额/万美元	151 642.00	181 152.00	196 298.00	212 019.00	194 720.00
出口单价/（万美元/台）	2.76	2.74	2.85	2.86	2.55

根据 Wind 数据库查询的电梯行业 A 股主要上市公司总收入情况显示，电梯行业 A 股主要上市公司在 2014 年达到高点后，总收入呈现下滑趋势。

综上，不论从出口还是国内上市公司销售情况都可以看出，在产能过剩的背景下，市场竞争激烈，虽然市场需求量尚有较小比例增长，但是电梯行业收入规模逐年降低。

3. 被评估企业利润持续下滑

根据江南嘉捷财务数据显示，江南嘉捷销售收入下滑情况与行业整体趋势一致，销售收入及利润均呈现下滑趋势（表 8-16、表 8-17）。

表 8-16 江南嘉捷近年简要财务数据统计表　　单位：万元

项目	2014 年	2015 年	2016 年	2017 年 1～3 月
营业收入	273 392.16	266 126.97	241 724.73	47 584.08
营业成本	195 522.80	185 049.79	165 596.20	33 441.25
营业利润	28 367.86	27 386.71	18 618.56	1 685.05
归母净利润	23 355.42	22 548.31	15 944.74	1 620.34

表 8-17 江南嘉捷主要销售产品折扣率情况统计表　　单位：%

产品型号	2017 年 1～6 月	2016 年	2015 年
A100	44.60	50.49	52.21
E500	41.09	43.87	43.18
E550	43.05	43.14	50.08
FEH	37.50	39.13	41.25
FES	41.40	42.82	45.76
FET	42.76	47.14	49.91
S100	45.58	54.98	53.33
S810	41.86	43.40	44.55
S820	45.00	44.76	44.58
S830	42.00	43.73	48.18
S830JE	42.40	46.12	51.88
M300	42.11	45.50	51.01
V300	44.38	45.25	44.29
合计	42.49	44.83	48.66

思考题

1. 江南嘉捷电梯股份有限公司重大资产出售、置换及发行股份购买资产暨关联交易中，目标企业价值评估如何确定？

2. 选择资产基础法评估结果作为最终评估结论的主要原因是什么？

复习思考题

一、简答题

1. 试分析资产评估中的企业价值。
2. 企业价值评估的重要性体现在哪里？
3. 简析企业价值评估的特点。
4. 如何确定企业价值评估的范围？
5. 运用市场法评估企业价值时常用的具体方法是什么？
6. 运用收益法评估企业价值时如何预测企业未来的收益？
7. 运用收益法预测企业未来收益的原则有哪些？
8. 运用市场法评估企业价值的理论基础有哪些？
9. 运用市场法评估企业价值的基本步骤是什么？
10. 运用成本法评估企业价值的基本步骤是什么？

二、单项选择题

1. 影响企业价值高低的决定因素是（ ）。

A. 企业规模　　B. 企业生产能力
C. 企业工艺水平　　D. 企业获利能力

2. 对资产评估中的企业价值、账面价值与公司市值的叙述中，不正确的是（ ）。

A. 企业的账面价值是一个以历史成本为基础进行计量的会计概念，可以通过企业的资产负债表获得
B. 公司市值是指上市公司全流通股股票的市场价格（市场价值之和）
C. 在资本市场上，公司市值与企业价值具有一致性
D. 我国尚处在经济转型中，证券市场既不规范，也不成熟，上市公司存在大量非流通股，因而不宜将公司流通股市值直接作为企业价值评估的依据

3. 企业价值评估的一般前提是企业的（ ）。

A. 独立性　　B. 持续经营性
C. 整体性　　D. 营利性

4. 评估人员选择适当的折现率将企业的息前净现金流量进行了资本还原，得到了初步评估结果。本次评估要求的是企业的净资产价值。对初步评估结果应做的进一步调整是（ ）。

A. 减企业的全部负债　　B. 加减企业的全部负债
C. 减企业的长期负债　　D. 减企业的流动负债

5. 在企业价值评估中，将企业资产划分为有效资产和无效资产的主要目的是（　　）。

A. 选择评估方法　　B. 界定评估价值类型

C. 界定评估具体范围　　D. 明确企业盈利能力

6. 证券市场上将企业价值评估作为进行投资重要依据的是（　　）。

A. 消极投资者　　B. 积极投资者

C. 市场趋势型投资者　　D. 价值型投资者

7. 会计上所编制的资产负债表中的各项资产的账面价值往往与市场价格大相径庭，引起账面价值高于市场价值的主要原因是（　　）。

A. 通货膨胀　　B. 过时贬值

C. 组织资本　　D. 应付费用

8. 在对企业收益进行具体界定时，应注意一些问题，下列说法不当的是（　　）。

A. 企业创造的不归企业权益主体所有的收入，不能作为企业价值评估中的企业收益

B. 不论是流转税还是所得税都不能视为企业收入

C. 凡是归企业权益主体所有的企业收支净额，都可以视为企业的收益

D. 不论是营业收支、资产收支，还是投资收支，都不能视为企业收入

9. 下列对于“价值”的说法不当的是（　　）。

A. 价值的经济概念反映了在价值的有效日期内，特定买方对于某人由于拥有某商品或接受服务而具有的利益的评判

B. 价值是个经济概念，价值不是事实

C. 价值是根据特定的价值定义在特定时间内对商品、服务进行交易时最可能形成的价格的估计额

D. 价值反映了在价值的有效日期内，市场对于某人由于拥有某商品或接受某服务而具有利益的评判

10. 企业价值评估的市场法的理论依据就是“替代原则”，下列说法错误的是（　　）。

A. 企业价值评估市场法的技术路线是首先寻找相类似企业的交易案例，通过对交易价格的分析，确定被评估企业的公允市场价值

B. 运用市场法评估企业价值存在两个障碍，一是企业的个体差异，二是企业交易案例的差异

C. 对可比企业的选择是用相关因素间接比较的方法评估企业价值的唯一关键

D. 基于成本和便利的原因，目前运用市场法对企业价值进行评估主要使用市盈率乘数法

三、多项选择题

1. 企业进入稳定增长阶段的主要特征有（　　）。

A. 实际的销售增长达到均衡水平

B. 企业投资活动减少，只是对现有生产能力的简单更新、常规改进和升级

C. 实际的现金流量增长为零

D. 企业的资本结构定型

E. 企业的各种利润率保持不变

2. 在评估企业价值时，如果被评估企业与可比企业之间的资本结构有较大差异，则应选择（ ）。

A. 价值/重置成本比率
B. 市盈率
C. 价格/销售收入比率
D. 价格/账面价值比率
E. 价值/息税折旧前收益比率

3. 运用（ ）作为乘数评估出的是企业的股权价值。

A. 价值/重置成本比率
B. 市盈率
C. 价格/销售收入比率
D. 价格/账面价值比率
E. 价值/息税折旧前收益比率

4. 对企业预期收益趋势的总体分析，还需注意（ ）。

A. 对企业评估基准日审计后的财务报表进行调整
B. 客观收益的调整仅作为评估人员进行企业预期收益预测的参考依据
C. 企业提供的预期收益的预测是评估人员的唯一根据
D. 评估人员必须到企业现场进行实地考察和现场调研
E. 评估人员在出具评估报告时，应就初稿的初步结论和委托方交换意见

5. 在企业价值评估中确定企业价值评估的具体范围时，资产剥离的主要对象有（ ）。

A. 生产性资产
B. 局部功能与整体企业功能不协调资产
C. 能耗、料耗大的资产
D. 闲置资产
E. 融资租赁资产

6. 在企业价值评估中，对企业中的非有效资产采取（ ）等处理方式。

A. 修复后评估
B. 资产剥离
C. 填平补齐
D. 独立变现
E. 单独评估

7. 运用市场法评估企业价值时，从财务标准方面判断企业的可比性需着重注意企业的（ ）。

A. 规模
B. 财务指标
C. 竞争地位
D. 市场条件
E. 财务结构

8. 企业价值评估中的可比价值倍数，通常选择企业的（ ）等财务指标作为计算依据。

A. 销售收入
B. 流动比率
C. 无负债净现金流量
D. 利息、折旧和税前利润
E. 净产值

9. 《国际评估准则》认为下列概念中表明客观事实的概念有（ ）。

A. 价值
B. 成本
C. 市场
D. 价格

10. 运用成本加和法评估非续用前提下的企业价值应当遵循（ ）原则。

A. 替代
B. 变现
C. 贡献
D. 供求
E. 配比

四、计算题

1. 某企业2017年支付的每股股利为2元，预期股利将永久性地每年增长5%。股票的β系数为0.8，1年期国债利率为3.25%，市场风险补偿为5%。估算该企业每股的价值。

2. 某企业2017年的财务报表显示每股收益为3元，支付的每股股利为1元，预期2018年至2022年期间收益将每年增长15%，这一期间的股利支付率保持不变。自2023年起收益增长率预计将保持在5%的稳定水平，股利支付率会达到70%。企业目前的β系数为1.5，2022年以后的β系数预计为1.1，国债利率为3.25%，市场风险补偿为5%。试求2018年1月1日的每股股权价值。

3. 某企业2017年的销售额为5 000万元，预计2018年至2020年以6%的比率增长，自2021年起增长率保持在3%。该企业的税前营业利润率为20%，资本支出等于年折旧费，营运成本占销售额的20%。该企业未偿还的债务为3 000万元，利息率为10%，权益与全部资本的比率为80%，β系数为1.25，国债利率为3.25%，市场风险补偿为5%。企业所得税税率为25%，估算该企业2018年1月1日的企业价值和权益价值。

4. 某企业2017年的收入为95 000万元，预期2018年至2022年每年增长6%，以后每年增长4%。2017年每股收益为2.5元，预期2018～2022年每股收益年增长10%，以后每年增长5%。2017年每股的资本支出为2.2元，每股折旧为1.1元，2018～2022年期间预期增长速度与收益相同。营运资本保持在收入的5%水平上。企业当前的债务/全部资本比率为10%，β系数为1.25，国债利率为3.25%，市场风险补偿为5%。目标债务比率为20%，自2023年起企业资本结构基本稳定。企业已经发行有6 000万股股票。试计算企业的权益价值。

5. 被评估企业是一个以生产出口矿产品为主业的矿山企业，2017年的收益情况见企业的利润表（表8-18），其中补贴收入30万元中包括了企业增值税出口退税20万元和因水灾政府专项补贴10万元；营业外支出15万元为企业遭受水灾的损失支出。

经评估人员调查分析，预计从2018年到2022年企业的净利润将在2017年正常净利润水平上每年递增2%，从2023年到2037年企业净利润将保持在2018年至2022年各年净利润按现值计算的平均水平上（年金）。根据最优原则，企业将在2037年底停止生产，实施企业整体变现，预计变现值约为100万元，假设折现率为8%，现行的税收政策保持不变，试评估2017年12月31日该企业的价值。

表8-18　利润表　　单位：元

项目	本年累计数
一、营业收入	9 500 000
减：营业成本	5 500 000
税金及附加	300 000
销售费用	200 000
管理费用	1 900 000
财务费用	400 000

续表

项目	本年累计数
二、营业利润	1 200 000
加：补贴收入	300 000
营业外收入	0
减：营业外支出	150 000
三、利润总额	1 350 000
减：所得税（25%）	337 500
四、净利润	1 012 500

6. 某企业 2017 年支付的每股股利为 1.28 元，预期未来股利每年增长 5%，股票的 β 系数为 0.91，1 年期国债利率为 3.25%，市场风险补偿为 5%。估算该企业每股股权的价值。

7. 某企业 2017 年的财务报表显示每股收益为 2.5 元，支付的每股股利为 0.72 元。预期 2018 年至 2022 年期间收益将每年增长 8%，这一期间的股利支付率保持不变。自 2023 年起收益增长率预计将保持在 5%的稳定水平，股利支付率会达到 50%。企业目前的 β 系数为 1.42，2022 年以后的 β 系数预计为 1.21，国债利率为 3.25%，市场风险补偿为 5%。试求 2017 年 12 月 31 日的每股股权价值。

资产评估报告

本章主要介绍资产评估报告的内容、编制与分析技巧，以及评估档案的管理。

资产评估工作过程的最终目的就是提交评估报告，它既是评估机构向委托方提交的反映其专业意见的书面文件，同时也是明确评估各方法律责任的依据。评估报告的内容和格式要求具有一定的规范性，评估报告编制与分析也有较高的专业要求。

提交评估报告并非评估程序的终结，对评估报告归档和科学整理是评估程序不可缺失的一环，也是完善评估工作的重要手段。

【重要概念】 资产评估报告　资产评估档案

第一节　资产评估报告概述

一、资产评估报告的概念和分类

（一）资产评估报告的概念

2017 年 10 月 1 日起执行的《资产评估执业准则——资产评估报告》中指出：本准则所称资产评估报告是指资产评估机构及其资产评估专业人员遵守法律、行政法规和资产评估准则，根据委托履行必要的资产评估程序后，由资产评估机构对评估对象在评估基准日特定目的下的价值出具的专业报告。

资产评估报告是按照一定格式和内容来反映评估目的、程序、标准、依据、方法、结果及使用条件等基本情况的书面报告。资产评估报告有广义和狭义之分。

广义的资产评估报告是一种工作制度，它规定评估机构在完成资产评估工作后，必须按照一定程序的要求，用书面形式向委托方及相关主管部门报告过程和结果。

狭义的资产评估报告即资产评估结果报告，既是资产评估机构与注册资产评估师完成对资产作价后，就被评估资产在特定条件下价值所发表的专业意见，也是评估机构履行评估合同情况的总结，还是评估机构和注册资产评估师为资产评估项目承担相应法律责任的证明文件。

（二）狭义资产评估报告及其种类

狭义的资产评估报告是评估人员遵照相关法律、法规和资产评估准则，根据特定目的，遵循评估原则，运用科学方法，对特定评估对象价值进行评定估算，并由评估机构向委托方提交的反映其专业意见的书面文件。资产评估报告的编写既需要评估人员本着“独立、客观、公正”的职业态度，同时也要严格遵守财政部有关评估报告的内容和格式的规定，具有较高的专业要求。

1. 按评估范围分类

按评估范围不同可将资产评估报告分为整体资产评估报告和单项资产评估报告两类。前者是指对整体资产进行评估所出具的资产评估报告。后者则是仅对某一部分、某一项资产进行评估所出具的资产评估报告。两者虽然基本格式相同，但因在具体业务上存在一些差异，所以在报告书的内容和适用范围上也存在一些差异。一般情况下，整体资产评估报告不仅包括资产，也包括负债和所有者权益方面的评价与说明。而单项资产评估由于仅对某一项资产进行估价，报告书除在建工程外一般不考虑负债和以整体资产为依托的无形资产等。

2. 按评估对象分类

鉴于我国目前资产评估、房地产估价和土地估价的管理尚未统一，不同管理机构对报告内容和格式的要求也不尽相同，所以，按评估对象不同可将资产评估报告划分为资产评估报告、房地产估价报告和土地估价报告等。资产评估报告所涉及的资产可以为各类资产，可能包括负债和所有者权益，也可能包括房屋建筑物和土地。而房地产估价报告则只是以房地产为评估对象所出具的估价报告。土地估价报告则是仅以土地为评估对象所出具的估价报告。

3. 按适用范围分类

从报告书适用范围的角度划分，资产评估报告可分为以产权变动为目的的评估报告和不以产权变动为目的的评估报告。前者主要适用于资产出售、转让、拍卖、重组等以产权变动为目进行资产评估时所出具的报告书。后者主要是在抵押、保险、课税等产权不发生变动时评估所出具的报告书。

4. 按评估工作的性质分类

按资产评估性质分类，资产评估报告可以分为一般评估报告和评估复核报告。一般评估报告是指评估人员接受委托人委托，向客户提供关于资产价值估值意见的书面报告。评估复核报告是对其他注册资产评估师出具的一般评估报告的充分性和合理性发表意见的书面报告。

5. 按提供内容和数据资料的繁简程度分类

按提供内容和数据资料的繁简程度分类，资产评估报告可以分为完整评估报告、简明评估报告和限制评估报告。

完整评估报告、简明评估报告与限制评估报告的根本区别在于提供信息的详细程度不同。

6. 按评估基准日分类

按评估基准日的选择不同，可以分为以下三种：现实型评估报告、预测型评估报告和追溯型评估报告。现实型评估报告的评估基准日为现在的时点；预测型评估报告的评估基准日为未来的时点；追溯型评估报告的评估基准日为过去的时点。

（三）广义资产评估报告及其工作程序

广义的资产评估报告是一种工作制度，它规定评估机构在完成评估工作之后必须按照一定程序的要求，用书面形式向委托方及相关主管部门报告评估过程和结果。我国目前资产评估报告基本制度规定资产评估机构在完成国有资产评估工作后，由相关国有资产管理部门或代表单位对评估报告进行核准、备案。

1. 核准工作程序

占有单位收到评估机构出具的评估报告后应上报主管部门初审，经主管部门初审同意后，占有单位应在评估报告有效期届满两个月前向财政部门提出核准申请。财政部门收到核准申请后，对符合要求的，应在 20 个工作日内完成对评估报告的审核，下达核准文件；对不符合要求的，予以退回。占有单位提出资产评估项目核准申请时，应向财政部门报送下列文件、资料。

（1）主管部门审查同意转报财政部门予以核准的文件。

（2）国有资产评估项目核准申请表。

（3）与评估目的相对应的经济行为批文或有效材料。

（4）资产重组方案或改制方案、发起人协议等其他材料。

（5）资产评估机构提交的资产评估报告（包括评估报告书、评估说明）。

（6）资产评估各当事方的承诺函。

（7）财政部门认为需要的其他材料。

2. 备案工作程序

占有单位收到评估机构出具的评估报告后，对评估报告无异议的，应将备案材料逐级报送财政部门。财政部门收到占有单位报送的备案材料后，对材料齐全的，应在 10 个工作日内办理备案手续；对材料不齐全的，待占有单位或评估机构补充完善有关材料后予以办理。备案手续需报送下列文件、资料。

（1）占有单位填报的《国有资产评估项目备案表》。

（2）资产评估机构提交的资产评估报告（包括评估报告书、评估说明）。

（3）资产评估各当事方的承诺函。

（4）财政部门认为需要的其他材料。

【思考】 为什么称资产评估报告是一种工作制度？它主要是针对什么来说的？

二、资产评估报告的作用

资产评估报告的作用有以下几点。

（一）资产评估报告为被评估资产价值提供咨询性的专家意见

资产评估报告是具有资产评估资格的机构接受委托，组织专业人员根据评估目的，遵循评估准则，按照规范的程序，运用科学的方法，“独立、客观、公正”地对被评估资产价值进行评定和估算，最终形成的专业化估价意见。该作价意见不代表任何当事人一方的利益，是一种独立专家估价的意见，具有较强的公正性与客观性。同时它只是给相关当事人提供有关资产交换价值方面的专业判断，作为被委托评估资产作价的参考依据，该意见本身并无强制执行的效力。

（二）资产评估报告是明确各方责任的依据

资产评估报告以文字的形式，对受托资产评估业务的目的、范围、依据、程序、方法等过程和评定的结果进行说明与总结，体现了评估机构的工作成果。同时资产评估报告具有法律效力，在出具评估报告时，相关评估人员需要签名盖章，并加盖评估机构公章，从而明确受托的资产评估机构与执业人员的权利与义务，以及明确委托方、受托方等有关方面的法律责任。另外，资产评估报告书是评估机构履行评估协议和向委托方或有关方面收取评估费用的依据。

（三）资产评估报告是管理部门完善资产评估管理的重要手段

资产评估管理机构是指对资产评估进行行政管理的主管机关和对资产评估行业进行自律管理的行业协会。我国目前对资产评估报告采取核准制或备案制，资产评估管理机构通过对评估报告审核，了解评估机构的管理水平和评估人员的执业能力，从而有效地开展业务监督和自律管理。

（四）资产评估报告是归集评估档案资料的重要信息来源

广义的评估程序终止于评估档案的归集与整理。评估机构和评估人员在完成资产评估任务之后，应当将工作底稿、评估报告等各项资料分类归档，建立信息资料库。由于资产评估报告是评估工作的总结，必须按照评估档案管理的有关规定进行管理和使用。它既是评估机构重要的信息来源，同时也有助于评估人员不断总结经验，提高执业能力。

【思考】 假设你是一名注册资产评估师，从你自身的角度谈谈资产评估报告的编制意义体现在哪里。

三、资产评估报告的基本内容

依据《资产评估执业准则——资产评估报告》第十一条规定，资产评估报告的内容包括：标题及文号、目录、声明、摘要、正文、附件。

【思考】 结合后面的案例，找出与资产评估报告内容相对应的有关要素。

（一）资产评估报告正文及相关附件基本内容

1. 封面（标题及文号）与目录

评估报告封面须载明下列内容：评估项目名称；资产评估机构出具评估报告的编号（该编号需注明年度及报告书序号）；资产评估机构全称；评估报告提交日期。评估报告封面可载明评估机构的服务商标。

资产评估报告的标题和文号是资产评估报告封面载明的评估项目名称和资产评估机构的评估报告编号。评估报告的标题应当简明清晰，一般采用“企业名称＋经济行为关键词＋评估对象＋评估报告”的形式。评估报告文号包括评估机构特征字、种类特征字、年份、报告序号。

2. 声明

2017 年 10 月 1 日起执行的《资产评估执业准则——资产评估报告》指出，资产评估报告的声明通常包括以下内容。

（1）资产评估报告依据财政部发布的资产评估基本准则和中国资产评估协会发布的资产评估执业准则和职业道德准则编制。

（2）委托人或者其他资产评估报告使用人应当按照法律、行政法规规定和资产评估报告载明的使用范围使用资产评估报告；委托人或者其他资产评估报告使用人违反前述规定使用资产评估报告的，资产评估机构及其资产评估专业人员不承担责任。

（3）资产评估报告仅供委托人、资产评估委托合同中约定的其他资产评估报告使用人和法律、行政法规规定的资产评估报告使用人使用；除此之外，其他任何机构和个人不能成为资产评估报告的使用人。

（4）资产评估报告使用人应当正确理解评估结论，评估结论不等同于评估对象可实现价格，评估结论不应当被认为是对评估对象可实现价格的保证。

（5）资产评估机构及其资产评估专业人员遵守法律、行政法规和资产评估准则，坚持独立、客观、公正的原则，并对所出具的资产评估报告依法承担责任。

（6）资产评估报告使用人应当关注评估结论成立的假设前提、资产评估报告特别事项说明和使用限制。

（7）其他需要声明的内容。

3. 摘要

为使各有关方了解资产评估报告提供的主要信息，在资产评估报告正文之前，应列示资产评估报告摘要。摘要与正文具有同等法律效力，与资产评估报告揭示的结果应一致，同时由注册资产评估师、评估机构法定代表人及评估机构等签字盖章并署上提交日期。

资产评估报告摘要是正文核心内容的概括和总结。评估报告摘要应当简明扼要地反映经济行为、评估目的、评估对象和评估范围、价值类型、评估基准日、评估方法、评估结论及其使用有效期、对评估结论产生影响的特别事项等关键内容。

4. 正文

（1）首部。首部标题应简练清晰，含有“××××（评估项目名称）资产评估报告书”字样。

（2）绪言。绪言应写明该评估报告委托方全称、受委托评估事项及评估工作整体情况。

（3）委托方与资产占有方简介。委托方与资产占有方简介应较为详细地分别介绍委托方、资产占有方（两者合一的可作为资产占有方介绍）的情况以及二者间的关系，主要包括名称、注册地址及主要经营场所地址、法定代表人、历史情况简介，企业资产、财务、经营状况，行业、地域的特点与地位，以及相关的国家产业政策。

（4）评估目的。评估目的应写明本次资产评估是为了满足委托方的何种需要，及其所对应的经济行为类型。需简要、准确说明该经济行为的发生是否经过批准，如已获批准，则应写明已获得的相关经济行为批准文件，含批件名称、批准单位名称、确立日期及文号。评估目的应当唯一，表述应当明确、清晰。

（5）评估范围和对象。评估报告中应当具体描述评估对象的基本情况和评估范围。评估对象的基本情况通常包括法律权属情况、经济状况和物理状况。评估范围主要是写明纳入评估范围的资产类型、评估之前的账面值，如纳入评估的资产为多家占有，应说明各自的份额。

（6）价值类型。评估报告应当明确评估结果的价值类型及其定义，并说明选择价值类型的理由。

（7）评估基准日。资产评估报告应当明确评估基准日，并与业务约定书约定的评估基准日一致，另外，需要说明选择评估基准日重点考虑的因素，如经济行为的实现、会计期末、利率和汇率变化等。评估基准日可以是现在时点，也可以是过去或将来的时点。

（8）评估原则。评估原则应写明评估工作过程中遵循的各类原则和本次资产评估遵循国家及行业规定的公认原则，对于所遵循的特殊原则，应做适当阐述。

（9）评估依据。评估报告应当说明本次评估业务所对应的经济行为、法律法规、评估准则、权属、取价等依据。主要包括：①经济行为依据。经济行为依据主要包括有效批复文件、可以说明经济行为及其所涉及的评估对象与评估范围的其他文件资料。②法律法规依据。法律法规依据通常包括与国有资产评估有关的法律法规等。③评估准则依据。评估准则依据包括本评估项目中依据的相关资产评估准则和相关规范。④权属依据。权属依据通常包括国有资产产权登记证书、基准日股份持有证明、出资证明、国有土地使用证（或者土地使用权出让合同、房屋所有权证、采矿许可证、勘查许可证、林权证）、专利证书（发明专利证书、实用新型专利证书、外观设计专利证书）、商标注册证、著作权（版权）相关权属证明、船舶所有权登记证书、船舶国籍证书、机动车行驶证、有关产权转让合同、其他权属证明文件等。⑤取价依据。取价依据通常包括企业提供的财务会计、经营方面的资料，国家有关部门发布的统计资料、技术标准和政策文件，以及评估机构收集的有关询价资料、参数资料等。⑥其他参考依据。

（10）评估方法。此处应简要说明评估人员在评估过程中所选择并使用的评估方法，以及选择评估方法的依据或原因。如对某项资产评估采用一种以上的评估方法，应适当说明原因并说明该资产评估价值确定方法。对于所选择的特殊评估方法，应适当介绍其原理与适用范围。

（11）评估过程。评估报告应当说明自接受评估项目委托起至出具评估报告的主要评估工作过程，一般包括以下内容：①接受项目委托，确定评估目的、评估对象与评估范围、评估基准日，拟订评估计划等过程；②指导被评估单位清查资产、准备评估资料，核实资产与验证资料等过程；③选择评估方法、收集市场信息和估算等过程；④评估结果汇总、评估结论分析、撰写报告和内部审核等过程。

（12）评估假设。评估报告应当披露评估假设及其对评估结论的影响。

（13）评估结论。评估结论应包括评估结果汇总表、评估后各资产占有方的份额和评估机构对评估结果发表的结论。评估报告应当以文字和数字形式清晰说明评估结论，通常评估结论应当是确定的数值。经与委托方沟通，评估结论可以使用区间值表达。

① 采用资产基础法进行企业价值评估，应当以文字形式说明资产、负债、所有者

权益（净资产）的账面价值、评估价值及其增减幅度，并同时采用评估结果汇总表反映评估结论。

② 单项资产或者资产组合评估，应当以文字形式说明账面价值、评估价值及其增减幅度。

③ 采用两种以上方法进行企业价值评估，除单独说明评估价值和增减变动幅度外，还应当说明两种以上评估方法结果的差异及其原因和最终确定评估结论的理由。

④ 存在多家被评估单位的项目，应当分别说明评估价值。

（14）特别事项说明。评估报告中陈述的特别事项是指在已确定评估结果的前提下，评估人员揭示在评估过程中已发现的可能影响评估结论，但非评估人员执业水平和能力所能评定估算的有关事项，提示评估报告使用人应注意特别事项对评估结论的影响，并揭示评估人员认为需要说明的其他问题。资产评估报告的特别事项说明包括以下几项。

① 权属等主要资料不完整或者存在瑕疵的情形。

② 未决事项、法律纠纷等不确定因素。

③ 重要的利用专家工作及相关报告情况。

④ 重大期后事项。

资产评估报告应当重点提示资产评估报告使用人对特别事项予以关注。

（15）资产评估报告的使用限制。资产评估报告的使用限制说明应当载明：①使用范围；②委托人或者其他资产评估报告使用人未按照法律、行政法规规定和资产评估报告载明的使用范围使用资产评估报告的，资产评估机构及其资产评估专业人员不承担责任；③除委托人、资产评估委托合同中约定的其他资产评估报告使用人和法律、行政法规规定的资产评估报告使用人之外，其他任何机构和个人不能成为资产评估报告的使用人；④资产评估报告使用人应当正确理解评估结论。评估结论不等同于评估对象可实现价格，评估结论不应当被认为是对评估对象可实现价格的保证。

（16）评估报告法律效力。此处应具体写明评估报告成立的前提条件和假设条件；评估报告的作用依照法律法规的有关规定发生法律效力；评估结论的有效使用期限；评估结论仅供委托方以评估为目的使用和送交财产评估主管机关审查使用，申明评估报告书的使用权归委托方所有，未经委托方许可评估机构不得随意向他人提供或公开。

（17）评估报告提出日期。评估报告提出日期应写明评估报告提交委托方的具体时间，评估报告原则上应在确定的评估基准日后 3 个月内提出。

（18）尾部。评估报告正文应当由两名以上注册资产评估师签字盖章，并由评估机构盖章。有限责任公司制评估机构的法定代表人或者合伙制评估机构负责该评估业务的合伙人应当在评估报告上签字。声明、摘要和评估明细表上一般不需要另行签字盖章。

5. 备查文件

资产评估报告书的附报文件至少包括以下基本内容。

（1）有关经济行为文件。

（2）资产评估立项批准文件。

（3）被评估企业前 3 年会计报表（至少包括企业资产负债表、损益表）。

（4）委托方与资产占有方营业执照复印件。

（5）产权证明文件复印件。

（6）委托方、资产占有方的承诺函。

（7）资产评估人员和评估机构的承诺函。

（8）资产评估机构资格证书复印件。

（9）资产评估机构营业执照复印件。

（10）参加本评估项目的人员名单及其资格证书复印件。

（11）资产评估业务约定合同。

（12）重要合同。

（13）其他文件。

（二）资产评估报告评估说明的基本内容

凡按现行资产评估管理有关规定必须进行资产评估的各类资产评估项目，应当按规定的内容与格式撰写评估说明，其目的在于通过注册资产评估师和评估机构描述其评估程序、方法、依据、参数选取与计算过程，通过委托方、资产占有方充分揭示对资产评估行为和结果构成重大影响的事项等，说明评估操作符合相关法律、行政法规和行业规范的要求，在一定程度上证实评估结果的公允性，保护评估行为相关各方的合法利益。评估机构、注册资产评估师及委托方、资产占有方应保证其撰写或提供的构成评估说明各组成部分的内容真实完整，未做虚假陈述，也未遗漏重大事项。评估说明是资产评估报告申请审查确认材料的必备部分，评估说明中所揭示的内容应同评估报告所阐述的内容一致。评估说明是财产评估主管机关审查确认评估报告的重要文件，原则上评估说明不提交给其他有关当事人。评估说明包括以下基本内容和格式。

（1）评估说明封面及目录。

（2）关于评估说明使用范围的声明。

（3）关于进行资产评估有关事项的说明。

（4）资产清查核实情况说明。

（5）评估依据的说明。

（6）各项资产及负债的评估技术说明。

（7）整体资产评估收益现值法评估验证说明。

（8）评估结论及其分析。

（三）资产评估明细表的基本内容

资产评估明细表是反映被评估资产评估前后资产负债明细情况的表格，主要包括以下内容。

（1）资产及其负债的名称、发生日期、账面价值、调整后账面值、评估价值基本内容。

（2）资产及其负债特征的项目，如实物资产应反映数量。

（3）反映评估增减值情况的栏目。

（4）备注栏目。

（5）表头应写明被评估资产及负债会计科目名称、资产占有单位、评估基准日、表号、金额单位（人民币元）、页码（共几页第几页）。

（6）表尾应写明清查人员、评估人员。

（7）资产评估明细表当页的最后行应是该页的“本页小计”行，明细表的最后一页还应在“本页小计”行后添加“合计”行。

（8）资产评估明细表应逐级汇总，第一级是明细表总计，第二级是按资产及负债大类单独汇总，第三级是资产负债表式汇总，第四级是以资产及负债大类为主栏项目且以人民币万元为金额单位的汇总。

（9）同类资产评估明细表格式与内容应统一，且明细表至少应含有资产评估明细表样表的基本内容，符合资产评估明细表样表的基本格式，资产评估明细表内容应填写完整。

（10）资产评估明细表一般应按会计科目顺序排列装订。

（11）资产占有方为一家以上时，资产评估明细表应按资产占有方分别自成体系。

（12）资产评估明细表主要包括资产评估结果汇总表、资产评估结果分类汇总表、各项资产清查评估汇总表和各项资产清查评估明细表。

第二节　资产评估报告的编制

一、资产评估报告的制作步骤

资产评估报告的编制是资产评估工作中的一个重要环节，直接关系到委托方对评估报告的具体运用和有关方面对评估工作的评价，也关系到评估机构和评估人员的法律责任。通常，制作资产评估报告主要有以下几个步骤。

（一）整理工作底稿和归集有关资料

评估人员的现场记录和过程描述等工作底稿是资产评估报告编制最直接的依据，因此在资产评估现场工作结束后，有关评估人员必须着手对现场工作底稿进行整理，按资产性质进行分类。同时对有关询证函、被评估资产背景材料、技术鉴定情况和价格取证有关资料进行归集与登记。对现场未予确定或存有疑义的事项，还需进一步落实和查核，发现和弥补前期工作的不足与疏漏。

（二）评估明细表中数字的分析汇总

在完成现场工作底稿和有关资料的归集任务后，评估人员应着手进行评估明细表的数字汇总，以取得初步的评估结果。评估人员在数字汇总过程必须反复核对各有关表格的数字关联性和数据间的钩稽关系。同时应根据数据层次关系层层汇总，先明细表汇总，然后分类汇总，再到资产负债表式的汇总。另外还要注意数据的金额单位、正负号的使用，以确保评估结果的可靠性和合理性。

（三）讨论分析评估数据

在完成评估明细表的数字汇总，得出初步的评估数据后，项目负责人应召集参与评估工作过程的有关人员，对评估报告中的数据进行会审，比较各有关评估数据，复核记录估算结果的工作底稿，对存在作价不合理的部分评估数据进行调整。

（四）编制评估报告书

在完成资产评估初步数据的分析和讨论，确保初步评估结论准确合理的前提下，由具体参加评估的各组负责人员草拟出各自负责评估部分资产的评估说明，交由全面负责、熟悉本项目评估具体情况的人员草拟出资产评估报告。评估机构可就评估基本情况和评估报告书初稿的初步结论与委托方交换意见，听取委托方的反馈意见后，在坚持独立、客观、公正的前提下，认真分析委托方提出的问题和建议，考虑是否应该修改评估报告书，对评估报告中存在的疏忽、遗漏和错误之处进行修正，待修改完即可撰写资产评估正式报告书。

（五）资产评估报告的签发和送交

评估机构撰写出资产评估正式报告书后，经审核无误，按以下程序进行签名盖章：先由负责该项目的注册资产评估师签章（两名或两名以上），再送复核人审核签章，最后送评估机构负责人审定签章并加盖机构公章。资产评估报告书签发盖章后即可连同评估说明及评估明细表送交委托单位。

【思考】 谈谈你对资产评估报告编制步骤的理解。

二、资产评估报告制作的技术要点

资产评估报告制作的技术要点是指在资产评估报告制作过程中所需要的主要技能要求，它具体包括了文字表达、格式与内容方面的技能要求，以及复核与反馈方面的技能要求等。

（一）文字表达方面的技能要求

资产评估报告既是一份对被评估资产价值有咨询性和公正性作用的文书，又是一份用来明确资产评估机构和评估人员工作责任的文字依据，这就要求它的文字表达必须清楚准确，不得使用模棱两可的措辞；不得带有任何诱导、恭维和推荐性的陈述；也不能带有大包大揽的词句，尤其是涉及承担责任条款的部分，以避免带来不必要的风险。另外撰写评估报告应力求语言简洁，在保证观点正确无误的前提下言简意赅地叙述整个评估的具体过程。

（二）格式和内容方面的技能要求

对资产评估报告书格式和内容的技能要求，根据现行政策规定，必须遵循财政部颁发的《资产评估报告基本内容与格式的暂行规定》行事。评估报告的内容应当完整全面，正文和相关附件完整齐备，摘要、正文、评估说明和评估明细表之间的数字联系，应当保持内在的钩稽关系。

（三）复核和反馈方面的技能要求

对评估人员来说，资产评估工作是一项必须由多个评估人员同时作业的中介业务，每个评估人员都有可能因能力、水平、经验、阅历及理论方法的限制而产生工作盲点和工作疏忽，所以，对资产评估报告书初稿进行复核就显得尤为重要。评估机构应建立多级复核和交叉复核的制度，明确复核人的职责，通过对工作底稿、评估说明、评估明细表和报告书正文的文字、格式及内容的复核和反馈，可以使错误、遗漏等问题在出具正式报告书之前得到修正。另外，资产委托方和占有方对委托评估资产的分布、结构、成新率等具体情况比评估机构和评估人员更为熟悉，所以，在出具正式评估报告之前应征求委托方意见，并谨慎公正地对待反馈意见。

（四）其他注意事项

（1）实事求是，切忌出具虚假报告。报告书必须建立在真实、客观的基础上，不能脱离实际情况，更不能无中生有。报告拟定人应是参与该项目并较全面了解该项目情况的主要评估人员。

（2）坚持一致性做法，切忌出现表里不一。报告书文字、内容前后要一致，摘要、正文、评估说明、评估明细表内容、格式和数据要一致。

（3）提交报告书要及时、齐全和保密。在正式完成资产评估工作后，应按业务约定书的约定时间及时将报告书送交委托方。送交报告书时，报告书及有关文件要送交齐全。涉及外商投资项目的对中方资产评估的评估报告，必须严格按照有关规定办理。此外，要做好客户保密工作，尤其是对评估涉及的客户的商业秘密和技术秘密，更要加强保密工作。

（4）评估机构应当在资产评估报告书中明确评估报告使用人、报告使用方式，提示评估报告使用人合理使用评估报告。应注意防止报告书的恶意使用，避免报告书的误用，以合法规避执业风险。

（5）评估人员执行资产评估业务，应当关注评估对象的法律权属，并在评估报告中对评估对象法律权属及其证明资料来源予以必要说明。注册资产评估师不得对评估对象的法律权属提供保证。

（6）注册资产评估师执行资产评估业务受到限制无法实施完整的评估程序时，应当在评估报告中明确披露受到的限制、无法履行的评估程序和采取的替代措施。

三、资产评估报告案例

军舰股份有限公司拟向特定对象非公开发行股票，并以所募集资金的一部分与兴隆厂（兴隆厂以部分净资产出资）合资共同组建 S 有限公司。

（一）资产评估报告摘要范例

资产评估报告摘要

W 评报字〔2017〕第 30 号

W 资产评估有限公司接受军舰股份有限公司的委托，根据国家关于资产评估的有关规定，本着独立、客观、科学、公正的原则，按照公认的资产评估方法，对兴隆厂拟出资组建 S 公司而涉及的资产和负债进行了评估，以对该部分资产及负债在 2017 年 6 月 30 日这一评估基准日所表现的市场价值做出公允反映。在本次评估过程中，评估人员对所涉及的资产和负债进行了必要的勘察核实，并做了必要的市场调查与征询，对军舰股份有限公司及兴隆厂提供的建设文件、财务资料和其他相关评估资料进行了必要的验证审核，履行了公认的其他必要评估程序，并主要采用重置成本法进行了评估。目前资产评估工作已经结束，资产评估结果如下。

经评估，截止到2017年6月30日，在持续使用的前提下，兴隆厂拟用于出资组建S公司的全部资产和负债的评估结果如下。

资产评估结果汇总表

资产占有单位名称：兴隆厂

项目	账面价值/元	调整后账面值/元	评估价值增减/元	评估值增值率/%

本资产评估结果有效期为1年，自评估基准日2017年6月30日起计算，至2018年6月29日止。超过2018年6月29日，需聘请中介机构对委估资产重新评估。

本报告专为委托人及本报告所列明的评估目的以及报送财产评估主管机关审查而作。评估报告使用权归委托人所有，未经委托人同意，不得向他人提供或公开本报告书。除依据法律规定需公开的情形外，报告的全部或部分内容不得发表于任何公开的媒体上。

重 要 提 示

以上内容摘自资产评估报告书，欲了解本评估项目的全面情况，应认真阅读资产评估报告书全文。

评估机构法定代表人：

签字注册评估师：

签字注册评估师：

W资产评估有限公司

二〇一七年八月

地址：（略）

电话：（略）

传真：（略）

邮政编码：（略）

（二）资产评估报告正文范例

兴隆厂拟以部分资产出资组建新公司项目
资产评估报告正文

W评报字〔2017〕第30号

一、绪言

W资产评估有限公司接受军舰股份有限公司的委托，根据国家关于资产评估的有关规定，本着独立、客观、科学、公正的原则，按照公认的资产评估方法，对兴隆厂拟出资组建新公司而涉及的资产和负债进行了评估。本公司评估人员按照必要的评估程序对委托评估的资产实施了实地查勘、市场调查与询证，并对委估资产在2017年6月30日的资产价值进行了评估。现将资产评估情况及评估结果报告如下。

二、委托方及资产占有方简介

委托方：军舰股份有限公司

资产占有方：兴隆厂

（委托方及资产占有方基本情况略）

三、评估目的

军舰股份有限公司拟与兴隆厂合资组建新公司，为此需对兴隆厂所涉及的资产及负债进行评估，提供上述资产及负债截至评估基准日的公允市场价值，为本次合资事宜提供价值参考依据。

四、评估范围

本次资产评估范围为兴隆厂涉及合资事宜的全部资产及负债，评估范围包括：流动资产、长期投资、固定资产、无形资产、流动负债。

评估的具体范围以公司提供的各类资产评估申报表为基础，凡列入表内并经核实的资产均在本次评估范围之内。

五、评估基准日

根据本次经济行为的需要，确定评估基准日为 2017 年 6 月 30 日。由于资产评估是对某一时点的资产及负债状况提出公允价值结论，选择年中的会计期末作为评估基准日，能够较全面地反映评估对象资产及负债的整体情况；同时本评估基准日与评估人员实际评估日期也较为接近，使评估人员能更好地把握委估资产的基准日状况，真实反映委估资产基准日的现时价值。另外根据委托方工作的时间计划，选择本评估基准日与评估目的的计划实现日期也较为接近。本报告一切取价标准均为评估基准日有效的价格标准。

六、评估原则

根据国家国有资产管理及评估的有关法规，我们遵循独立、客观、科学、公正的原则，以及其他一般公允的评估原则，对涉及以上经济行为全部资产进行了评估。

七、评估价值类型

资产评估中的价值类型是指资产评估结果的价值属性及其表现形式。根据本次评估目的，确定本次评估的价值类型是委估资产在持续经营前提下的市场价值类型。资产评估中的市场价值是指资产在评估基准日公开市场上最佳使用状态下最有可能实现的交换价值的估计值。

八、评估依据

本次评估的主要依据有以下几方面。

（一）评估行为依据

（1）〔2017〕25 号《关于同意组建 S 有限公司的批复》。

（2）军舰股份有限公司与 W 资产评估有限公司签订的资产评估委托协议书。

（二）评估法规依据

（1）国务院令第 91 号《国有资产评估管理办法》。

（2）国资办发〔1992〕36 号《国有资产评估管理办法施行细则》。

（3）国办发〔2001〕102 号《国务院办公厅转发财政部关于改革国有资产评估行政管理方式加强资产评估监督管理工作意见的通知》。

（4）财企〔2002〕8 号《财政部关于贯彻执行国务院办公厅转发财政部关于改革国

有资产评估行政管理方式加强资产评估监督管理工作意见的通知的通知》。

（5）财政部令第 14 号《国有资产评估管理若干问题的规定》。

（6）国务院国有资产监督管理委员会令第 12 号《企业国有资产评估管理暂行办法》。

（7）其他与资产评估有关的法律、法规等。

（三）评估产权依据

（1）兴隆厂国有资产产权登记证书。

（2）兴隆厂车辆行驶证、设备购置合同、存货购买合同、发票等。

（四）评估取价依据

（1）资产占有方提供的各类资产清查评估申报明细表。

（2）资产占有方提供的总账、明细账及有关的会计报表、审计报告等。

（3）资产占有方提供的原始会计资料及相关证明材料、银行提供的余额表及相关证明材料等。

（4）资产占有方提供的部分物资购、销合同及其他原始单据。

（5）企业提供的有关长期投资协议、章程、验资报告等。

（6）委托方提供的相关项目竣（施）工图、初步设计、竣工文件、预（结）、决算资料及工程移交书等资料。

（7）建标〔2016〕161 号《住房和城乡建设部关于印发建筑安装工程工期定额的通知》。

（8）城住字〔1984〕第 678 号《房屋完损等级评定标准》。

（9）机械工业信息研究院编著的《2016 机电产品报价手册》。

（10）国务院关税税则委员会办公室、中华人民共和国海关总署编印的《中华人民共和国进出口关税条例》及中华人民共和国海关官方网站发布的关税税率。

（11）商务部、发改委、公安部、环境保护部令 2012 年第 12 号《机动车强制报废标准》和国务院令第 294 号《中华人民共和国车辆购置税暂行条例》。

（12）评估人员的市场调查、查询市场价格信息及向主要设备制造厂询价。

（13）中国人民银行发布的评估基准日仍在执行的贷款利率。

（14）企业提供的其他有关资料。

（15）本机构掌握的其他有关资料。

九、评估方法

（一）方法的选择和确定

根据国家国有资产管理及评估的有关法规和本次资产评估目的及委估资产类型，遵循客观、独立、公正的原则及持续经营、替代性、公开市场等评估原则，本次资产评估采用的方法是重置成本法，即用重置成本等方法对各单项资产进行评估，并将单项资产评估结果加和得出整体资产评估结果。依据上述评估原则和方法，我们对委估资产进行了全面的清查盘点和必要的核查及技术鉴定，查阅了有关文件及技术资料，实施了我们认为必要的其他程序，现在对具体资产评估情况分别报告如下。

（二）房屋建（构）筑物及附属设施

本次评估房屋建（构）筑物均为兴隆厂自建自用的综合楼，本次评估主要采用重置成本法评估。

评估值=重置成本×综合成新率

1. 重置成本的确定

重置成本=建安工程造价+工程建设前期费用及其他费用+资金成本

（1）建安工程造价的确定。对于大型、价值高、重要的建筑物、构筑物采用重编预算法确定其建安综合造价，即以待估建（构）筑物竣工图及相关资料计算工程量，按现行工程预算定额、综合费率，材料市场价格计算价差，得基准日时的建安综合造价。对于一般性建筑物，价值量小、结构简单的建（构）筑物项目按建筑物在其结构类型及使用功能不同的基础上确定其基准日时单方造价，该单方造价反映了该类型建（构）筑物在评估基准日及所在地区正常的施工水平、施工质量和一般装修标准下的造价情况。在此基础上根据建（构）筑物的特点（如不同的层高、跨度、特殊装修、施工困难程度等）和现场勘查情况，对单方造价进行相应的调整，从而确定建安综合造价，即

建安综合造价=单方造价×建筑面积

（2）工程建设前期费用及其他费用。房屋建筑物、构筑物及其附属设施的前期费用和其他费用确定如下。(略)

（3）资金成本。根据建设项目的规模，通过查询工期定额确定建设项目的合理工期，按现行相应的银行贷款利率计算项目的资金成本。

2. 成新率的确定

本次评估成新率的测定采用实际勘察法和年限法两种方法，取其加权平均值作为该房屋的综合成新率。

（1）采用年限法确定成新率。

年限法计算公式：

$$\text{年限法成新率}=\left(1-\frac{\text{已使用年限}}{\text{耐用年限}}\right)\times 100\%$$

（2）采用实际勘察法确定成新率。

首先对建筑物各分部工程（基础、结构、屋面、门窗、楼地面、墙体、水电工程等）进行实地勘察，对其实体性贬值做出贬值程度的鉴定，并逐项评分，然后以分部工程造价占建安造价的比率作为权重测算其总体成新率。其计算公式如下：

$$\text{实际勘察成新率（完好分值率）}=\sum_{i=1}^{n}P_i\times Q_i$$

式中，P_i为现状评分；Q_i为权重（分部工程造价占建安造价的比例）；n为各分部工程数。

（3）综合成新率。

综合成新率（%）=实际勘察成新率×60%+年限成新率×40%

采用上述方法综合计算成新率，既可避免按实际使用年限计算成新率与实际新旧程度差异过大，又可减少主观因素造成的影响，能够比较真实地反映房屋的实际成新率。当两种方法得出的成新率差异过大时，则分析查明原因后个别认定。对于一般非主要建筑物和构筑物，采用年限法确定其成新率。

3. 评估值的确定

评估值=重置成本×综合成新率

（三）机器设备

根据本次评估目的，按照企业持续性经营原则，对委估设备的评估主要采用重置成本法。

评估值＝重置全价×综合成新率

A. 机器设备及电子设备

1. 重置全价的确定

设备的重置全价由设备购置价、运杂费、安装调试费、工程建设前期及其他费用和资金成本五部分构成。

（1）设备购置费。对于国产设备购置价主要参照国内市场同类型设备现行市价予以确定；对于进口设备购置费，首先考虑替代性原则，在规格型号、性能指标相同或相近，且经济适用的情况下，一般采用调整后的国内设备购置价。对于无法替代的进口设备购置价，主要通过查阅并核对原进口合同及国外近期报价等资料，综合考虑生产国汇率变化及物价调整指数，确定其设备货价，并在此基础上计入海外运费、海外运输保险费、关税、增值税、外贸手续费、银行财务费等确定。电子设备则根据××市市场信息及近期市场价格资料确定其重置全价。

（2）运杂费。设备运杂费主要包括设备从生产厂或供应地（进口设备以到岸口岸）至设备购置单位仓库所发生的装卸、运输、采购、保管及其他有关费用，根据《资产评估常用数据与参数手册》（增订版）确定运杂费率。上述费用不包括超限设备运输的特殊措施费。

计算公式为

设备运杂费＝设备购置价值×运杂费率

（3）安装调试费。设备安装工程费，内容主要包括各种设备的装配、就位，与设备相连的工作台及其附属设施的安装工程，为测定安装工作质量所进行的单机试运转、加工试车工件。设备安装费率根据《资产评估常用数据与参数手册》（增订版），并结合设备安装工作量和调试的难易程度以及设备购置价在通行市场条件下是否含有调试费等情况确定（对于厂家免费安装或购置价中包含安装调试费的设备，则不再计算此项费用）。

（4）工程建设前期及其他费用。工程建设前期及其他费用包括设备采购调研费、监测费、计量费与建设单位管理费等，按设备类别分别确定。

（5）资金成本。资金成本中有关参数如下：年贷款利率选用中国人民银行公布的评估基准日仍在执行的贷款利率，结合合理购建期和资金投入情况计算确定资金成本（购建期小于3个月的不计此费用）。

重置成本＝（1）＋（2）＋（3）＋（4）＋（5）

2. 成新率的确定

本次评估成新率的确定采用现场勘察法和年限法。具体操作时，主要根据现场勘察鉴定所掌握的材料，根据设备现状，结合行业特点及有关功能性、经济性贬值因素，并参考设备的规定使用年限及设备使用、保养和修理情况综合确定成新率。

（1）现场勘察成新率。通过现场检测，根据设备现时状态、设备的实际已使用时间、设备的常用负荷率、设备的原始制造质量、维护保养状况以及设备的工作环境与条件、设备的外观及完整性等方面，在广泛听取设备实际操作人员、维护人员和管理人员意见的基础上，采取由专家与该厂工程技术人员共同进行技术鉴定的方法来确定其成新率。

（2）年限成新率。

$$年限成新率=\left(1-\frac{已使用年限}{经济寿命年限}\right)\times100\%$$
$$=\left(\frac{尚可使用年限}{尚可使用年限+已使用年限}\right)\times100\%$$

（3）综合成新率。重点设备的综合成新率，是将两种方法计算的成新率进行加权平均后取得，其中年限法占40%的权重，技术鉴定完好分值法占60%的权重。即

$$综合成新率=年限成新率\times40\%+现场勘察成新率\times60\%$$

其余设备采用年限法，并结合实际情况进行调整，确定其综合成新率。

B. 运输车辆

1. 车辆重置全价的确定

根据委估资产所在地汽车交易市场现行销售价格，加上国家统一规定的车辆购置税以及新车上路行驶必要的相关费用，最终确定车辆的重置成本。

$$重置成本=车辆购置价（含增值税）+车辆购置税+其他费用$$

按国务院令第294号《中华人民共和国车辆购置税暂行条例》确定车辆购置税，即按不含税车辆购置价的10%计算；其他费用包括验车费、牌照费及手续费等，按当地现行的实际收费标准计取。

2. 车辆成新率的确定

车辆成新率主要依据其性能、外观、大修及维护保养等情况，结合行驶里程和使用年限按孰低原则确定。总的寿命年限主要以《机动车强制报废标准》为依据。

车辆成新率的计算公式为

$$年限成新率=\left(1-\frac{已使用年限}{经济寿命年限}\right)\times100\%$$

$$行驶公里成新率=\left(1-\frac{已行驶公里}{设计行驶公里}\right)\times100\%$$

在确定成新率时，取以上二者最低值并结合现场勘察情况而定。

3. 评估值的确定

$$评估值=车辆重置成本\times成新率$$

（四）流动资产和其他资产

1. 货币资金

现金由企业出纳员全额盘点，财务负责人与评估人员同时在现场监盘。之后，核对由出纳员提供的现金日记账，数字相符后，由出纳员填写从基准日到清查盘点日之间账目记录的借贷方数据，进行推算。评估人员进行复核，确认与评估基准日申报数额一致，按核实推算与基准日相符的现金额作为评估值。银行存款为人民币存款。评估人员在进行账表核对后，逐个账户查看了每一个开户银行的银行对账单、企业编制的银行存款余额调节表，

并对数额较大的银行账户进行了函证，以核实无误后的账面值作为评估值。

2. 应收账款、预付账款

通过核实原始凭证，了解预付、应收款项的业务内容、发生时间，核实账面余额的数值，通过账龄分析并结合企业预付、应收款项的实际状况，对所能形成相应资产的权益和变现可行性进行分析判断，确认评估结果。

3. 存货

在核对账目的基础上进行存货盘点，并核查存货仓库账，了解存货的收、发、结存情况，并对存货的仓储保管进行调查，确认存货的现行价格。对于产成品，根据企业成本核算程序，验证其核算的合理性和准确性，考虑各项费用后按市场可变现价值确认评估值。

4. 无形资产（除土地外的其他无形资产）

评估人员在进行账表核对后，查阅了相关的原始凭证，了解其原始发生额、摊销期、尚存受益期限等。以尚存受益期限内的权利价值确认评估值。

5. 长期投资

针对长期投资的具体情况，评估人员在充分调查了解和收集有关资料的基础上，对长期投资进行认真分析，并针对长期投资的具体情况采用权益法进行评估，即以被投资单位经核实的评估基准日会计报表中的净资产与股权比例确定其评估值。

6. 流动负债

根据兴隆厂及控股长期投资企业提供的本次资产评估范围内的 2017 年 6 月 30 日负债数，评估人员对明细账、总账及原始凭证进行了审查核实，以核实调整后的账面值或实际存在的负债作为评估值。

十、评估过程

根据国家现行有关资产评估的政策和法规规定，我们对兴隆厂拟合资组建新公司所涉及的全部资产和负债实施了如下评估程序。

（一）接受委托阶段

2017 年 8 月，我公司接受军舰股份有限公司的委托，针对该项目评估目的、评估范围，向企业布置资产评估申报表，并协助企业进行资产申报工作；同时收集资产评估所需文件资料，拟订资产评估方案并制订资产评估工作计划。

（二）资产清查阶段

根据国有资产评估的有关原则和规定，于 2017 年 8 月 1 日至 2017 年 8 月 10 日对评估范围内的资产进行了现场勘察和查验其产权归属，具体步骤如下。

（1）企业在评估人员进驻前对资产进行了全面的清查核实。

（2）评估人员对企业填报的资产评估申报表进行征询、鉴别，并与企业有关财务记录数据进行核实。

（3）根据资产评估申报表的内容到现场进行实物核实，并对资产状况进行察看、记录；同时与资产管理人员进行交谈，了解资产的经营、管理状况。

（4）对勘察过程中了解的内容，与企业进行协商，确认清查结果。

（三）评定估算阶段

本阶段工作主要为：收集评估资料，确定评估方法，完成评定估算。具体步骤如下。

（1）根据委估资产的实际状况和特点，制订各类资产的具体评估方法。

（2）查阅委估资产的产权证明文件，设备购置合同以及有关往来账目、发票等财会资料。

（3）查阅工程概预算及决算材料，设备运行记录、维修及事故记录等资料。

（4）开展市场调研、询价工作。

（5）对企业资产进行评估，测算其评估价值。

（四）评估汇总阶段

根据初步评估结果，进行汇总分析工作，确认评估工作中没有发生重评和漏评的情况，并根据汇总分析情况，对资产评估结果进行调整、修改和完善。

（五）提交报告阶段

根据评估工作情况，起草资产评估报告书，向委托方提交资产评估报告书初稿。根据企业意见，对初稿进行必要的修改，在经企业确认无误后，向委托方提交正式资产评估报告书。

十一、评估结论

在评估基准日 2017 年 6 月 30 日和持续使用前提下，兴隆厂拟进行合资组建新公司所涉及的全部资产和负债的评估结果如下。

资产评估结果汇总表

资产占有单位名称：兴隆厂

项目		账面价值/元	调整后账面值/元	评估价值/元	评估价值增减/元	评估值增值率/%
流动资产	1					
长期投资	2					
固定资产	3					
其中：在建工程	4					
建筑物	5					
设备	6					
无形资产	7					
其他资产	8					
资产总计算	9					
流动负债	10					
负债总计	11					
净资产	12					

十二、特别事项说明

（1）本项评估是在独立、公正、客观、科学的原则下做出的，本公司及参加评估工作的全体人员与经济行为各方之间无任何特殊利害关系，评估人员在评估过程中恪守职业道德和规范，并进行了充分努力。评估结论是 W 公司出具的，受本机构具体参加本项目评估人员的执业水平和能力的影响。

（2）委托方及资产占有方提供给评估机构及评估人员的产权依据、财务会计数据、企业生产经营资料等与评估相关的所有资料是编制本报告的基础。委托方及资产占有方对其所提供资料的可靠性、真实性、准确性、完整性负责。如委托方及资产占有方提供的资料中存在虚假或隐瞒事实真相等行为，本评估结果无效，由此引起的相关后果由委托方及资产占有方负责，本公司不承担相关的法律责任。

（3）委托方及资产占有方对所提供委估资产的法律权属资料的真实性、合法性和完整性承担责任。注册资产评估师的责任是对评估对象价值进行估算并发表专业意见；

对评估对象的法律权属状况给予必要的关注，并对查验情况予以披露，但不对法律权属做任何形式的保证，亦不承担验证评估对象法律权属资料的真实性、合法性和完整性的责任。

（4）本次评估结论是反映评估对象在本次评估目的下，根据公开市场的原则确定的现行公允市价，没有考虑将来可能承担的抵押、担保事宜，以及特殊的交易方可能追加付出的价格等对评估价格的影响；亦未考虑该等资产所欠付的税项，以及如果该等资产出售，则应承担的费用和税项等可能影响其价值的任何限制；我们也未对资产评估增值额做任何纳税调整准备。同时，本报告也未考虑国家宏观经济政策发生变化以及遇有自然力和其他不可抗力对资产价格的影响。

（5）房屋建筑物均未办理房屋产权证，评估人员依据企业申报的房屋建筑物面积并通过施工图纸进行核实。

十三、评估基准日期后重大事项

在评估基准日至评估报告提出日期之间，资产占有单位未提出且评估人员未发现对评估结论产生较大影响的重大事项。

（1）评估基准日后、有效期以内，若资产数量及价格标准发生变化，对评估结论产生影响，不能直接使用本评估结论，须对评估结论进行调整或重新评估。意即资产数量发生变化时，委托方应根据原评估方法对资产额进行相应调整；当评估方法为重置成本法时，应按实际发生额进行调整。

（2）若资产价格标准发生变化，并对资产评估价格已产生了明显影响，委托方应及时聘请评估机构重新进行评估。

十四、评估报告法律效力

（1）本评估报告所揭示的评估结论系根据本报告所阐明的原则、依据、前提、方法和程序，对所评估资产在评估基准日之现有用途、状况和外部经济环境保持不变的前提下，所提出的公允估值意见。当前述原则、前提等发生变化时，评估结论一般会失效。

（2）本评估报告所揭示的评估结论是对 2017 年 6 月 30 日这一基准日所评估资产价值的客观公允反映。我公司对评估基准日以后该资产价值发生的重大变化不负任何责任。

（3）本评估报告所揭示的评估结论仅对被评估资产和委托方实现本评估报告所列明的目的有效。

（4）本评估报告在评估机构签字盖章并提交财产评估主管机关进行备案，并取得备案批复后方可正式使用，同时具有法律效力。

（5）本评估报告包含若干备查文件及资产评估说明和评估明细表，所有备查文件及资产评估说明和评估明细表亦构成本报告之重要组成部分，与本报告正文具有同等的法律效力。

（6）本资产评估结果有效期为一年，自评估基准日 2017 年 6 月 30 日起计算，至 2018 年 6 月 29 日止。超过 2018 年 6 月 29 日，需重新进行资产评估。

（7）本评估报告的使用权归委托方所有。报告书的结论仅供委托方为本报告书所列明的评估目的使用，以及送交财产评估主管机关审查使用。未经委托方许可，本公司将不向他人提供或公开。

十五、评估报告提出日期

本评估报告提出日期为2017年8月16日。

评估机构法人代表:

签字注册评估师:

签字注册评估师:

W资产评估有限公司

二〇一七年八月

（三）资产评估报告书备查文件范例

资产评估报告书备查文件

W评报字〔2017〕第30号

（1）经济行为文件。

（2）兴隆厂评估基准日资产负债表。

（3）资产占有方营业执照复印件。

（4）资产评估委托方和资产占有方承诺函。

（5）评估机构及签字注册资产评估师承诺函。

（6）资产评估机构资格证书复印件。

（7）资产评估机构营业执照复印件。

（8）参加本评估项目的人员名单。

（9）产权证明文件复印件。

（10）资产评估业务约定合同。

（四）资产评估报告书评估说明范例

军舰公司资产评估说明

W评报字〔2017〕第30号

说明一:

关于《资产评估说明》使用范围的声明

本评估说明仅限于实现委托方在本报告明示的评估目的以及报送有关主管部门审查之用，除此之外不得用于其他目的。本评估说明的使用权归委托方所有，未经委托方同意，不得向他人提供或公开。除法律法规规定需公开的情况外，本评估说明的全部或部分内容不得发表于任何公开媒体之上。

说明二:

关于进行资产评估有关事项的说明

一、委托方与资产占有概况说明（略）

二、评估目的说明（略）

三、评估范围说明（略）

四、评估基准日说明（略）

五、可能影响评估工作重大事项说明（略）

六、资产负债清查情况说明（略）

七、资料清单（略）

说明三：

资产清查核实情况说明

一、资产清查核实的主要内容

根据资产评估工作的程序要求，结合委托方提交的资产清单，本公司对军舰有限公司委估的资产负债进行了抽查和复核。列入清查范围的资产类型主要有流动资产、长期投资、固定资产、在建工程、无形资产、流动负债。上述资产评估前账面金额，如下表所示。

单位：元

资产项目	账面原值	账面净值

二、实物资产分布情况及特点（略）

三、影响资产清查的事项（略）

四、资产清查的过程与方法

（一）清查组织工作（略）

（二）清查主要步骤（略）

（三）清查主要方法

五、资产清查结论

清查调整结果如下表所示。

单位：元

资产项目	账面原值	账面净值	调整后账面值

六、清查调整说明（略）

说明四：

评估依据的说明

我们在本次资产评估工作中所遵循的国家、地方政府和有关部门的法律法规，以及在评估中参考的文件资料主要有如下方面。

一、主要法律法规（略）

二、经济行为文件（略）

三、重大合同协议、产权证明文件（略）

四、采用的取价标准（略）

五、参考资料及其他（略）

说明五：

各项资产及负债的评估技术说明

（略）

说明六：

评估结论及其分析

一、评估结论

在实施了上述资产评估程序及方法后，军舰有限公司委估资产在评估基准日2017年6月30日和持续使用前提下，兴隆厂拟进行合资组建新公司所涉及的全部资产和负债的评估结果如下。

资产评估结果汇总表

资产占有单位名称：兴隆厂

项目	账面价值/元	调整后账面值/元	评估价值/元	评估价值增减/元	评估值增值率/%

二、评估结果与调整后账面值比较变动情况说明

（1）总资产评估值与调整后账面值相比增加额。

（2）净资产评估值与清查调整值相比增加额。

三、评估结论成立的条件

评估结论是根据前述评估原则、依据、前提、方法、程序得出的，仅为本评估目的服务；评估结论是对评估基准日兴隆厂资产和负债公允价值的反映，只有在上述评估原则、依据、前提存在的条件下成立。注册资产评估师在出具评估结论时，没有考虑特殊的交易方可能追加付出的价格等对评估价值的影响，也没有考虑国家宏观经济政策发生重大变化以及遇有自然力或其他不可抗力的影响。评估结论是本评估机构出具的，受本机构评估人员职业水平和能力的影响。

四、评估基准日期后事项对评估结论的影响

在评估基准日至评估报告提出日期之间，资产占有单位未提出且评估人员未发现对评估结论产生较大影响的重大事项。

（1）评估基准日后、有效期以内，若资产数量及价格标准发生变化，对评估结论产生影响，不能直接使用本评估结论，须对评估结论进行调整或重新评估。意即资产数量发生变化，委托方应根据原评估方法对资产额进行相应调整；当评估方法为重置成本法时，应按实际发生额进行调整。

（2）若资产价格标准发生变化，并对资产评估价格已产生了明显影响，委托方应及时聘请评估机构重新进行评估。

五、评估结论的效力、使用范围与有效期

（1）本评估报告所揭示的评估结论系根据本报告所阐明的原则、依据、前提、方法和程序，对所评估资产在评估基准日之现有用途、状况和外部经济环境保持不变的前提下，所提出的公允估值意见。当前述原则、前提等发生变化时，评估结论一般会失效。

（2）本评估报告所揭示的评估结论是对2017年6月30日这一基准日所评估资产价值的客观公允反映。我公司对评估基准日以后该资产价值发生的重大变化不负任何责任。

（3）本评估报告所揭示的评估结论仅对被评估资产和委托方实现本评估报告所列明的目的有效。

（4）本评估报告在评估机构签字盖章并提交财产评估主管机关进行备案，并取得备案批复后方可正式使用，同时具有法律效力。

（5）本评估报告包含若干备查文件及资产评估说明和评估明细表，所有备查文件及资产评估说明和评估明细表亦构成本报告之重要组成部分，与本报告正文具有同等的法律效力。

（6）本资产评估结果有效期为一年，自评估基准日 2017 年 6 月 30 日起计算，至 2018 年 6 月 29 日止。超过 2018 年 6 月 29 日，需重新进行资产评估。

（7）本评估报告的使用权归委托方所有。报告书的结论仅供委托方为本报告书所列明的评估目的使用，以及送交财产评估主管机关审查使用。未经委托方许可，本公司将不向他人提供或公开。

六、评估结论的瑕疵事项（略）

（五）资产评估明细表范例

资产评估明细表

1. 资产评估结果汇总表（略）
2. 资产评估结果分类汇总表（略）
3. 资产清查评估明细表（略）

第三节　资产评估报告的审查与分析

一、资产评估报告的审查

资产评估报告是反映评估机构与评估人员职业道德、执业能力水平以及评估工作质量高低和机构内部管理机制完善程度的重要依据。对资产评估报告进行审核，既是评估机构内部保证工作质量的重要方法，也是行业管理部门和资产管理部门完善资产评估管理的重要手段。加强资产评估机构的内部质量控制，严格把好评估报告质量关尤为重要。

（一）内部审核制度

评估机构内部应建立项目负责人、总评估师、评估机构负责人三级复核审批制度，严把评估质量关。具体如下。

1. 项目负责人一级审核

评估报告书完成后，项目负责人应对评估资料的真实性、评估方法的合理性、评估参数的准确性进行审核。项目负责人还应通过审核评估报告，关注评估程序是否符合规定，内容是否完整，表达是否清晰，附件是否齐全。项目负责人要重点审核评估结果，特别是对那些资产负债调整前后数字差异显著的、资产评估前后价值增减幅度变化较大、评估分析不能说明问题的等评估结论加以重点审查。

2. 总评估师二级审核

评估机构总评估师对评估报告书及有关资料进行二级复核。总评估师对报告中文字表达的准确性、逻辑关系的合理性负责，着重审核报表中所列数据，特别是评估结果，必要时进行重新核算。总评估师对审核中发现的问题应尽快退还项目负责人，限期修改。

3. 评估机构负责人三级复核

评估机构负责人对经过二级审核后的报告书进行最后的复核。评估机构负责人从公正性、客观性出发，对评估报告从总体结构等方面进行实质性审核，对于复核中发现的问题及时指令项目负责人深入检查纠正、调整或补充。评估机构负责人认为必要时，有权否决已经前两级审核的评估报告。

评估报告须经内部审核程序后，加盖有关印签后方可送出。

（二）外部审查制度

资产评估报告的外部审查主要是指国有资产管理部门定期或不定期地选取具体评估项目，对评估各方当事人相关行为和评估报告的真实性、合法性进行检查，依法行使监督职能的制度性的审查。2001 年财政部出台了《国有资产评估项目抽查办法》和《国有资产评估违法行为处罚办法》等一系列实施办法。

1. 审查范围

国有资产评估项目的抽查选取应考虑项目的代表性，即抽查结果能够在较大的程度上说明一个地方国有资产价值变动情况、资产占有主体经济行为影响面和资产评估机构总体执业质量等。抽查选择中，要特别对那些经济行为影响面广、涉及资产数量金额巨大、评估结果变化显著，包括评估机构与评估人员执业水平与素质问题突出，评估过程反复的项目加以关注。

2. 审查内容

审查工作应围绕评估各方当事人相关行为和评估报告的真实性、合法性展开，重点审查以下内容。

（1）占有单位经济行为的合法性。

（2）被评估的资产范围与有关经济行为所涉及的资产范围。

（3）占有单位提供的产权证明文件、生产经营资料及财务资料的真实性、完整性。

（4）评估机构和评估人员的执业资格。

（5）资产账面价值与评估结果的差异。

（6）经济行为的实际成交价与评估结果的差异。

（7）现场勘查活动及评估现场工作记录。

（8）评估工作底稿。

（9）必要的资产清查、函证工作。

（10）评估依据的合理性。

（11）评估报告对重大事项及对评估结果影响的披露程度。

（12）其他。

【思考】　资产评估报告内部与外部审查的区别是什么？侧重点分别在哪里？

二、资产评估报告的分析

评估报告不仅是评估机构提出专业意见的书面文件，更是评估工作的系统总结，它反映了评估工作的全过程，包括基本思路、评估依据的条件、信息的筛选、结果的产生；同时也能够反映一个评估机构工作的基本情况，包括所遵循的评估计价原则、工作的基本程序、方法的选择、市场信息的可靠性等。

国有资产管理者对资产评估报告及资料进行分析的目的主要在于：一是判断评估机构是否具有评估工作能力，据以颁发资格证书；二是了解评估质量好坏，决定对评估结果是否能够予以确认。

（一）对评估报告进行文字的逻辑分析

一般来说，评估报告所列发生评估目的、评估的范围、资产的权益、评估所依据的前提条件与评估方法的选择有着密切的关系，而这种关系就构成了评估报告本身的逻辑关系，同时它也反映出一个评估机构进行评估的基本思路。分析人员进行评估报告的逻辑分析，就是要依据所掌握的实际情况，分析评估机构评估的基本思路及三个一致性：一是评估原因、评估依据的前提条件与评估方法选择之间的一致性；二是评估范围与资产权益之间的一致性；三是资产权益、作价的前提条件与作价依据之间的一致性。通过分析，可以初步对评估机构的能力和评估结论意见是否科学做出判断，因为一个混乱的评估思路不可能得出科学的、接近实际的评估意见。

（二）对评估中运用的市场信息资料的对比分析

对评估机构在评估中运用的各种市场信息资料进行对比分析，首先要求国有资产评估管理机构拥有自己的数据库和随时可取得信息的渠道，只有在占有大量可靠的市场资料的基础上，才能进行信息的对比分析。分析的内容主要有两个方面：一是评估机构所选择的参照物价格及价格构成因素与介绍的评估前提条件是否相吻合。一般来说，无论采用哪一种方法评估，首先要确定评估前提，在此基础上根据客观公平的原则选择与之相应的有关信息资料的参照价格。评估的前提条件不同，评估的目的不同，所选择的参照价格和价格的构成内容也有所区别。二是分析评估运用的参照价格及有关的资料是否准确可靠，这里包括运用的价格变动指数，计算重置成本的各种费率的取值，计算收益现值所参照的本金化率、折现率、行业经营风险系数等。

（三）对评估计算表格的分析

这里包括对评估运用的计算方法是否科学严谨、成本构成是否合理、计算数字是否正确、分项计算和加和计算是否吻合、计算的基本思路与文字报告是否一致等方面的分析。

通过上述三个方面的分析，结合考察最后产生综合评价意见；根据被评估资产发生评估的原因、被估资产目前使用状态和外部环境及市场情况，审定评估机构的评估结论是否可以被确认，整个评估组织是否具有承担国有资产评估的能力。

第四节 资产评估报告的利用

资产评估报告由资产评估机构出具后，委托方、资产评估管理机构和其他有关部门要对资产评估报告及其评估结论进行使用。

一、委托方对资产评估报告的使用

委托方在收到受托评估机构送交的正式评估报告及有关资料后，可以根据评估报告所揭示的评估目的和评估结论，合理使用委托方对资产的评估结果。根据有关规定，委托方依据评估报告所揭示的评估目的及评估结论，可以作为以下几种具体的用途。

（一）作为资产业务的作价基础

委托方根据评估目的，可以把资产评估报告作为资产业务的作价基础。这些评估目的主要包括：整体或部分改建为有限责任公司或股份有限公司；以非货币资产对外投资；合并、分立、清算；除上市公司以外的原股东股权比例变动；除上市公司以外的整体或部分产权（股权）转让；资产转让、置换、拍卖；整体资产或部分资产租赁给非国有单位；确定诉讼资产价值；国有资产占有单位收购非国有资产；国有资产占有单位接收非国有资产单位以实物资产偿还债务；法律、行政法规规定的其他需要进行评估的事项。

（二）作为企业进行会计记录或调整账项的依据

委托方在根据资产评估报告所揭示的资产评估目的使用评估报告资料的同时，也可以按照有关规定，根据资产评估报告进行会计记录或调整有关财务账项。

（三）作为履行委托协议和支付评估费用的主要依据

当委托方收到评估机构的正式评估报告及有关资料后，在没有异议的情况下，应当根据委托协议，履行支付评估费用的承诺及其他相关承诺。

此外，资产评估报告及有关资料也是有关当事人因资产评估纠纷向纠纷调处部门申请调处的申诉资料之一。

委托方在使用资产评估报告及有关资料时需要注意以下几个问题。

（1）只能按报告所揭示的评估目的使用报告，一份评估报告只允许按一个用途使用。

（2）只能在报告的有效期内使用报告。根据国家的现行有关规定，资产评估结果的有效期为一年，即评估目的在评估基准日后的一年内实现时，可以将此评估结果作为底价或作价依据，超过一年，需重新进行资产评估。

（3）在报告有效期内，资产评估数量发生较大变化时，应由原评估机构或者资产占有单位按原评估方法做相应调整后才能使用。

（4）涉及国有资产产权变动的评估报告及有关资料必须经国有资产管理部门或授权部门核准或备案后方可使用。

（5）作为企业会计记录和调整企业账项使用的资产评估报告及有关资料，必须根据国家相关法规执行。

二、资产评估管理机构对资产评估报告的使用

资产评估管理机构主要是指对资产评估进行行政管理的主管机关和对资产评估行业进行自律管理的行业协会。

资产评估管理机构对资产评估报告的使用是实现对评估机构的行政管理和企业自律管理的重要过程。资产评估结果一方面反映了整个具体资产评估项目的工作过程，另一方面也综合反映了资产评估机构的工作过程、工作质量及工作水平。对资产评估报告的检查和分析是评估管理机构对资产评估结果质量、资产评估机构的业务水平和组织管理能力做出评价的重要依据。

三、其他有关部门对资产评估报告的使用

除了资产评估管理机构使用资产评估报告外，其他政府管理部门也需要使用资产评估报告，它们包括国有资产监督管理部门、证券监督管理部门、工商行政管理部门、保险监督管理部门、税务、金融和法院等有关部门。

国有资产监督管理部门对资产评估报告的使用主要表现在对国有产权进行管理的各个方面，通过对国有资产评估项目的核准或备案，可以加强对国有产权的有效管理，规范国有产权的转让行为。

证券监督管理部门对资产评估报告的使用主要表现在对申请上市的公司有关申报材料及招股说明书的审核，对上市公司发生定向发行股票、公司并购、公司合并、资产收购、资产置换、以资抵债等重大资产重组行为时的评估定价行为的审核，加强对取得证券业务评估资格的评估机构及有关人员的业务管理等。

工商行政管理部门对资产评估报告的使用，主要是对公司设立、公司重组、增资扩股等经济行为中的资产定价情况进行依法审核。

保险监督管理部门、税务、金融和法院等有关部门通过对资产评估报告的使用实现其对相关经济活动的监督和管理。

第五节　资产评估档案管理

一、资产评估档案的含义与内容

资产评估档案，是指评估机构在有关资产评估工作的过程中，形成的与评估业务相关的有保存价值的各种文字、图表、声像等不同形式的记录。评估档案是资产评估过程和评估成果的真实写照，是澄清事实与责任的法律依据，是评估质量监控的重要手段。因此，加强资产评估档案管理是资产评估机构的重要任务，也是评估程序中不可缺失的一环。评估机构要设专人负责资产评估档案的立卷与保管。

评估档案的内容丰富，主要包括主卷和附卷两部分。

（一）主卷

主卷包括业务约定书和业务委托书、洽谈记录、项目建议书或工作计划书、委托单位清单及财务资料、评估报告正文、委托方和资产占有方的承诺函、注册资产评估师和资产评估机构的承诺函、评估机构营业执照及资格证书复印件、参加评估项目的人员名单及其资格证书复印件、与本项目有关的政府部门批件、上级及董事会决议、营业执照和产权登记证等重要文件的复印件。

（二）附卷

附卷包括：评估报告说明书，包括流动资产评估说明、房屋建筑物及构建物评估说明、土地评估说明、机器评估说明、长期投资评估说明、无形资产评估说明、其他资产评估说明以及流动负债评估说明；资产评估清查核实报告说明书，包括审计报告、核实调整报告、与委托评估范围不一致的重大调整事项说明、调整后的评估范围清单及财务资料；选择适合本项目的评估方法说明；工作底稿；对委托评估单位有关评估风险及内部控制制度的研究与评价记录；委托评估单位为此评估目的提供的相关资料；主管部门审核时提出的修改意见复印件及执行情况记录，如国资部门审核中提出的意见稿、上级主管审核意见稿。

工作底稿是指资产评估人员在评估过程中形成的评估工作记录和获取的资料，是形成评估结论的依据。工作底稿应包括以下基本内容。

（1）资产占有单位名称。

（2）评估对象名称。

（3）评估基准日。

（4）评估程序、过程记录。

（5）评估标识及其说明。

（6）索引号及页次。

（7）编制者姓名及编制日期。

（8）复核者姓名及复核日期。

（9）评估结果。

（10）其他应说明事项。

工作底稿一般分为评估项目管理类工作底稿和评估项目操作类工作底稿，在内容上应做到齐全、详尽、重点突出、言简意赅、结论明确、事实具体。评估程序的盘点记录、往来函件、现场踏勘记录、照片、市场询价资料、专家鉴定资料、数据分析、会谈及洽谈记录、工作进度表、职责表、审核调整表、工作总结、项目三级复核记录或表格、评估报告及说明初稿、评估明细和汇总表等均为需整理汇总的内容。

【思考】 资产评估档案存在的意义是什么？

二、资产评估业务档案工作环节

（一）评估档案的整理和编制

评估机构应当建立评估档案保管制度，评估机构全体人员要有明确的档案建设意识，以确保评估档案的安全、完整。评估档案应在评估报告完成后一个月内归档，当评估工作结束后，项目负责人必须把在评估工作全过程中形成或取得的一切登记移交，不得拒绝归档或据为己有。评估业务档案的整理要符合评估人员的专业要求，遵循专业管理的规律。在整理过程中，要坚持由评估项目负责人和档案管理人员共同负责的制度。归档的各种评估材料，应按照工作过程和内容进行整理，编写档案索引，以便于查阅。

资产评估业务档案按每个项目立卷归档，每卷档案具体包括以下内容。

（1）评估业务委托书及与项目有关的所有收费凭证复印件。

（2）评估方案（包括项目负责人和业务人员安排、评估起止时间、评估范围等）。

（3）资产评估工作底稿目录。

（4）各类资产清查评估明细表、汇总表。

（5）资产产权证明文件和其他与评估目的有关的文件。

（6）资产及负债清理核实及调整情况说明。

（7）有关原始凭证。

（8）待核销、报废资产的情况说明及证明材料。

（9）有关法规制度文件、价格标准及询价记录。

（10）资产评估报告书及正式稿。

（11）机构内部复核人员和机构负责人对评估报告的审核意见及修改调整情况。

（12）若为确认项目，则还应有国有资产管理部门对资产评估报告的立项意见、审核验证意见和修改调整要求，评估机构进行的修改、调整和其他情况以及国有资产管理部门的立项、确认登记表及确认通知书。

（13）其他。

接受委托的每个评估项目，无论其规模大小，无论其属于单项资产评估或整体资产评估，都要单独编号立卷归档。具体如下：形式上应做到要素齐备、格式规范、索引明确、标识一致及记录清晰；内容繁简要恰当；业务档案的建立要与评估目的、被评估资产的规模、产权关系等要求一致；注明资料来源，分清责任，对收集的资料要进行分析判断。

资产评估机构进行委托洽谈、签订业务委托书、制订评估方案、组织实施、评估作业、汇总分析、撰写评估说明与评估报告以及文件传达和报国有资产管理部门立项确认，每一个环节中重要的资产评估资料都应立卷作为档案保存，评估项目业务委托书签订后即可组织立卷。资产评估机构要根据档案管理的有关规定和评估机构的实际情况，采用分年度制，对业务档案本着便于查找利用的原则，进行归类整理立卷，并编制案卷目录，填写案卷封面；按一个委托单位一项业务或按评估目的分开，还要考虑按年度分开，在每个年度下，按业务项目分类，组成一个案卷，并根据业务需要组成若干分册，且在每册封面下注明本卷共有多少册，此册为第几册；按资产类别编制页码，案卷开首要填写“卷内文件目录”，案卷封面填写要规范、整齐，由评估机构负责人和部门经理项目负责人签字或盖章，同时装订的密封处要加盖评估机构公章。

（二）评估档案的保管

档案保管是为了最大限度地延长档案的寿命。这就要求有关人员了解和掌握影响档案寿命的原因和规律，采用专门的、有的放矢的技术措施和方法，最大限度地消除各种可能影响档案寿命的不利因素，把档案毁损率降低并将其控制在最小的范围内。评估档案保管是指根据档案的成分和状况所采取的存放与安全防范措施，主要有三项工作：档案的库房管理、档案流动过程中的保护、保护档案的技术措施。

资产评估机构应当建立健全业务档案管理制度，有条件的单位还应设立档案管理工作岗位，指派专职或兼职档案管理人员，专门负责资产评估业务档案的立卷和保管，按规定要求做好评估档案的建设与管理工作。

档案保管期限要根据国家法律法规、行业管理规定和评估项目的具体情况来确定。档案的保管从评估基准日算起。资产评估档案自资产评估报告日起保存期限不少于15年；属于法定资产评估业务的，不少于30年。

（三）评估档案的查阅

评估档案的所有权归评估机构，资产评估档案的管理应当严格执行保密制度。除下列情形外，资产评估档案不得对外提供。

（1）财政部门依法调阅的。

（2）资产评估协会依法依规调阅的。

（3）其他依法依规查阅的。①评估机构内部因工作需要查阅档案的，在履行评估机构内部档案管理的手续后，可以进行查阅；②法院、检察院、行业主管部门及国家其他部门依法履行职责需了解评估情况，在办理必要的手续后，可以进行查阅；③其他评估机构因工作需要查阅档案的，须经原评估委托方和管理档案的评估机构负责人同意，可以进行查阅，但不得复印。

查阅档案时，若涉及原评估委托方商业机密，查阅人必须承担保密责任。查阅者因使用评估档案造成的后果与评估机构无关。

（四）评估档案的销毁

业务档案保管期满后，应及时进行鉴定，对确实没有保存价值的档案，在销毁前必须由档案管理人员编造清单，经一定程序批准后，由法人代表和档案管理员共同在销毁清单上签字，方可销毁。评估机构应委派至少两名以上的人员，负责销毁，确保评估业务档案的保密性，杜绝评估档案流入外界。咨询服务性评估方面的资料销毁，可办理简单的内部审批手续，由法人代表签字后即可销毁。

案例分析

一、行政处罚决定书

中国证监会行政处罚决定书（某资产评估有限公司）

依据《中华人民共和国证券法》（以下简称《证券法》）的有关规定，我会对某评估有限公司未勤勉尽责案进行了立案调查、审理，并依法向当事人告知了做出行政处罚的事实、理由、依据及当事人依法享有的权利。应当事人某评估公司、×××、×××的要求，我会举行了听证会，听取了当事人的陈述和申辩意见。本案现已调查、审理终结。

经查，某评估公司存在未勤勉尽责的行为，具体事实如下。

某评估公司接受某软件股份有限公司委托，采用资产基础法和市场法等评估方法对某软件有限公司股东全部权益在2016年11月30日的市场价值进行了评估，评估值为9 434.42万元，评估值较账面净资产增值8 465.3万元，增值率873.51%；对某股东全部权益在2016年12月31日的市场价值进行了评估，评估值为33 735.47万元，评估值较账面净资产增值26 861.36万元，增值率390.76%。

通过审核相关工作底稿发现，某评估公司在以上两个项目的评估工作中存在以下三方面的问题。

一是对比公司流通股市值计算公式错误。根据评估项目的"可比公司股权价值"表工作底稿记载，流通股市值＝股价×流通股票数量×流通股占总股本比例。上述计算公式明显错误。

二是对比公司市场价值评估依据标准不统一。主要表现在：第一，选取的对比公司股权价值计算标准不统一；第二，选取的对比公司息税前利润（EBIT）计算方法不统一；第三，选取的对比公司EBITDA的预期增长率计算方法不统一；第四，选取的对比公司资产比率乘数修正系数计算方法不统一。

三是选取对比公司相关参数的依据不明。某评估公司认为某集团计算取得的EBITDA的预期增长率不合理，直接以某软件的EBITDA预期增长率加以替代，没有具体数据支持。某评估公司两个项目的工作底稿显示，四家对比公司计算所得的增长率包括8.43%、19.23%、2.87%、1.54%、7.38%、18.45%、5.07%和2.14% 8个数据，某评估公司计算的软件行业EBITDA预期增长率为4.82%，而对被评估对象的EBITDA预期增长率直接取用 8%，此数据与前述对比数据之间难以建立直接的因果关系，对其获取也缺少相关说明和计算依据。

某评估公司的项目负责人、签字注册评估师在回答调查询问时也承认评估报告有明显错误，对评估结果影响较大，原评估结果基本不可信。在使用该评估报告时，评估值会影响客户的合理判断。

 思考题

1. 上述业务中某评估机构在编制评估报告的过程中存在哪些问题？

2. 上述业务的评估报告中存在的问题违反了什么规定？相关当事人将会受到什么处罚？

二、评估报告书

评估报告书

东方电子仪器有限责任公司：

我所接受贵公司委托，根据国家有关资产评估的规定和其他法律法规规定，对贵公司以与南方公司联营为目的的全部资产进行了评估。评估中结合贵公司的具体情况，实施了包括对资产清查在内的我们认为必要的评估程序，现将评估结果报告如下。

1. 资产评估机构（略）

2. 委托方和资产占有方（略）

3. 评估目的

为贵公司与南方公司联营之目的，评估贵公司净资产现行价值。

4. 评估范围和对象

本次评估范围为东方公司拥有的全部资产、负债和所有者权益。评估对象为东方公司的整体资产。

5. 评估原则

根据国家国有资产管理及评估的有关法规，我所遵循独立性、科学性和客观性的评估工作原则，并以贡献原则、替代原则和预期原则为基础进行评估。

6. 评估依据

（1）××省国有资产管理局（关于同意东方公司与南方公司联营的批复）。

（2）委托方提供的资产清单及其他资料。

（3）有关资产的产权证明及相关资料。

（4）委托方提供的有关会计凭证、会计报表及其他会计资料。

（5）与委托方资产取得、销售业务相关的各项合同及其他资料。

7. 评估基准日

2017 年 9 月 30 日

8. 评估方法

根据委托方评估目的和评估对象，此次评估方法为成本法，价格标准为重置成本标准。

9. 评估过程（略）

10. 评估结果

在实施了上述评估程序和评估方法后，东方公司截至评估基准日的资产、负债和所有者权益价值如下。

资产总额：41 504 342 元，负债总额：22 722 000 元，净资产价值：18 782 342 元。

11. 评估结果有效期

根据国家有关规定，本报告有效期 1 年。自报告提交日 2017 年 12 月 20 日起至 2018 年 12 月 19 日止。

12. 评估说明

（1）流动资产评估。

① 货币资金账面价值 421 589 元，其中现金 21 325 元，银行存款 400 263 元，考虑到货币资金即为现值不需折现，经总账、明细账与日记账核实一致并对现金盘点无误后，按账面值确认。

② 应收账款账面价值 5 481 272 元，经与明细账核对，确认评估值为 5 083 252 元。

③ 存货账面价值为 11 072 460 元，抽查比例为 60%，在质量检查与抽查核实的基础上，确认评估值为 10 852 500 元。

④ 其他流动资产（略）。

流动资产账面价值 18 845 502 元。评估值为 17 401 832 元。

（2）长期投资评估（略）。

（3）固定资产评估（略）。
（4）其他资产评估（略）。
（5）负债审核确认（略）。
13. 其他事项说明（略）
14. 评估结果有效的其他条件（略）
15. 评估时间

本次评估工作自2017年10月4日起至2017年12月20日止，本报告提交日期为2017年12月20日。

中国注册资产评估师：××签字盖章
××资产评估事务所：盖章
2017年12月20日

思考题

1. 请分析找出评估报告书中的错误。
2. 委托方在使用该机构纠正错误后出具的正式报告时，应注意哪些问题？

复习思考题

一、简答题

1. 什么是资产评估报告？
2. 简述资产评估报告的种类。
3. 简述资产评估报告的作用。
4. 简述我国目前的资产评估报告的管理制度。
5. 简述资产评估报告制作的技术要点。
6. 简述资产评估报告的内部审核制度。
7. 简述资产评估报告的使用。
8. 简述评估档案保管和销毁的要点。

二、单项选择题

1. 资产评估报告基本制度是规定资产评估机构完成国有资产评估工作后由相关国有资产管理部门对评估报告进行（　　）。

A. 审核验证　　B. 核准备案
C. 结果确认　　D. 立项审批

2. 资产评估结果有效期通常为1年，从（　　）算起。

A. 提供评估报告日　　B. 评估基准日
C. 经济行为发生日　　D. 以上都不对

3. 资产评估报告必须由（　　）名以上注册资产评估师签字。

A. 1　　B. 2
C. 3　　D. 4

4. 按有关规定，资产评估说明中对资产评估行为和结果构成重大影响的事项是由

(　　) 揭示的。

A. 委托方　　　　B. 受托方

C. 资产占有方　　　　D. 委托方与资产占有方

5. 当资产占有方为多家企业时，资产评估报告中 (　　)。

A. 只需详细地介绍委托方信息

B. 只需详细地介绍最主要的资产占有方

C. 应对资产占有方做逐一介绍

D. 以上均不正确

6. 下列说法中正确的是 (　　)。

A. 资产评估报告对委托评估的资产提供价值意见

B. 资产评估报告对资产业务定价有决策的效力

C. 在有效期内，一份评估报告可按多个用途使用

D. 评估师在证明资料齐全时可对评估对象的法律权属提供保证

7. 关于资产评估报告书摘要与正文的关系表述正确的是 (　　)

A. 正文法律效力高于摘要

B. 摘要法律效力高于正文

C. 二者法律效力相同

D. 法律效力由当事人协商确定

8. 当评估目的为发行股票、股票上市交易以及涉及财产纠纷时，该项目的档案须保存 (　　) 年以上。

A. 5　　　　B. 10

C. 15　　　　D. 20

9. 下列属于评估机构三级复核制度中复核人的是 (　　)。

A. 项目负责人　　　　B. 总评估师

C. 评估机构负责人　　　　D. 国有资产管理部门

三、多项选择题

1. 按资产评估的范围划分，资产评估报告可分为 (　　)

A. 整体资产评估报告书　　　　B. 房地产评估报告书

C. 单项资产评估报告书　　　　D. 土地估价报告书

2. 一般情况下，单项资产评估报告书的内容除在建工程外，还包括 (　　)

A. 资产　　　　B. 负债

C. 所有者权益　　　　D. 以整体资产为依托的无形资产

3. 资产评估报告的使用人一般有 (　　)。

A. 资产评估管理机构　　　　B. 资产评估委托方

C. 资产评估受托方　　　　D. 有关部门

4. 资产评估报告的内容包括 (　　)。

A. 工作底稿　　　　B. 附件

C. 正文　　　　D. 评估说明

5. 下列有关资产评估报告中评估目的说法正确的有（　　）。
A. 评估报告中应说明评估目的所对应的经济行为
B. 评估目的对应的经济行为一定要经过批准
C. 评估目的对应的经济行为不一定要经过批准
D. 无须说明评估目的所对应的经济行为
6. 下列文件中属于资产评估报告书附件的有（　　）。
A. 重要合同文件　　B. 有关经济行为文件
C. 评估明细表　　D. 资产评估业务约定合同
7. 下列关于资产评估报告的说法正确的有（　　）。
A. 资产评估报告正文之前应有摘要
B. 评估基准日不应当由委托人确定
C. 资产评估报告中应适当阐明所遵循的特殊原则，不必写明遵循的公认原则
D. 资产评估报告中应列示行为依据、产权依据
8. 资产评估报告书正文中，应阐述的评估依据包括（　　）。
A. 行为依据　　B. 法律法规依据
C. 取价依据　　D. 产权依据
9. 根据现行规定，撰写资产评估报告书应注意的事项有（　　）。
A. 评估结论应尽可能满足委托方的要求
B. 评估口径前后保持一致
C. 评估参数与评估结果复核
D. 评估参数的选取以委托方提供的资料为准
10. 资产评估报告中，“关于进行资产评估有关事项说明”具体包括（　　）。
A. 资产及负债清查情况的说明　　B. 实物资产分布情况说明
C. 在建工程评估说明　　D. 关于评估基准日的说明
11. 分析人员对评估报告的逻辑分析主要有（　　）。
A. 评估范围与资产权益之间的一致性
B. 评估目的与评估方法选择之间的一致性
C. 作价的前提条件与作价依据之间的一致性
D. 评估原则与评估结果之间的一致性
12. 下列主体在履行合法手续后可以查阅评估档案的有（　　）。
A. 评估机构内部　　B. 其他评估机构
C. 法院　　D. 行业主管部门

参 考 文 献

陈昌龙．2013．资产评估学. 2 版．北京：清华大学出版社、北京交通大学出版社

郭化林．2015．中外资产评估准则．北京：高等教育出版社

姜楠．2012．资产评估学．大连：东北财经大学出版社

刘玉平．2015．资产评估理论与管理．北京：中国财政经济出版社

刘玉平．2015．资产评估学．北京：中国人民大学出版社

乔志敏，宋斌．2015．资产评估学教程．5 版．北京：中国人民大学出版社

杨志明．2015．资产评估实务与案例分析．北京：中国财政经济出版社

张小芳，岳红梅．2015．资产评估理论与实务．北京：清华大学出版社

朱萍．2016．资产评估学教程．5 版．上海：上海财经大学出版社

中国资产评估协会. 2017．资产评估基础．2017 年资产评估师资格全国统一考试辅导教材．北京：中国财政经济出版社

中华人民共和国资产评估法

2016 年 7 月 2 日，第十二届全国人民代表大会常务委员会通过了《中华人民共和国资产评估法》（以下简称《资产评估法》）。《资产评估法》共八章五十五条，包括总则、评估专业人员、评估机构、评估程序、行业协会、监督管理、法律责任和附则。《资产评估法》的出台，对于促进资产评估行业健康发展、保护国有资产和维护公共利益、维护社会主义市场经济秩序具有积极的意义，《资产评估法》自 2016 年 12 月 1 日起施行。

《资产评估法》主要明确了如下内容。

1. 关于资产评估的范围、类别

明确资产评估是对不动产、动产、无形资产、企业价值、资产损失或者其他经济权益进行评估，涵盖我国目前现行的资产评估，土地评估，房地产评估、估价，矿业权评估，保险公估和旧机动车评估六种专业评估类别。

2. 关于法定评估的条件

明确涉及国有资产或者公共利益等事项，法律、行政法规规定需要评估的，应当依法委托评估机构评估。

3. 关于评估专业人员资格

明确评估专业人员包括评估师和其他具有评估专业知识及实践经验的评估从业人员。评估师是具有专科以上学历通过全国性评估行业协会组织的评估师资格考试的评估专业人员。《资产评估法》放开了评估专业人员准入门槛，允许评估师以外的具有评估专业知识和实践经验的人员从事评估业务。

4. 关于评估机构的组织形式

明确评估机构应当依法采用合伙或者公司形式。同时还明确评估机构须向评估行政管理部门备案，评估行政管理部门应当及时将评估机构备案情况向社会公告。

5. 关于评估委托人的权利和义务

在权利方面，明确委托人有权自主选择符合规定的评估机构以及委托人有权要求与相关当事人及评估对象有利害关系的评估专业人员回避。在义务方面，明确委托人应当与评估机构订立委托合同；还明确委托人或者评估报告使用人应当依法使用评估报告。

6. 关于执业风险防范

评估机构根据业务需要建立职业风险基金，或者自愿办理职业责任保险，完善风险防范机制。

7. 关于管理体制

目前我国评估行业管理分属不同部门，国务院有关评估行政管理部门按照各自职责分工，对评估行业进行监督管理；设区的市级以上有关评估行政管理部门对本行政区域内的评估行业进行监督管理。

8. 关于行业自律

行业自律重在组织后续教育、调解会员纠纷、受理会员申诉、检查评估报告等，资产评估行业自律组织要接受有关评估行业管理部门的监督和社会监督，由有关评估行业协会建立沟通协作和信息共享机制，并根据需要制定共同的行为规范，促进评估行业健康有序发展。

中华人民共和国资产评估法（正文）

目录

第一章　总则

第一条　为了规范资产评估行为，保护资产评估当事人合法权益和公共利益，促进资产评估行业健康发展，维护社会主义市场经济秩序，制定本法。

第二条　本法所称资产评估（以下称评估），是指评估机构及其评估专业人员根据委托对不动产、动产、无形资产、企业价值、资产损失或者其他经济权益进行评定、估算，并出具评估报告的专业服务行为。

第三条　自然人、法人或者其他组织需要确定评估对象价值的，可以自愿委托评估机构评估。

涉及国有资产或者公共利益等事项，法律、行政法规规定需要评估的（以下称法定评估），应当依法委托评估机构评估。

第四条　评估机构及其评估专业人员开展业务应当遵守法律、行政法规和评估准则，遵循独立、客观、公正的原则。

评估机构及其评估专业人员依法开展业务，受法律保护。

第五条　评估专业人员从事评估业务，应当加入评估机构，并且只能在一个评估机构从事业务。

第六条　评估行业可以按照专业领域依法设立行业协会，实行自律管理，并接受有关评估行政管理部门的监督和社会监督。

第七条　国务院有关评估行政管理部门按照各自职责分工，对评估行业进行监督管理。

设区的市级以上地方人民政府有关评估行政管理部门按照各自职责分工，对本行政区域内的评估行业进行监督管理。

第二章　评估专业人员

第八条　评估专业人员包括评估师和其他具有评估专业知识及实践经验的评估从业人员。

评估师是指通过评估师资格考试的评估专业人员。国家根据经济社会发展需要确定评估师专业类别。

第九条　有关全国性评估行业协会按照国家规定组织实施评估师资格全国统一考试。

具有高等院校专科以上学历的公民，可以参加评估师资格全国统一考试。

第十条　有关全国性评估行业协会应当在其网站上公布评估师名单，并实时更新。

第十一条　因故意犯罪或者在从事评估、财务、会计、审计活动中因过失犯罪而受刑事处罚，自刑罚执行完毕之日起不满五年的人员，不得从事评估业务。

第十二条　评估专业人员享有下列权利：

（一）要求委托人提供相关的权属证明、财务会计信息和其他资料，以及为执行公允的评估程序所需的必要协助；

（二）依法向有关国家机关或者其他组织查阅从事业务所需的文件、证明和资料；

（三）拒绝委托人或者其他组织、个人对评估行为和评估结果的非法干预；

（四）依法签署评估报告；

（五）法律、行政法规规定的其他权利。

第十三条　评估专业人员应当履行下列义务：

（一）诚实守信，依法独立、客观、公正从事业务；

（二）遵守评估准则，履行调查职责，独立分析估算，勤勉谨慎从事业务；

（三）完成规定的继续教育，保持和提高专业能力；

（四）对评估活动中使用的有关文件、证明和资料的真实性、准确性、完整性进行核查和验证；

（五）对评估活动中知悉的国家秘密、商业秘密和个人隐私予以保密；

（六）与委托人或者其他相关当事人及评估对象有利害关系的，应当回避；

（七）接受行业协会的自律管理，履行行业协会章程规定的义务；

（八）法律、行政法规规定的其他义务。

第十四条　评估专业人员不得有下列行为：

（一）私自接受委托从事业务、收取费用；

（二）同时在两个以上评估机构从事业务；

（三）采用欺骗、利诱、胁迫，或者贬损、诋毁其他评估专业人员等不正当手段招揽业务；

（四）允许他人以本人名义从事业务，或者冒用他人名义从事业务；

（五）签署本人未承办业务的评估报告；

（六）索要、收受或者变相索要、收受合同约定以外的酬金、财物，或者谋取其他不正当利益；

（七）签署虚假评估报告或者有重大遗漏的评估报告；

（八）违反法律、行政法规的其他行为。

第三章　评估机构

第十五条　评估机构应当依法采用合伙或者公司形式，聘用评估专业人员开展评估业务。

合伙形式的评估机构，应当有两名以上评估师；其合伙人三分之二以上应当是具有三年以上从业经历且最近三年内未受停止从业处罚的评估师。

公司形式的评估机构，应当有八名以上评估师和两名以上股东，其中三分之二以上股东应当是具有三年以上从业经历且最近三年内未受停止从业处罚的评估师。

评估机构的合伙人或者股东为两名的，两名合伙人或者股东都应当是具有三年以上从业经历且最近三年内未受停止从业处罚的评估师。

第十六条　设立评估机构，应当向工商行政管理部门申请办理登记。评估机构应当自领取营业执照之日起三十日内向有关评估行政管理部门备案。评估行政管理部门应当及时将评估机构备案情况向社会公告。

第十七条　评估机构应当依法独立、客观、公正开展业务，建立健全质量控制制度，保证评估报告的客观、真实、合理。

评估机构应当建立健全内部管理制度，对本机构的评估专业人员遵守法律、行政法规和评估准则的情况进行监督，并对其从业行为负责。

评估机构应当依法接受监督检查，如实提供评估档案以及相关情况。

第十八条　委托人拒绝提供或者不如实提供执行评估业务所需的权属证明、财务会计信息和其他资料的，评估机构有权依法拒绝其履行合同的要求。

第十九条　委托人要求出具虚假评估报告或者有其他非法干预评估结果情形的，评估机构有权解除合同。

第二十条　评估机构不得有下列行为：

（一）利用开展业务之便，谋取不正当利益；

（二）允许其他机构以本机构名义开展业务，或者冒用其他机构名义开展业务；

（三）以恶性压价、支付回扣、虚假宣传，或者贬损、诋毁其他评估机构等不正当手段招揽业务；

（四）受理与自身有利害关系的业务；

（五）分别接受利益冲突双方的委托，对同一评估对象进行评估；

（六）出具虚假评估报告或者有重大遗漏的评估报告；

（七）聘用或者指定不符合本法规定的人员从事评估业务；

（八）违反法律、行政法规的其他行为。

第二十一条　评估机构根据业务需要建立职业风险基金，或者自愿办理职业责任保险，完善风险防范机制。

第四章　评估程序

第二十二条　委托人有权自主选择符合本法规定的评估机构，任何组织或者个人不得非法限制或者干预。

评估事项涉及两个以上当事人的，由全体当事人协商委托评估机构。

委托开展法定评估业务，应当依法选择评估机构。

第二十三条　委托人应当与评估机构订立委托合同，约定双方的权利和义务。

委托人应当按照合同约定向评估机构支付费用，不得索要、收受或者变相索要、收受回扣。

委托人应当对其提供的权属证明、财务会计信息和其他资料的真实性、完整性和合法性负责。

第二十四条　对受理的评估业务，评估机构应当指定至少两名评估专业人员承办。

委托人有权要求与相关当事人及评估对象有利害关系的评估专业人员回避。

第二十五条　评估专业人员应当根据评估业务具体情况，对评估对象进行现场调查，收集权属证明、财务会计信息和其他资料并进行核查验证、分析整理，作为评估的依据。

第二十六条　评估专业人员应当恰当选择评估方法，除依据评估执业准则只能选择一种评估方法的外，应当选择两种以上评估方法，经综合分析，形成评估结论，编制评估报告。

评估机构应当对评估报告进行内部审核。

第二十七条　评估报告应当由至少两名承办该项业务的评估专业人员签名并加盖评估机构印章。

评估机构及其评估专业人员对其出具的评估报告依法承担责任。

委托人不得串通、唆使评估机构或者评估专业人员出具虚假评估报告。

第二十八条　评估机构开展法定评估业务，应当指定至少两名相应专业类别的评估师承办，评估报告应当由至少两名承办该项业务的评估师签名并加盖评估机构印章。

第二十九条　评估档案的保存期限不少于十五年，属于法定评估业务的，保存期限不少于三十年。

第三十条　委托人对评估报告有异议的，可以要求评估机构解释。

第三十一条　委托人认为评估机构或者评估专业人员违法开展业务的，可以向有关评估行政管理部门或者行业协会投诉、举报，有关评估行政管理部门或者行业协会应当及时调查处理，并答复委托人。

第三十二条　委托人或者评估报告使用人应当按照法律规定和评估报告载明的使用范围使用评估报告。

委托人或者评估报告使用人违反前款规定使用评估报告的，评估机构和评估专业人员不承担责任。

第五章　行业协会

第三十三条　评估行业协会是评估机构和评估专业人员的自律性组织，依照法律、行政法规和章程实行自律管理。

评估行业按照专业领域设立全国性评估行业协会，根据需要设立地方性评估行业协会。

第三十四条　评估行业协会的章程由会员代表大会制定，报登记管理机关核准，并报有关评估行政管理部门备案。

第三十五条　评估机构、评估专业人员加入有关评估行业协会，平等享有章程规定的权利，履行章程规定的义务。有关评估行业协会公布加入本协会的评估机构、评估专业人员名单。

第三十六条　评估行业协会履行下列职责：

（一）制定会员自律管理办法，对会员实行自律管理；

（二）依据评估基本准则制定评估执业准则和职业道德准则；

（三）组织开展会员继续教育；

（四）建立会员信用档案，将会员遵守法律、行政法规和评估准则的情况记入信用档案，并向社会公开；

（五）检查会员建立风险防范机制的情况；

（六）受理对会员的投诉、举报，受理会员的申诉，调解会员执业纠纷；

（七）规范会员从业行为，定期对会员出具的评估报告进行检查，按照章程规定对会员给予奖惩，并将奖惩情况及时报告有关评估行政管理部门；

（八）保障会员依法开展业务，维护会员合法权益；

（九）法律、行政法规和章程规定的其他职责。

第三十七条　有关评估行业协会应当建立沟通协作和信息共享机制，根据需要制定共同的行为规范，促进评估行业健康有序发展。

第三十八条　评估行业协会收取会员会费的标准，由会员代表大会通过，并向社会公开。不得以会员交纳会费数额作为其在行业协会中担任职务的条件。

会费的收取、使用接受会员代表大会和有关部门的监督，任何组织或者个人不得侵占、私分和挪用。

第六章　监督管理

第三十九条　国务院有关评估行政管理部门组织制定评估基本准则和评估行业监督管理办法。

第四十条　设区的市级以上人民政府有关评估行政管理部门依据各自职责，负责监督管理评估行业，对评估机构和评估专业人员的违法行为依法实施行政处罚，将处罚情况及时通报有关评估行业协会，并依法向社会公开。

第四十一条　评估行政管理部门对有关评估行业协会实施监督检查，对检查发现的问题和针对协会的投诉、举报，应当及时调查处理。

第四十二条　评估行政管理部门不得违反本法规定，对评估机构依法开展业务进行限制。

第四十三条　评估行政管理部门不得与评估行业协会、评估机构存在人员或者资金关联，不得利用职权为评估机构招揽业务。

第七章　法律责任

第四十四条　评估专业人员违反本法规定，有下列情形之一的，由有关评估行政管理部门予以警告，可以责令停止从业六个月以上一年以下；有违法所得的，没收违法所得；情节严重的，责令停止从业一年以上五年以下；构成犯罪的，依法追究刑事责任：

（一）私自接受委托从事业务、收取费用的；

（二）同时在两个以上评估机构从事业务的；

（三）采用欺骗、利诱、胁迫，或者贬损、诋毁其他评估专业人员等不正当手段招揽业务的；

（四）允许他人以本人名义从事业务，或者冒用他人名义从事业务的；

（五）签署本人未承办业务的评估报告或者有重大遗漏的评估报告的；

（六）索要、收受或者变相索要、收受合同约定以外的酬金、财物，或者谋取其他不正当利益的。

第四十五条　评估专业人员违反本法规定，签署虚假评估报告的，由有关评估行政管理部门责令停止从业两年以上五年以下；有违法所得的，没收违法所得；情节严重的，责令停止从业五年以上十年以下；构成犯罪的，依法追究刑事责任，终身不得从事评估业务。

第四十六条　违反本法规定，未经工商登记以评估机构名义从事评估业务的，由工商行政管理部门责令停止违法活动；有违法所得的，没收违法所得，并处违法所得一倍以上五倍以下罚款。

第四十七条　评估机构违反本法规定，有下列情形之一的，由有关评估行政管理部门予以警告，可以责令停业一个月以上六个月以下；有违法所得的，没收违法所得，并处违法所得一倍以上五倍以下罚款；情节严重的，由工商行政管理部门吊销营业执照；构成犯罪的，依法追究刑事责任：

（一）利用开展业务之便，谋取不正当利益的；

（二）允许其他机构以本机构名义开展业务，或者冒用其他机构名义开展业务的；

（三）以恶性压价、支付回扣、虚假宣传，或者贬损、诋毁其他评估机构等不正当手段招揽业务的；

（四）受理与自身有利害关系的业务的；

（五）分别接受利益冲突双方的委托，对同一评估对象进行评估的；

（六）出具有重大遗漏的评估报告的；

（七）未按本法规定的期限保存评估档案的；

（八）聘用或者指定不符合本法规定的人员从事评估业务的；

（九）对本机构的评估专业人员疏于管理，造成不良后果的。

评估机构未按本法规定备案或者不符合本法第十五条规定的条件的，由有关评估行政管理部门责令改正；拒不改正的，责令停业，可以并处一万元以上五万元以下罚款。

第四十八条　评估机构违反本法规定，出具虚假评估报告的，由有关评估行政管理部门责令停业六个月以上一年以下；有违法所得的，没收违法所得，并处违法所得一倍以上五倍以下罚款；情节严重的，由工商行政管理部门吊销营业执照；构成犯罪的，依法追究刑事责任。

第四十九条　评估机构、评估专业人员在一年内累计三次因违反本法规定受到责令停业、责令停止从业以外处罚的，有关评估行政管理部门可以责令其停业或者停止从业一年以上五年以下。

第五十条　评估专业人员违反本法规定，给委托人或者其他相关当事人造成损失的，由其所在的评估机构依法承担赔偿责任。评估机构履行赔偿责任后，可以向有故意或者重大过失行为的评估专业人员追偿。

第五十一条 违反本法规定，应当委托评估机构进行法定评估而未委托的，由有关部门责令改正；拒不改正的，处十万元以上五十万元以下罚款；情节严重的，对直接负责的主管人员和其他直接责任人员依法给予处分；造成损失的，依法承担赔偿责任；构成犯罪的，依法追究刑事责任。

第五十二条 违反本法规定，委托人在法定评估中有下列情形之一的，由有关评估行政管理部门会同有关部门责令改正；拒不改正的，处十万元以上五十万元以下罚款；有违法所得的，没收违法所得；情节严重的，对直接负责的主管人员和其他直接责任人员依法给予处分；造成损失的，依法承担赔偿责任；构成犯罪的，依法追究刑事责任：

（一）未依法选择评估机构的；

（二）索要、收受或者变相索要、收受回扣的；

（三）串通、唆使评估机构或者评估师出具虚假评估报告的；

（四）不如实向评估机构提供权属证明、财务会计信息和其他资料的；

（五）未按照法律规定和评估报告载明的使用范围使用评估报告的。

前款规定以外的委托人违反本法规定，给他人造成损失的，依法承担赔偿责任。

第五十三条 评估行业协会违反本法规定的，由有关评估行政管理部门给予警告，责令改正；拒不改正的，可以通报登记管理机关，由其依法给予处罚。

第五十四条 有关行政管理部门、评估行业协会工作人员违反本法规定，滥用职权、玩忽职守或者徇私舞弊的，依法给予处分；构成犯罪的，依法追究刑事责任。

第八章 附则

第五十五条 本法自 2016 年 12 月 1 日起施行。

资产评估基本准则

为规范资产评估执业行为，保护资产评估当事人合法权益和公共利益，维护社会主义市场经济秩序，根据《中华人民共和国资产评估法》等有关规定，财政部制定了《资产评估基本准则》，现予印发，自 2017 年 10 月 1 日起施行。

资产评估基本准则（正文）

第一章　总则

第一条　为规范资产评估行为，保证执业质量，明确执业责任，保护资产评估当事人合法权益和公共利益，根据《中华人民共和国资产评估法》《资产评估行业财政监督管理办法》等制定本准则。

第二条　资产评估机构及其资产评估专业人员开展资产评估业务应当遵守本准则。法律、行政法规和国务院规定由其他评估行政管理部门管理，应当执行其他准则的，从其规定。

第三条　本准则所称资产评估机构及其资产评估专业人员是指根据资产评估法和国务院规定，按照职责分工由财政部门监管的资产评估机构及其资产评估专业人员。

第二章　基本遵循

第四条　资产评估机构及其资产评估专业人员开展资产评估业务应当遵守法律、行政法规的规定，坚持独立、客观、公正的原则。

第五条　资产评估机构及其资产评估专业人员应当诚实守信，勤勉尽责，谨慎从业，遵守职业道德规范，自觉维护职业形象，不得从事损害职业形象的活动。

第六条　资产评估机构及其资产评估专业人员开展资产评估业务，应当独立进行分析和估算并形成专业意见，拒绝委托人或者其他相关当事人的干预，不得直接以预先设定的价值作为评估结论。

第七条　资产评估专业人员应当具备相应的资产评估专业知识和实践经验，能够胜任所执行的资产评估业务，保持和提高专业能力。

第三章　资产评估程序

第八条　资产评估机构及其资产评估专业人员开展资产评估业务，履行下列基本程序：明确业务基本事项、订立业务委托合同、编制资产评估计划、进行评估现场调查、收集整理评估资料、评定估算形成结论、编制出具评估报告、整理归集评估档案。

资产评估机构及其资产评估专业人员不得随意减少资产评估基本程序。

第九条 资产评估机构受理资产评估业务前，应当明确下列资产评估业务基本事项：

（一）委托人、产权持有人和委托人以外的其他资产评估报告使用人；

（二）评估目的；

（三）评估对象和评估范围；

（四）价值类型；

（五）评估基准日；

（六）资产评估报告使用范围；

（七）资产评估报告提交期限及方式；

（八）评估服务费及支付方式；

（九）委托人、其他相关当事人与资产评估机构及其资产评估专业人员工作配合和协助等需要明确的重要事项。

资产评估机构应当对专业能力、独立性和业务风险进行综合分析和评价。受理资产评估业务应当满足专业能力、独立性和业务风险控制要求，否则不得受理。

第十条 资产评估机构执行某项特定业务缺乏特定的专业知识和经验时，应当采取弥补措施，包括利用专家工作等。

第十一条 资产评估机构受理资产评估业务应当与委托人依法订立资产评估委托合同，约定资产评估机构和委托人权利、义务、违约责任和争议解决等内容。

第十二条 资产评估专业人员应当根据资产评估业务具体情况编制资产评估计划，包括资产评估业务实施的主要过程及时间进度、人员安排等。

第十三条 执行资产评估业务，应当对评估对象进行现场调查，获取资产评估业务需要的资料，了解评估对象现状，关注评估对象法律权属。

第十四条 资产评估专业人员应当根据资产评估业务具体情况收集资产评估业务需要的资料。包括：委托人或者其他相关当事人提供的涉及评估对象和评估范围等资料；从政府部门、各类专业机构以及市场等渠道获取的其他资料。

委托人和其他相关当事人依法提供并保证资料的真实性、完整性、合法性。

第十五条 资产评估专业人员应当依法对资产评估活动中使用的资料进行核查和验证。

第十六条 确定资产价值的评估方法包括市场法、收益法和成本法三种基本方法及其衍生方法。

资产评估专业人员应当根据评估目的、评估对象、价值类型、资料收集等情况，分析上述三种基本方法的适用性，依法选择评估方法。

第十七条 资产评估专业人员应当在评定、估算形成评估结论后，编制初步资产评估报告。

第十八条 资产评估机构应当对初步资产评估报告进行内部审核后出具资产评估报告。

第十九条 资产评估机构应当对工作底稿、资产评估报告及其他相关资料进行整理，形成资产评估档案。

第四章　资产评估报告

第二十条　资产评估机构及其资产评估专业人员出具的资产评估报告应当符合法律、行政法规等相关规定。

第二十一条　资产评估报告的内容包括：标题及文号、目录、声明、摘要、正文、附件。

第二十二条　资产评估报告正文应当包括下列内容：

（一）委托人及其他资产评估报告使用人；

（二）评估目的；

（三）评估对象和评估范围；

（四）价值类型；

（五）评估基准日；

（六）评估依据；

（七）评估方法；

（八）评估程序实施过程和情况；

（九）评估假设；

（十）评估结论；

（十一）特别事项说明；

（十二）资产评估报告使用限制说明；

（十三）资产评估报告日；

（十四）资产评估专业人员签名和资产评估机构印章。

第二十三条　资产评估报告载明的评估目的应当唯一。

第二十四条　资产评估报告应当说明选择价值类型的理由，并明确其定义。

第二十五条　资产评估报告载明的评估基准日应当与资产评估委托合同约定的评估基准日一致，可以是过去、现在或者未来的时点。

第二十六条　资产评估报告应当以文字和数字形式表述评估结论，并明确评估结论的使用有效期。

第二十七条　资产评估报告的特别事项说明包括：

（一）权属等主要资料不完整或者存在瑕疵的情形；

（二）未决事项、法律纠纷等不确定因素；

（三）重要的利用专家工作情况；

（四）重大期后事项。

第二十八条　资产评估报告使用限制说明应当载明：

（一）使用范围；

（二）委托人或者其他资产评估报告使用人未按照法律、行政法规规定和资产评估报告载明的使用范围使用资产评估报告的，资产评估机构及其资产评估专业人员不承担责任；

（三）除委托人、资产评估委托合同中约定的其他资产评估报告使用人和法律、行政法规规定的资产评估报告使用人之外，其他任何机构和个人不能成为资产评估报告的使用人；

（四）资产评估报告使用人应当正确理解评估结论。评估结论不等同于评估对象可实现价格，评估结论不应当被认为是对评估对象可实现价格的保证。

第二十九条　资产评估报告应当履行内部审核程序，由至少两名承办该项资产评估业务的资产评估专业人员签名并加盖资产评估机构印章。

法定评估业务资产评估报告应当履行内部审核程序，由至少两名承办该项资产评估业务的资产评估师签名并加盖资产评估机构印章。

第五章　资产评估档案

第三十条　资产评估档案包括工作底稿、资产评估报告以及其他相关资料。

资产评估档案应当由资产评估机构妥善管理。

第三十一条　工作底稿应当真实完整、重点突出、记录清晰，能够反映资产评估程序实施情况、支持评估结论。工作底稿分为管理类工作底稿和操作类工作底稿。

管理类工作底稿是指在执行资产评估业务过程中，为受理、计划、控制和管理资产评估业务所形成的工作记录及相关资料。

操作类工作底稿是指在履行现场调查、收集资产评估资料和评定估算程序时所形成的工作记录及相关资料。

第三十二条　资产评估档案保存期限不少于十五年。属于法定资产评估业务的，不少于三十年。

第三十三条　资产评估档案的管理应当严格执行保密制度。除下列情形外，资产评估档案不得对外提供：

（一）财政部门依法调阅的；

（二）资产评估协会依法依规调阅的；

（三）其他依法依规查阅的。

第六章　附则

第三十四条　中国资产评估协会根据本准则制定资产评估执业准则和职业道德准则。资产评估执业准则包括各项具体准则、指南和指导意见。

第三十五条　本准则自 2017 年 10 月 1 日起施行。2004 年 2 月 25 日财政部发布的《关于印发〈资产评估准则——基本准则〉和〈资产评估职业道德准则——基本准则〉的通知》（财企〔2004〕20 号）同时废止。